李亚君　唐名刚　张月柱／主编

区域基础教育
高质量发展的创新与实践

中国出版集团有限公司

世界图书出版公司
北京　广州　上海　西安

图书在版编目（CIP）数据

区域基础教育高质量发展的创新与实践 / 李亚君，唐名刚，张月柱主编 . — 北京：世界图书出版有限公司北京分公司 , 2023.12
　　ISBN 978-7-5232-1038-3

　　Ⅰ.①区… Ⅱ.①李… ②唐… ③张… Ⅲ.①地方教育—基础教育—研究—中国 Ⅳ.① G639.2

中国国家版本馆 CIP 数据核字 (2024) 第 012751 号

书　　名	区域基础教育高质量发展的创新与实践 QUYU JICHU JIAOYU GAO ZHILIANG FAZHAN DE CHUANGXIN YU SHIJIAN
主　　编	李亚君　唐名刚　张月柱
总 策 划	吴　迪
责任编辑	梁沁宁
特约编辑	李东雪
出版发行	世界图书出版有限公司北京分公司
地　　址	北京市东城区朝内大街 137 号
邮　　编	100010
电　　话	010-64033507（总编室）　0431-80787855　13894825720（售后）
网　　址	http://www.wpcbj.com.cn
邮　　箱	wpcbjst@vip.163.com
销　　售	新华书店及各大平台
印　　刷	长春市伟艺印务有限公司
开　　本	787 mm×1092 mm　1/16
印　　张	22.75
字　　数	384 千字
版　　次	2023 年 12 月第 1 版
印　　次	2023 年 12 月第 1 次印刷
国际书号	978-7-5232-1038-3
定　　价	68.00 元

版权所有　翻印必究

（如发现印装质量问题或侵权线索，请与所购图书销售部门联系或调换）

顾问委员会

主　任　崔国涛
委　员　荣文龙　李国庆　李大伟　吕德辉　李亚君
　　　　张德文　胡培柱　马德刚　高嘉翼　唐名刚
　　　　朱　峰　张月柱　王淑琴

编委会

主　编　李亚君　唐名刚　张月柱
副主编　王淑琴　刘彦平　关爱民
编　委　（按姓氏笔画排列）
　　　　王　达　王　琦　王　惠　王俊丽　王　懿
　　　　牛立然　朱艳秋　刘　玉　刘　俐　刘雪飞
　　　　杜晓明　李　杰　李　昤　李　梓　李文茸
　　　　李洪波　李笑颜　杨　悦　杨传文　杨秀艳
　　　　肖文竹　肖宇轩　辛　枫　宋剑锋　张　玲
　　　　张　辉　张继会　苗春义　房　雪　赵存卫
　　　　郝　伟　侯天宝　高　楠　高亚慧　高贤美
　　　　郭　峤　郭小梅　黄　娟　曹大春　常　虹
　　　　崔　瑜　梁丽丽　谭　清

序

教育兴则国兴，教育强则国强。习近平总书记在党的二十大报告中指出，"高质量发展是全面建设社会主义现代化国家的首要任务"。在实现第二个百年奋斗目标、全面建设社会主义现代化国家的新征程中，教育的先导性、基础性、全局性地位和作用更加凸显，发展高质量教育的使命更为重大。加快推进教育高质量发展，是未来一段时期内教育改革发展的战略任务。基础教育领域要深刻领会新使命、新任务，采取更为有力的贯彻落实举措，加快推进基础教育高质量发展。

经过多年的改革发展，长春市基础教育发展已取得长足进步：办学规模不断扩大，办学水平不断提高，办学机制和管理体系日益科学完善，教育现代化水平显著提升。同时，我们也认识到，"德智体美劳"五育发展不充分，区域、城乡、校际发展不均衡，优质教育资源总量不充足，春城百姓对高质量教育还有新期盼，由教育大市向教育强市迈进仍需爬坡过坎、攻坚克难。

教育发展，科研先行。"十四五"期间，我市以全市性主导课题、吉林省"十四五"重点规划课题"集优集群促进区域基础教育高质量发展的实践研究"为引领，以GURS（G指教育行政部门Government，U指高校University，R指科研院所Research institute，S指中小学校School，教育行政单位推动、高校和科研院所指导、中小学校实践研究）为手段，坚持目标导向、问题导向、效果导向，以一个平台、两线并行、三维共赢、四轮驱动、五育并举的"12345"挂图作战策略和9个子项目支撑的项目驱动方式，对市域基础教育发展中的关键点和制约点全方位开展研究，创新区域基础教育高质量发展的实操模式和运行机制，丰富基础教育高质量发展的区域策略，破解制约基础教育发展的瓶颈问题，优化治理机制，合理配置资源，重塑教育结构，构建我市基础教育"区域优质均衡发展、学校优质特色发展、学生全面而有个性发展"的发展格局。

为着力发挥研究成果反哺教育实践的智库先驱作用，我市公开出版区域基础教育高质量发展相关领域的典型成果。这些研究成果立足当前教育的发展形势和面临的真实问题，构建五育并举、富有特色的课程体系，提炼学校办学思想，强化教师队伍建设，探索民办党建路径，关注特殊群体发展、家庭教育指导和教育质量评价，将教育研究实实在在地融入教育发展的鲜活实践中。这些成果生发于基层一线的教育改革和教育创新，接地气、"冒热气"；经过"由表及里，去粗取精"的思维加工，更加深刻；记录我市高质量基础教育研究过程中重要的起点、转折点、坐标点，充分彰显了长春教育智慧。成果中的一所所学校、一位位教师、一节节课堂、一次次活动、一个个孩子，就是长春市基础教育高质量发展的真实样态和缩影。希望本书能为我市加快基础教育高质量发展进程、构建高质量发展体系助力，为各地基础教育高质量发展提供可资借鉴的参考。

在中国式现代化建设的进程中，教育高质量发展赋予基础教育新的使命、新的定位与新的内涵。今后，我市将继续以习近平新时代中国特色社会主义思想为指引，以加快建设高质量教育体系、办人民满意教育为目标，落实立德树人根本任务，构建开放多样教育格局，将教育科研书写在中国大地上，为全面推进中华民族伟大复兴贡献智慧力量。

2023 年 9 月 25 日

目录 CONTENTS

"五育"并举发展篇　　001

- 大思政视域下小学爱国主义 M-O-A 教育模式的理论探索与实践　　002
- "涵德、增智、创美、促劳"四位一体双向互促的高中体育育人模式构建与实践　　017
- "五维一体"小学生劳动教育模式实施策略研究　　024
- 区域"五育"并举课程体系的构建与实践　　037
- 劳动教育"三个融合"策略的探索与实践　　048

课程资源开发篇　　055

- 打造"子衿课程"体系　培养拔尖创新人才　　056
- 以关键领域课程群建设实现学校育人方式变革的实践研究　　065
- "五育"并举视域下的初中课程体系建设的实践研究　　076
- 立足核心素养，实践"四美课程"　　088
- 创建"15+5X"空中课堂　打造教育信息化新样态　　104

教学改革创新篇　　　　　　　　　　115

- 基于普通高中新课程新教材实施的学校教学常规
  管理制度的重构与实践　　　　　　　　　　116
- 中学"五维"高效课堂教学策略探索与实践　　127
- 坚持改革创新，以"五有"工作模式推动学校教育
  高质量发展　　　　　　　　　　　　　　　138
- 普通高中文化理解与传承"一体三维五径"实践模型
  构建与探究　　　　　　　　　　　　　　　148
- 古诗文教学培育小学生文化自信的研究与实践　163
- 培养学生核心素养的"两维双模"实践创新　　173
- 科研赋能区域基础教育高质量发展"三维+"实施策略　185

师资队伍建设篇　　　　　　　　　　197

- 学术型教师培养的"12345"模式　　　　　　198
- "润"文化引领教师专业素养课程体系建设的探索实践　209
- 新时代新型教师队伍建设实践与路径研究　　223

- "三步五环"混合式校本研修流程设计与实践　　233
- 乡村教师队伍建设"一核两翼"改革路径的探索实践　　247
- 基于"U-G-S"模式，以"1+4"策略建立教育博士工作站　　258
- 促进教师从"学校人"向"学区人""系统人"转变　　271

家庭教育指导篇　　281

- "三长育人工程"的探索与实践　　282
- 长春市家庭教育指导"123+N"模式创新实践　　290

温馨校园创建篇　　301

- 探索实践"3+3"托管帮扶模式　助力县域高中走出发展困境　　302
- 区域基础教育高质量发展的探索与实践　　309

特殊群体保障篇　　　　　　　　317

▶ 弱有众扶，普特共生　促进区域特殊教育融合发展　　318

民办教育研究篇　　　　　　　　327

▶ "12355"工作法助推长春市民办学校党建工作
　高质量发展　　328

质量监测评价篇　　　　　　　　341

▶ 小初高一体化学校"3-5-2"综合评价体系构建
　实践研究　　342

"五育"并举发展篇

大思政视域下小学爱国主义 M-O-A 教育模式的理论探索与实践

党的十八大以来，党中央高度重视思政课建设与发展，着重强调思政课在课程体系中的政治引领与价值引领作用，充分发挥思政课程和课程思政的育人功能，力求构建全面覆盖、类型多样、层次递进、相互支持的课程体系，使各类课程与思政课程同向同行、共同发力，即形成全员、全程、全课程协同育人的"大思政"机制，有效推进学校教育教学的整体创新发展。

全面贯彻教育方针，落实立德树人根本任务，要以理想信念为核心，以爱国主义教育为重点，以思想道德建设为基础。中共中央、国务院印发的《新时代爱国主义教育实施纲要》明确指出，爱国主义是中华民族的民族心、民族魂，是中华民族最重要的精神财富，是中国人民和中华民族维护民族独立和民族尊严的强大精神动力。因此，学校要紧密围绕爱国主义教育这一契机，落实小学生思想政治教育，引导学生树立正确的世界观、人生观和价值观。

爱国主义教育，目标与内容分散在不同学科中，呈现出碎片化的现实状态；爱国主义主题教育活动散点式的开展，难以使学生润心共情。小学如果想高质量地落实爱国主义教育，需要统整德育活动与学科教学，进行国家课程内容的校本化，尤其要统整各个学科的课程内容及资源，避免交叉重复，在学科与学科间、学科与学校多层面的活动间系统规划、顶层设计，形成教育合力。基于此，东北师范大学附属小学（以下简称"学校"）提出了大思政视域下小学爱国主义 M-O-A 教育模式。"M-O-A"整合模式即采用"学科+"模式（M+A、M+O+A）、"活动+"模式（A+M、A+M+O、A+O），将道法学科（Morality and Rule of Law）、德育活动（Activity）、其他学科（Other Subjects）进行整合的模式。

一、问题的提出

（一）爱国主义教育内容重复脱节、分散单一

据调查，学校推进爱国主义教育的主要策略是通过各式各样的教育教学活动，自上而下任务式推进的，内容上缺乏整体性、系统性设计；学科之间、学科与德育活动之间存在大量重复交叉、衔接断层的问题；教材作为落实爱国主义教育的主要载体之一，包含的爱国主义教育点往往体系不完整、情感激发不充分，呈现的形式也比较单一。

（二）爱国主义教育空洞泛化、形式大于内容

学校里一些爱国主义教育活动浮于表面，忽视了内容的教育意义，活动的组织和形式脱离现实，学生往往处于被动接受的状态。表面上看轰轰烈烈、热热闹闹、程序繁杂，实则应付式地完成任务，爱国主义教育没有真正使学生入脑入心。

（三）爱国主义教育的实施缺乏连贯性，忽视知、情、意、行的道德发展规律

道德品质是在认知活动的基础上，按照知、情、意、行的顺序逐渐形成并发展起来的。不能只关注"知"，而弱化"情、意、行"，忽视学生爱国主义自觉的意志和行为，容易造成重视"知"和"情"，淡化"意"和"行"的现象，不能促使学生实现知行统一。

为了凸显爱国主义教育的主题，创新爱国主义教育的模式，优化爱国主义教育的资源，破解上述重复脱节、空洞泛化、缺乏连贯性的问题，学校需要采取课程整合方式，从整体育人的角度出发，加强学科间、活动间的相互配合，逐步提升爱国主义教育的实效性。

二、解决问题的过程与方法

（一）解决问题的过程

学校始终把固本培元、凝心铸魂的爱国主义教育摆在学校德育工作的核心

位置，着力构建具有校本特色的爱国主义教育课程体系，引导学生扣好人生的第一粒扣子。为解决爱国主义教育目标不明、内容分散、形式单一等问题，学校从深化思政课程改革入手，用爱国主义主题统整优化教育教学实践，以"整合"为策略，将学科课程与活动课程有机融合，重新配置人力资源与社会资源，构建了全学科、全过程、全方位的育人模式，形成了一体化、一盘棋的育人格局。

本研究主要采用了行动研究的方式。依托东北师范大学马克思主义理论双一流学科、教育学部教育学双一流学科平台，在国家道德与法治学科核心组、吉林省教育厅高校思政部、吉林省社会科学院、省委党史研究室、共青团吉林省委联合组成的专家智库团队引领下，"自上而下"实施理论研究。用理论成果指导实践，实践中碰到问题进行反思之后"自下而上"反思实践，再修正理论路线。上下互动，不断完善爱国主义 M-O-A 教育模式的建构。

1. 理论共识凝练

此阶段，主要是依托各大研究机构，不断聚焦、凝练小学阶段的爱国主义教育的总体要求、培养目标：遵循儿童身心发展规律，着眼固本培元、凝心铸魂，突出思想内涵，强化思想引领，注重日常、经常、平常的落细、落小、落实与强化教育引导相结合，注重全面覆盖和突出重点相结合，注重学科与活动相结合，培养"有担当"民族复兴大任情怀的新时代小学生。学校的德育工作通过两项变革深化推进，一项是通过思政核心学科的内部变革，探索学生道德品质培养的规律；另一项是通过超学科联动的方式，将"学科渗透、学生活动、核心学科"的"三线并行"模式走向"三线融合"，学校德育工作拧成一股绳，形成合力。

2. 内容体系建构

（1）思政核心学科的再变革

2017年，教育部统一组织新编了义务教育《道德与法治》教材，学校品德与生活、品德与社会、道德学科，三科归一，按照教育部的要求使用统编版《道德与法治》教材。作为德育主渠道与德育核心学科，聚焦道德与法治学科的课程内容，充分挖掘爱国主义教育内容，整合文本、音像、时政材料、社会热点所蕴含的教育教学资源，确保课程内容鲜活有趣、吸引学生，成为本阶段学校的研究重点（见图1）。

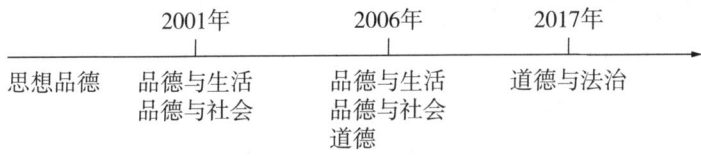

图1 道德与法治课程的发展历程图

（2）建构爱国主义M-O-A教育模式

第一，建构爱国主义教育内容体系。此阶段，一线教师们按照培养目标，以《新时代爱国主义教育实施纲要》为指导，从党史教育、中国特色社会主义和中国梦教育、形势政策教育、民族精神和时代精神教育、中华优秀传统文化教育、祖国统一和民族团结进步教育、国家安全和国防教育七大领域逐步探索，建构了具有校本特色的爱国主义教育课程体系。校本内容体系不断丰富完善，七大领域课程群初见规模（见表1）。

表1 爱国主义教育课程体系表

内容领域	课程主题	整合模式
党史教育	"一张红船票 永远跟党走"	M+A
	"红色吉林"	M+O+A
中国特色社会主义和中国梦教育	"我和我的祖国"	M+O+A
民族精神和时代精神教育	"走近人民英雄杨靖宇"	A+O
	"云教育 云成长"	A+O
中华优秀传统文化教育	"传承经典 快乐校节"	A+O
祖国统一和民族团结进步教育	"我们的国土 我们的家园"	M+O+A
形势政策教育	"你好，改革开放"	A+M+O
国家安全和国防教育	"铁血军魂强国梦"	A+M+O

第二，抓住爱国主义教育契机。紧扣"三重一大"，即重要节日、重要纪念日、重要契机、大德育观，用主题统整优化教育教学实践。如，在"六一"校节中进行传统文化教育；中华人民共和国成立70周年之际，建构"我和我的祖国"主题教育课程；杨靖宇将军殉国80周年之际，开展"走近人民英雄杨靖宇"

主题教育活动……抓住契机，利用社会营造的教育氛围，丰富和优化课程资源，发挥德育的最大功效，让爱国主义教育的种子根植在儿童的心灵之中。

第三，参与大中小学思政课一体化研究。根据吉林省教育厅组织的大中小学思政课一体化研究活动，学校加大了对道德与法治教师的培养培训。本时期，学校思政教师参与了教育部《道德与法治课程标准》的撰写。在这个过程中，道德与法治教师深入钻研教材、挖掘教材中所蕴含的爱国主义教育内容；准确落实教学内容，及时跟进社会发展和理论创新成果，将国家重大方针政策与时事引入课堂，加强教学内容与现实生活的联系。教师专业素养的提升为爱国主义教育主题课程的建构奠定了基础，促进了课程思政和思政课程的协同发展，同向同行。

第四，建构爱国主义教育主题单元。多年的实践探索，学校以"润心共情"为价值追求，构建了具有校本特色的爱国主义主题教育课程体系，探索出"M-O-A"整合模式，包括"活动+""学科+"等多种课程整合路径。以道德与法治学科为主渠道、德育活动为主阵地的"活动+""学科+"模式的探索愈渐深入。

3.模式辐射推广

此阶段，主要是专家学者深入学校观摩与研讨，从课堂教学及活动的反思中，根据完成不同教育目标的需求，逐步凝练出了"学科+"模式（M+A、M+O+A）、"活动+"模式（A+M、A+M+O、A+O）的实践模式。将以往的超学科联动，变为学科课程与活动课程有机融合的课程单元。这些较为成熟的整合模式在其他主题教育活动进行运用，取得了良好成果。并在省内其他学校进行成果辐射与推广，不断扩大社会影响。

（二）解决问题的方法

1.发挥校长课程领导力

校长是课程建设的核心，在爱国主义教育模式的探索及课程开发中，校长亲自挂帅，进行引领和组织，发挥了德育感召力、教学引领力、制度保障力，推动了主题教育课程的开发与实施。

2.组建研究共同体

以学校学科委员会成员为主体，以名师工程教师为骨干组建研究共同体，在主题确定、资源选择、课程实施的过程中率先开展研究，并积极将研究成果在学科组进行转化与常规辐射。学校各职能部门通力合作，提供各种机制保障，爱国主义教育主题单元得以有效实施。

3. 基于儿童视角

爱国主义教育对于小学生来说，很多是抽象化、理论化的。如果照本宣科、说教灌输，或者只重过场和形式，学生难以理解、难以触动心灵，难以收到较好的育人效果。因此，在进行主题教育课程建构时，学校始终坚持儿童视角，追求"润心共情"，厚植爱国主义情怀。

4. 集聚社会资源

借助家长及社会资源，充分利用各种史实资料、研学场馆、文艺作品等丰富的社会资源，建立校外学习基地，扩大学习的场域，为学生充分的实践体验提供了可能，深化了学生的认识，激发了学生的情感，润泽了学生的心灵。

5. 开展行动研究

采用"行动研究"的思路，本着"基于证据、尊重规律"的理念，"边研究、边实践、边反思、边改进"，在一轮一轮的行动研究中不断改进课程方案，完善课程内容，优化课程体系。

三、成果的主要内容

（一）理论创新：提出了"校本化爱国主义教育"的实践理论

爱国主义教育的整合基于如下原则：

1. 适切性

适切性是整合的关键所在，要在充分调研学生学情的基础上，确定与学生学力水平、情感发展、思维阶段相适切的目标，确定目标后选择适切的学科和活动整合，不能"为了整合而整合"。

2. 发展性

整合的各学科课程中都蕴含着丰富的爱国主义教育元素，如道法学科与语文学科联动，学生在学习革命文化单元的基础上升华了爱国情感；道法学科与德育活动整合，学生在实践、体验的过程中促进知识的内化与理解，这些都实现了 1+1>2 的育人效果，体现了育人的发展性。

3. 协同性

整合的模式需要各学科协同合作，学科教师、学年组在集体备课、协同教学的过程中逐步形成了开放性、共享性、互动性和协作性的制度和文化，构建了课程思政与思政课程相互浸润的学习共同体。

（二）路径创新：提出了小学爱国主义教育实施的 M-O-A 模式

在自上而下的学校行动与自下而上的学科自觉中，逐步归纳和构建了爱国主义教育实施的 M-O-A 模式：包括"活动+""学科+"两种实践路径变式，即将道法学科、德育活动、其他学科进行具有灵活性的整合。可以根据不同爱国主义教育主题的需要，灵活组合为"活动+"整合取向的三种亚型（A+M型、A+M+O型、A+O型）和"学科+"整合取向的两种亚型（M+A型、M+O+A型）。这种模式，打通了学科与学科、学科与活动之间的壁垒，促进了"融"与"合"。

1. "活动+"整合取向

营造德育场域，创造良好的教育氛围，填补了"知、情、意、行"脱节的重要缺口。"活动+"即以儿童活动、实践、体验的线索设计，通过德育活动串联起了知识，促进了知识的运用与内化，使知、情、意、行能够自然、和谐、自觉地融为一体，爱国主义行为得到了强化和巩固（见图2）。

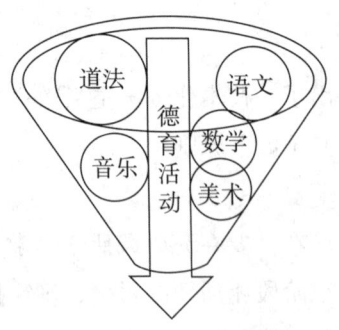

图2 "活动+"整合取向模式图

（1）A-M（活动+道法）。学校德育活动与道法学科有机融合，以主题教学方式协同推进。如"一张红船票 永远跟党走"单元中，一方面道法教师持续推进党史教育融入课堂教学，另一方面将道法课堂党史学习内容与学校的班团队会、大型活动有机融合，让道法课纳入学校德育活动的整体计划中，二者同向同行，相互促进（见表2）。

表2 "一张红船票 永远跟党走"主题融合课程框架

年段	道德与法治			价值观目标	德育活动		
	呈现方式	内容	资源开发		活动形式	内容	资源开发
1、2年级	党史人物故事	李大钊、陈独秀、毛泽东等	故事素材：陈独秀、李大钊在北京传播马克思主义；毛泽东在延安等（图片文字）	1.了解伟大领袖和共产党人的革命故事 2.为自己是中国人骄傲	1.红船"打卡" 2.观影活动 3.主题升旗仪式 4.党史博物馆学习 5.百名师生同讲百年党史	1.电影《小兵张嘎》 2.主题升旗仪式"百业待兴""改革开放" 3.党史宣讲	1.开发"红船票"：票面以"中共一大""南昌起义""新中国成立""十一届三中全会"等重要的党史事件为主 2.相关电影 3.开发博物馆学习场所4个 4.6次主题升旗仪式，百名师生宣讲百年党史宣讲稿
3年级	吉林党史人物	我是国人的马骏 吉林省少年英雄	以《红色吉林》为蓝本	1.初步理解建立新中国，建设新中国的民族精神 2.各个时期党领导下家乡吉林取得的胜利和建设成就 3.初步感知我们新中国的建立来之不易 4.树立报国志向		1.电影《建党伟业》 2.主题升旗仪式"红船摇曳" 3.党史宣讲	
4年级	吉林党史事件	四战四平				1.电影《杨靖宇》 2.人民英雄纪念馆 3.主题升旗仪式"星星之火""伟大胜利" 4.党史宣讲	
5、6年级	党史100年	新民主主义革命时期 社会主义革命和建设时期 改革开放和社会主义现代化建设时期 新时代本世纪中叶	党史100年（光明网）（图片文字）；党史时间轴或党史地图	1.了解中国近代史。了解先辈们为救亡图存做出的艰苦努力 2.懂得没有中国共产党就没有新中国 3.弘扬红船精神、井冈山精神、长征精神、遵义会议精神等 4.深刻理解中国梦的含义，愿意为之努力		1.电影《黄大年》 2.走进吉林省博物馆 3.走进一汽红旗展馆 4.黄大年办公旧址 5.主题升旗仪式"百名十岁少年喜迎建党百年" 6.党史宣讲	

（2）A-M-O（活动+道法+其他学科）。即"活动+学科"，如"云教育 云成长"单元以相关学科"云课堂"为主阵地，以"云班会"为主旋律，实行线上课程实践模式，引导学生结合社会生活经验开展主题教育，大力弘扬中华民族精神（见图3）。

图3 "云教育 云成长"课程内容图

（3）A-O（活动+其他学科）。活动与其他学科的整合，也有多种形式。如"走近人民英雄杨靖宇"将学生活动与语文学科学习有机融合，学生通过语文课"有目的地阅读"这一单元的学习，阅读了多本杨靖宇传、杨靖宇抗日故事，对杨靖宇的抗日经历、英雄形象有了深刻认识。并在"讲杨靖宇的抗日故事、杨靖宇画展、杨靖宇沙画欣赏"等多维的实践活动中增强体验和感受，带着实践中的问题再次在阅读中寻找答案，并通过征文活动，理性的认识得以升华（见图4）。

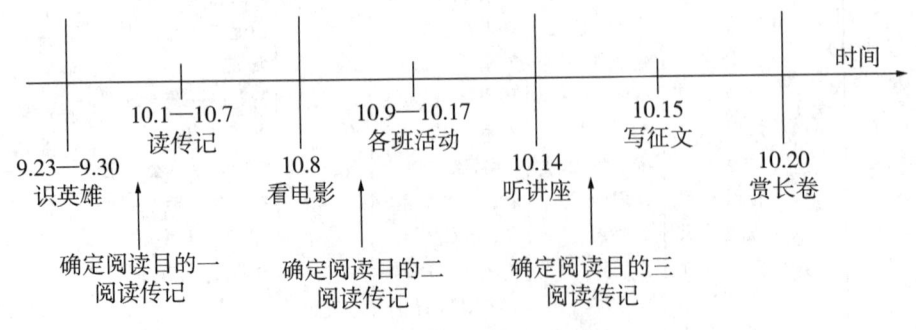

图4 "走近人民英雄杨靖宇"课程实施计划图

"快乐校节 传承经典"以学校的大型活动为主轴,以综合实践活动为阵地,以人文类学科为补充,构建了校本化主题课程模式,学生在传统游戏、爱心义卖、节日体验等活动中深刻地感受并认同中华优秀传统文化。

2."学科+"整合取向

"学科+"即以道法学科课程为主轴,以其他学科、活动课程为补充,充分发挥道法课程的爱国主义教育主阵地的作用。在学科课堂中把"嵌入式"教学与"延伸式"的德育活动相结合,将平面的教材与具体的场域有机结合,也将生活素材搬进课堂,既丰富了课堂内容,也提升了育人实效(见图5)。

(1)M-A(道法+活动)。即道法学科教学与活动的整合,利用道法课堂讲知识,启蒙情感,实现"知"和"情";利用活动重实践的特点,整合多维资源,拓展教育场域,实现"意"和"行",达到知、情、意、行的真正统一。

(2)M-O-A(道法+其他学科+活动)。即以道法学科为核心,全盘统筹整合各类德育课程资源,构建课程框架。如"我和我的祖国"单元学习中,道法课与语文、数学、音乐、美术等学科及德育活动联动,进行"大数的认识""爱国主义歌曲""系列升旗仪式"等学习和体验,实现1+1>2的育人效果(见图6)。

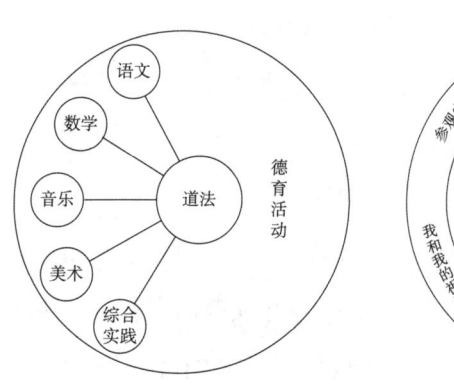 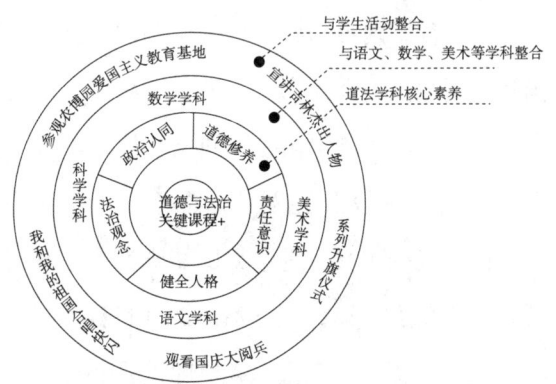

图5 "学科+"整合取向模式图　　图6 "我和我的祖国"课程环形图

(三)课程创新:构建了丰富的爱国主义教育课程体系

围绕七大领域课程内容体系,探索形成了学校爱国主义教育七大主题领域课程群（见图7）。

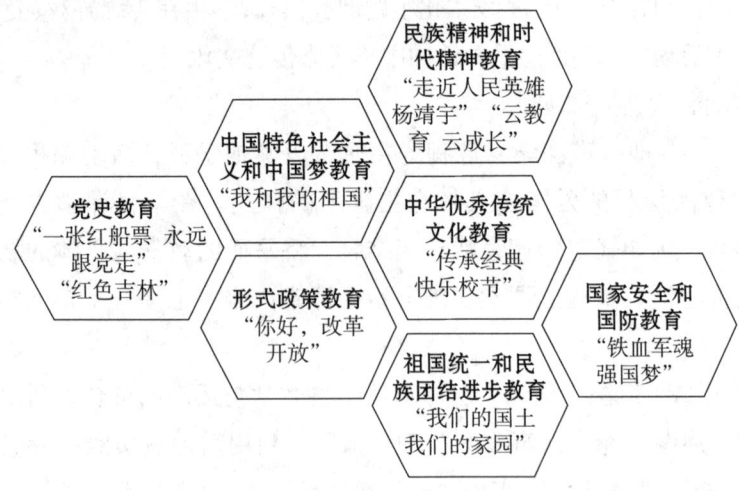

图7　M-O-A 七大主题领域课程群

（四）策略创新：建构了爱国主义教育模式实施策略

爱国主义 M-O-A 教育模式在实施中，紧扣"三重一大"，即重要节日、重要纪念日、重要契机、大德育观，用爱国主义主题统整优化教育教学实践。由德育部门牵头，各管理部门协作，教师合作，围绕主题，合理规划德育活动与各学科教学内容。各学科采用调试、创编等校本处理方式重组教材内容，挖掘和利用爱国主义元素，强调各学科的思政浸入，使思政教育达到科学化、经常化、系列化、进阶化、协同化、整体化。

1."三重一大"主题选择路径

由于爱国主义主题单元的特殊性质，其目标制定要从学生的整个德育生活考虑，以落实"道德与法治"课程目标为锚点，撬动学生实际需求和学习活动（见图8）。紧扣"三重一大"即重要节日、重要纪念日、重要契机、大德育观，我校从"热爱祖国""热爱共产党""热爱革命英雄""热爱中华传统文化"四个方面构建主题单元群，分年段、分主题制定目标，围绕内隐的逻辑层层上升，最终促进教学目标的达成。

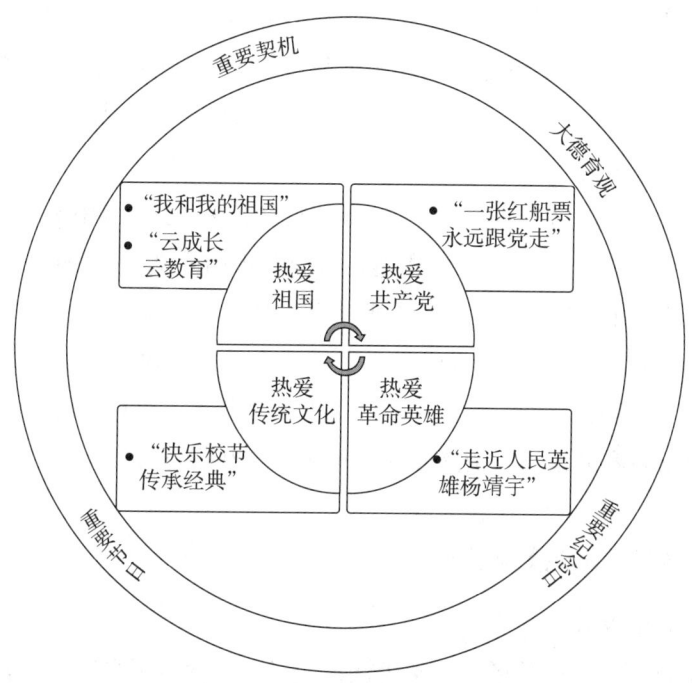

图8 爱国主义教育主题单元群

2. 挖掘主题单元课程资源

（1）整合各学科教材资源。挖掘各学科教材中丰富的爱国主义教育资源，如"我和我的祖国"主题单元学习中，语文学科借助三—六年级教材中的革命传统单元，以及一、二年级单篇革命故事，激发学生爱国情怀；数学学科通过统计的方式了解祖国 70 年的伟大成就；美术学科画国旗，音乐学科唱红歌，让学生在不同的学科实践活动中厚植爱国主义情感。

（2）整合社会资源。学校整合当下时政热点融于教学之中，充分挖掘时事新闻、社会热点中蕴藏的教育教学资源，开发主题化、专题化的爱国主义教育微课、大课。如 2020 年春节"疫情"爆发，学校打开"疫情"这本鲜活的社会大书，充分挖掘思政教学生长点，开发了"云教育 云成长""疫情"主题道德教育，提升了学生的个人道德和国家情怀。

（3）整合地域资源。学校还充分挖掘本地区特有的革命文化、历史传统文化等教学资源，如"红色吉林""人民英雄杨靖宇"等，学生实地参观杨靖宇纪念馆，深入探寻革命足迹。

（4）整合校内活动资源。通过与学校主题教育活动、校节、班队会活动的整合，为"知、情、意、行"的达成提供了活动、实践的场域。

3.实施弹性课时

（1）"1+1"课时整合。第一个"1"代表道法或其他学科的常规40分钟课时，第二个"1"代表德育活动的课时，这个课时可能是40分钟，也可能是一天或是不能确定的一个时间单位，要按照具体的情况来安排。

（2）学期课时整合。即在学期初确立一个共同的主题形成方案，抓住关键时间节点（学期初、五一、国庆节等）有计划实施，学科内容的具体实施时间要按照教材内容的编排，错落分散在一学期的整条时间线上。

四、成果取得的效果与反思

（一）学生发展

本成果以润心共情的形式让学生认识、了解、深耕了爱国主义教育的精神内核，让爱国主义教育浸润儿童心灵，让爱国主义精神根植于学生的思想意识、道德观念与实际行动中。本成果使逾一万名学生在课程实施中直接受益。

在此成果影响下，我校王淇萱同学获中央文明办、教育部、共青团中央、全国妇联、中国关工委联合颁发的全国"新时代好少年"荣誉称号。王淇萱同学热心志愿服务，坚持红色宣讲，创建"红领巾宣讲团"，三年来宣讲近千场，引领全省少先队员奋发进取。这是自2018年全国"新时代好少年"活动开展以来吉林省首次获此殊荣。

（二）教师发展

本成果以生动活泼的校本课程开发与实施为例，让一线教师看到了外显的育人成果与内隐的课程逻辑，在M-O-A教育模式下，学校的教师逐步形成了全程育人、全方位育人的德育观和课程观，厚植了课程思政和思政课程协同共进的理念，并取得了可喜的成绩。

此阶段，核心组成员作为我国道德与法治学科1—2年段课程标准修订核心组成员参与制定标准；1人获"全国优秀教师"称号；1人获"全国少先队名师工作室主持人"称号；2人获"全国十佳少先队辅导员"称号；1人成为吉林省小学道德与法治学科中心组成员；3人获"吉林省少先队贡献奖"；4人获"吉林省十佳少先队辅导员"称号。

同时在2015—2021年期间，学校教师参加国家级、省级爱国主义主题教育活动，获得"优秀指导教师""先进个人"等荣誉称号百余次。

（三）横向辐射

在国家道德与法治学科核心组、吉林省教育厅高校思政部、吉林省社会科学院、省委党史研究室、共青团吉林省委联合组成的专家智库团队引领下，学校获全国未成年人思想道德建设工作先进单位、吉林省文明校园、吉林省少年儿童建设社会主义核心价值观先进单位。

自2015年以来，学校爱国主义教育活动受到了广泛的关注，在共青团吉林省委引领下多次承担全省示范性主题队日活动，少先队主题队日活动"习爷爷教导记心间""红领巾相约中国梦""请党放心 强国有我""快乐校节 传承经典"等，受到好评。

爱国主义主题教育成果案例被国家教育行政学院收录，并安排在教育部委托项目全国德育示范班课表中，同时吉林省教育厅在吉林省各中小学校推广我校主题教育课程开发与实施的成功经验。

与本成果相关的国家级、省级课题7项，著作16部，在核心刊物发表文章11篇，获得省级以上奖励11项，教师学生获得国家级、省级奖项95项。开发推广爱国主义教育典型案例5个。同时，学校的爱国主义教育理论与实践案例在省级以上培训、报告中出现十余次，为吉林省大中小学思政课一体化研究贡献了附小经验和附小智慧。

（四）社会评价

本成果受到社会各界的广泛关注，《中国教育报》通过文章《厚植爱国情怀 凝聚磅礴伟力》《学习新思想 共筑中国梦》对我校爱国主义教育活动进行宣传报道。在教育部首批"一校一案"落实《中小学德育工作指南》典型案例中，我校的《润心共情——爱国主义主题课程的统整与实践》获评教育部首批"一校一案"落实《中小学德育工作指南》典型案例。

多位省市领导亲临学校参与相关活动，并对活动给予好评。原吉林省委副书记高广滨，原吉林省委常委、组织部长齐玉，原吉林省教育厅厅长李晓杰，原共青团吉林省委员会书记牟大鹏、原副书记刘铁铎、王晓楠，原长春市教育局局长黄宪昱等领导参加我校活动，均给予高度认可。

与本成果相关的爱国主义教育活动案例在新华网、人民网、吉林卫视、深圳卫视、吉林教育电视台、吉林日报等十余家省级以上媒体报道。

[参考文献]

[1] 习近平. 思政课是落实立德树人根本任务的关键课程[J]. 求是，2020（17）：4-16.

[2] 邵哲. 改进思政课亟待三个"加强"[J]. 人民教育，2019（11）：6.

[3] 王宇. "大思政"格局下红色文化融入高校思政教育[J]. 中学政治教学参考，2022（25）：90.

[4] 颜雨萱，付晓男. 论中华优秀传统文化融入大中小学思政课一体化建设[J]. 中学政治教学参考，2022（23）：48-50.

[5] 王忠杰. 一体化理念下的思政课教学策略[J]. 中学政治教学参考，2022（21）：25-27.

主要成员：赵艳辉　张婷　李颖　周晶　韩玉琢　付静莲（东北师范大学附属小学）

执 笔 人：李颖　周晶

"涵德、增智、创美、促劳"四位一体双向互促的高中体育育人模式构建与实践

一、问题提出

于国家和民族而言,"体育是社会发展和人类进步的重要标志,是综合国力和社会文明程度的重要体现","建设体育大国和体育强国,是中国人民实现'两个一百年'奋斗目标的重要组成部分"。党的十八大以来,习近平总书记高度重视关心人民健康和体育工作,在不同场合多次强调建设体育强国的重要意义,将全民健身上升为国家战略。体育强则中国强。

于教育和人的发展而言,体育是"五育"的重要组成部分,是"人的全面发展"的关键一维,在"五育融合"和"时代新人"培养中占据重要地位。

然而,现实中,体育的基础地位不牢,对德育、智育、美育和劳动教育的关照不够、支撑不力、促进不强,体育教育理念目标功利、培养模式单一、课程教学孤立、评价导向偏失等身心分离、形神不合问题突出,青少年体育"说起来重要,做起来次要,忙起来不要"的现象严峻,教育领域的"弱体"难题异常凸显。

基于时代背景,本成果以体育教育模式改革为主线和突破口,以提升学生身体素质和综合素养为宗旨和目标,依托"潜能教育理论构建与实践研究""学

校教育精致化治理策略研究""阳光体育运动的推进研究""学生阳光大课间发展现状研究"等20余项课题,十年磨一剑,创建了"涵德、增智、创美、促劳"四位一体双向互促的高中体育育人模式(见图1)。

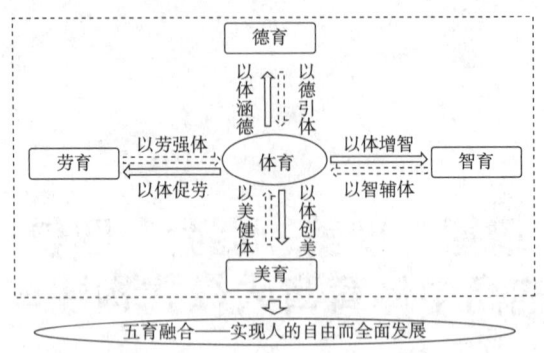

图1 四位一体双向互促的高中体育育人模式

"涵德":即充分挖掘体育孕育的德育元素,培养学生体育精神、团队精神、爱国精神等健康的心理和高尚的情操;"增智":即有效发挥体育锻炼增进大脑机能、潜力、工作效率以及寓智于体的作用,训练和发展学生观察力、专注度、判断力、反应力等智力品质;"创美":即深度挖掘体育蕴含的美育因素,培养学生追求形体、形象、动作、技艺等身体美和技艺美,以及追求体育目标的理想美、遵守规则的道德美、顽强拼搏的意志美等精神美和心灵美;"促劳":即充分发挥体育锻炼促进学生协调性、耐力、意志力等劳动素养的发展,以及应用体育上的技术、技巧来提高劳动效率。

该育人模式致力于有效解决"五育融合"中体育教育的痛点难点问题。具体概括为:第一,高中体育目标功利,模式单一,基础地位不牢,对其他四育支撑不力、促进不强;第二,高中体育育人时空狭窄,整体性、协同性、综合性欠缺;第三,高中体育评价导向偏失,软化、虚化、缺位问题突出。

二、解决问题的过程与方法

(一)构建"涵德、增智、创美、促劳"四位一体双向互促的高中体育育人模式

突出强化体育的基础地位,深度挖掘体育的价值功能,充分发挥体育的育

人育心及其对其他四育的支撑、促进作用。牢固确立"一个前提＋一项运动＋一生受益"的"1+1+1"体育教育理念和"体质＋素养"的体育教育目标。以"健康第一"为前提，以"持续热爱"一项体育运动为抓手，以"受益终身"为旨归，提高学生的身体素质和综合素养，致力奠定学生全面发展的前提条件和物质基础。创立"体育＋"的高中体育教育课程体系。建立"体育＋德育""体育＋智育""体育＋美育""体育＋劳动教育"的多元化、整合式"体育＋"课程体系，致力体育对其他四育的支撑促进及其相互之间的融合互促。打造"学练训赛"一体化的高中体育课程教学模式。以"教会、勤练、常赛"为手段和方法，将专业队日常训练适宜地转移到学校，为学校日常体育教学形成高标准、高水平的实践样板，形成学校体育与竞技体育协同育人效应，竭力让学生真正掌握体育运动技能，为具有发展潜力学生入选专业队找到途径，致力高中生的可持续发展。

（二）拓展高中体育育人时空

以人的整体性和"大体育"为指引，积极构建"体育＋学科""体育＋生活""体育＋社会""体育＋家庭"全链条、全方位、全覆盖育人时空，通过"大单元"教学以及阳光体育运动、社团活动、运动队训练、课间操、各种赛事等多样化体育活动，创新体育教学模式，拓展体育教育时空，营造"体育特色教育"文化氛围，充分发挥体育与其他学科、生活、社会、家庭的协同联动效应和整体综合效应，致力促进学生身心合一、形神兼具、生动活泼、全面主动发展。

（三）建构"基于学生终身体育和持续发展"的多维立体式高中体育评价体系

以发展性评价理念为引领，打破"以成绩论英雄"的传统评价理念，关注高中学生评价中体育的虚化弱化和缺失缺位等突出问题，将学生的体育运动态度、体育运动参与、体育行为习惯、运动技能、身心健康状况、社会适应性等作为体育评价的尺度，构建教师、学生、家长、社会多维评价主体，注重过程性评价、表现性评价和增值性评价方法，致力学生终身体育和持续发展。

学校十年磨一剑，通过开设结构化、持续性、系统性学习运动专项课，科学化、综合化、趣味化的体能锻炼课程以及驱动化、协作化、主题化学习的综合拓展课程，将语文、数学、英语、物理、化学、音乐等学科课程与体育运动技能、体育比赛、体育特色活动、健康教育、健身操、体育社团活动、体育综合拓展课程和常规体育锻炼等特色课程有机融合，关注学生在全面发展体能、提高健康水平的基础上，通过对运动项目的选择和学习，培养运动爱好和专长，注重奠定学生终身体育的基础。同时，根据学生的需求爱好，全面实施体育大单元的课堂教学，打破班级界限，坚持以特色课程、选项课程为切入点，充分发挥体育课堂和课外活动的主要作用，实现同一年级进行选项教学，加大运动技能学习的自主选择性，构建学练赛一体化课程教学体系，培养学生具备终身体育的意识、习惯和行为。

三、成果的主要内容

针对体育"说起来重要，做起来次要，忙起来不要"的教育领域"弱体"难题，本成果以体育教育模式改革为主线和突破口，以提升学生身体素质和综合素养为宗旨和目标，十年来学校不懈努力、坚持探索，创建了"涵德、增智、创美、促劳"四位一体双向互促的高中体育育人模式。

（一）本体论阐释

1. 以体涵德、以德引体

健康的身体是高尚道德的物质基础。体育本身孕育丰富的德育元素，能够培养学生健康的心理和高尚的情操。同时，高尚的道德引领、促进健康的身心。

2. 以体增智、以智辅体

健康的身体是智育的物质基础和有效手段。体育锻炼能够有效增进大脑的机能和潜力，促进科学文化知识学习和智力发展。同时，健全的智力发展是系统掌握体育知识和技能的重要基础。特殊的体育手段可以促进观察力、专注度、判断力、反应力等智力品质的训练和发展。

3. 以体创美、以美健体

健康的身体是美育的前提条件和物质载体。体育蕴含美育因素，体育表现美、创造美。同时，美育塑造健美的形体，增进人的身心健康。

4. 以体促劳、以劳强体

健康的身体是劳动教育的物质基础和有益补充。体育促进劳动能力、劳动技能和劳动效率的发展与提高。同时，劳动促进体育产生与发展，是体育锻炼、愉悦身心的有效手段。

（二）实践论创新

1. 理念创新

落地落实"健康中国""五育融合""体教融合""以体育人""身心健康"等国家战略和教育目的，牢固确立"一个前提+一项运动+一生受益"的"1+1+1"体育教育理念，以及"身体素质+综合素养"的体育教育目标，面向全体学生，依据学生的学习需求、兴趣爱好和个性特点，致力培养学生形成健康第一的意识、持续热爱一项体育运动的习惯以及享受体育、受益一生的态度。

2. 模式创新

构建"涵德、增智、创美、促劳"四位一体双向互促的高中体育教育模式，建立"体育+""学练训赛"一体的课程体系，拓展"体育+学科""体育+生活""体育+社会""体育+家庭"的教育时空，开发"健康知识+基本运动技能+专项运动技能"和"体能锻炼+运动专项+综合拓展"的课程模块，延伸体育教育的纵向高度、横向宽度和内核深度，致力高中生"运动专长形成、强健体魄炼成、健全人格养成"。

3. 评价创新

建构"基于学生终身体育和持续发展"的多维立体式高中评价体系，凸显体育在高中生评价中的价值地位，促进高中生体育运动意识、态度、习惯、参与、技能、健康、品格等体质和素养在高中生评价中的理性回归，强化评价的导向、激励和发展功能，致力保障"五育并举、体教融合、以体育人、身心健康"战略和理念的落地开花。

四、成果取得的效果与反思

经过六年的实践检验，形成了一套科学而系统的以体育为基础和支撑，德智体美劳深度融合、相互促进、全面培养的高中体育教育体系，培养了一大批高水平运动员和高水平体育后备人才，帮助广大青少年树立了终身体育的意识和观念，养成了体育锻炼习惯，有效促进了高中生德智体美劳的全面发展，取得了突出的人才培养效益，为学校后续教育教学改革奠定了坚实基础，提供了有效指引，为有效解决"弱体"难题提供了理论启示、实践经验和模式参考。

（一）师生受益多，人才培养效益突出

十年的理论沉淀和实践浸润，师生逐步形成了"无体育不教育""无体育不生活""无体育不健康"的意识和理念，不仅学会了体育知识技能，增强了体质，还通过体育锤炼了意志，健全了人格，增进了学识，涵养了美感，陶冶了情操，提升了素养，为德智体美劳全面培养的教育体系构建和时代新人培养奠定了观念基础。

十年来，获得吉林省"三好学生"15人，吉林省"优秀学生干部"7人，吉林省"优秀团干部"11人，国际比赛金牌4枚，全国比赛金牌20枚，青少年三对三篮球赛全国总决赛5连冠，世界中学生篮球锦标赛亚军，2次全国高中生篮球联赛季军，4次全国重点高中篮球精英挑战赛冠军等突出成绩。培养了大批高水平运动员和高水平体育后备人才。其中，健将级运动员5人，一级运动员30多人，二级运动员300人。

2017年以来，学校重点本科录取率逐年攀升（2017年为41.08%，2018年为42.36%，2019年为43.53%，2020年为43.76%，2021年为43.97%，2022年为44.88%），120余名体育特长生被清华大学、北京大学、厦门大学等双一流高校录取，升学率100%。

（二）横向示范辐射作用突出，社会效益显著

取得的理论与实践成果得到了省内外兄弟院校的肯定，形成了纵向贯穿初中—高中—大学三个学段的"下延、并联、上构"，横向串联德—智—体—美—劳以及体育与学科、生活、社会、家庭多个领域的"双向互促、协同整合、深度融合"的立体化示范辐射连锁效应。东莞市光明中学、南京市第九中学、北京市顺义牛栏山第一中学、哈尔滨市第十三中学、河南省郑州中学、汾阳市第四高级中学、山西省汾阳中学、来宾市第一中学等8所学校交流学习、实践应用我校成果。北京大学、清华大学招生办通过电话、网络信息交流平台等方式多角度考察我校学生，定向录取4人。

（三）家长认可度高，社会评价好

本成果得到学生家长的普遍认同、肯定和支持。据统计，83.20%的家长鼓励孩子积极参加学校的体育活动和特色项目。同时，吉林教育电视台、吉林广播网、今日头条、搜狐网、央视新闻、长春公共频道、长春广播电视台、长春

新闻、长春综合频道等媒体对我校理论与实践成果进行了全面报道。

"五育融合"是塑造完整的人的教育手段,是理论建构与实践创新的全新领域,代表了新时代中国基础教育改革的前沿方向,体育教育需要积极回应与主动落实"五育融合"、协同育人的理念精神,科学设计体育教育目标、内容、实施、评价等全要素、全环节和全过程,有效发挥体育对其他四育的支撑促进作用,积极构建德智体美劳全面培养的教育体系,实现体育的综合育人价值,为培养时代新人贡献智慧和力量。

[参考文献]

[1]刘彭芝教育思想研究课题组. 刘彭芝教育思想与实践[M]. 北京:中国人民大学出版社,2010:130.

[2]朱永新. 中国著名校长办学思想录[M]. 上海:华东师范大学出版社,2016:107.

吉林省实验中学

"五维一体"小学生劳动教育模式实施策略研究

一、问题的提出

中国特色社会主义新时代急需能够担当民族复兴大任的时代新人，全面加强学校劳动教育则是培养德智体美劳全面发展的社会主义建设者和接班人，进而实现中华民族伟大复兴中国梦的重要途径。习近平总书记在全国教育大会上的重要讲话以及中共中央、国务院《关于全面加强新时代大中小学劳动教育的意见》（以下简称《意见》）充分体现了党和政府对大中小学劳动教育的高度重视，也为新时代学校开展劳动教育提供了方向引领和行动遵循。深入学习和积极践行习近平总书记关于劳动教育的重要指示精神，认真贯彻落实中央国务院实施《意见》，坚持问题导向，全面分析劳动教育实践中存在的问题，结合本校实际建构劳动教育体系，着力破解突出问题，在提高劳动意识和增强劳动能力中切实提高劳动教育的实效性。

为适应教育体制改革要求，保证小学生德智体美劳全面发展，以及响应教育部门相关意见号召，小学阶段的劳动教育受到诸多关注。具体实施而言，小学普遍开设劳动课程，涉及教学内容广泛且与社会生活联系紧密。同时，将劳动教育与学科教育结合，其特色明显，并且重视在劳动教育实践中培养和锻炼学生的动手能力、应用能力以及创新和创造能力。然而，从大量的教学实践来看，小学劳动教育实施过程中仍然存在一些不足。通过对本地小学考察和调研，整合典型问题表现如下。

（一）劳动教育认识不全面

应试教育仍是适应我国教育实际的机制，在此背景下，许多学校及教师对劳动教育认识具有局限性，认为劳动课是基础学科附属，旨在缓解学生日趋紧张的学业压力，并且不能阻碍教学进度。有的学校和教师甚至认为劳动课程的开设加重了学生的学业负担，和政策制定目标相悖，因而在教学中未能有效引导学生养成正确的劳动观念。

（二）劳动课程体系不完善

新课改并未将劳动课程学科地位拔高，虽然学校普遍设置了相关课程，但劳动课程教学形式单一、教学内容单薄、缺乏实践锻炼，重视学生学习掌握劳动技能而忽视劳动价值观和情感的培养，使学生理论与实践脱节，应用性不强。

（三）教师专业素质不高

师资力量建设不足是制约劳动教育质量提高的重要因素，小学在岗教师团队中，劳动课专业教师严重缺乏，由其他学科教师代课是常态。在教师培养工作中缺乏劳动专业的修习，储备力量薄弱，引进人才政策少，教师晋评机制构建不完善，这些都对小学劳动教育的实施开展产生阻碍。

（四）家庭劳动教育缺失

家庭教育也是影响学生价值观、习惯、思想情感的关键，但多数家长更在意学生的学科成绩，对劳动教育认识存在偏见。部分家长认可劳动教育价值，但在日常生活中鲜少践行劳动，轻视孩子的劳动成果，过于爱护孩子，不让其做家务，家庭劳动教育情况非常不理想。

本课题从根本上改变了"意识不健全""体系不完善""专业素质低""家校社不统一"的劳动教育现状；探索出了以"劳动教育理念""劳动教育保障""劳动教育载体""劳动教育课程"与"劳动教育评价"为主要内容的"五维一体"劳动教育模式；形成了核心素养全面发展、德智体美劳高度融合的培养路径。这些理论和实践成果，为本校、协同体、绿园区劳动教育的落地提供了银河样本。

二、解决问题的过程与方法

劳动教育是学校教育的重要内容，只有通过不断完善教育内容、转变教育方式、加强管理机制，才能真正提高劳动教育的效果，让学生在接受劳动教育的过程中成长为全面发展的人。面对劳动教育实施过程中遇到的种种问题，我校用科学的方法进行解决，持续推进劳动教育，助力学生全面健康成长。

（一）调查访问，为课题研究打好基础

课题成立之初，课题组开展多元化调研，以问卷调查、材料征集、研读文献为主，以实地走访为辅，了解了现阶段小学劳动教育实施现状，确立了以提升学生劳动素养为目的，以核心素养培养为旨归的劳动教育模式。通过与集团兄弟校"长春南湖实验中海小学"，协同体兄弟校"四间房小学"共商共研、协同攻关，制定了初步的研究方案，并逐步推进实施。询问走访绿园区其他老牌名校，积累研究经验，全面扎实地推进研究，最终形成了以劳动教育保障、劳动教育载体、劳动教育课程、劳动教育实践、劳动教育综评为主要内容的"五维一体"劳动教育模式。从教育理念、师资培养、教育平台等方面进行深入研究，确定多个研究小组，多层次、多方位、多渠道地解决劳动教育现存问题，不断优化和探索研究方法，深入分析问题症结原因，结合典型案例探究同类问题共性规律、适用对策，最终形成解决法案。

针对劳动教育认识不全面和家庭劳动教育缺失的问题，从校园到社会全方位创设、优化优质劳动教育环境，拓宽劳动教育平台。在开展劳动教育时，学校管理者和每一位教育工作者都重视发挥劳动育人的作用，树立正确的劳动教育观念，营造良好的校园劳动文化氛围，例如，学校组织劳动模范光辉事迹的宣讲活动、劳动教育成果展览活动，划分实验室、种植园等区域，鼓励学生多动手、多实践，感受劳动的价值，认识到劳动的重要性。学校还与社会相关组织进行合作，合理利用社会力量，为小学劳动教育搭建更广阔的平台，例如，开展家访活动、邀请家长参与劳动教育、开展家长讲师进校园等活动，提高学生家长对劳动教育的重视程度，形成家庭、社区、社会等多方面合力，以全新的劳动教育观念，让学生在优质的劳动教育环境中全面成长。

对现阶段一些小学缺少专业劳动教师的问题，学校管理者不断更新劳动教育理念，组建专业劳动师资队伍，做好劳动教育教研工作，明确小学劳动教育教师专业发展方向，通过收集调查等方式，搜集教师的想法，最终将所有信息进行分析和整合，完善学校劳动教育体系。有序组织教师对优秀案例进行深度剖析，开展劳动教育校本教研工作，积极组织教师参与专业培训，使教师自觉提高自身执教能力以及职业素养，使教师能够全面、专业地掌握劳动教育知识。

（二）教育实验，构建"1+3+5"课程体系

课题组根据观察和调查，发现劳动教育中存在教学形式单一、教学内容单薄、缺乏实践锻炼等问题，借助教育实验法，有计划地组织教育教学研讨，对研讨后的结果进行比较分析，形成多维度、多角度、全方位的研究策略。通过对现行课程中的各学科的知识点进行系统的梳理、分析，设计符合学生认知特点、有层次性、有针对性的劳动教育课程，用科学的方法对劳动教育学科本体进行分析，将劳动价值意义层面的知识融入多学科的课程教学当中，构建了"一核三课五明"的"1+3+5"课程体系，立足核心素养的要求，与学生核心素养培养要求高度吻合，实现劳动教育能够贯穿人才培养全过程。

劳动教育形式多样，融合各种先进教育思想，更有助于课程体系的建设与实施。比如加强STEAM（Science, Technology, Engineering, Art, Mathematics）教育理念的融合，STEAM教育理念需要教师立足于跨学科角度，重视不同学科之间的各种联系。劳动教育看似与其他学科教育互相独立，但实则有着千丝万缕的联系。在劳动过程中，学生的大脑持续处于活跃状态，其反应能力、动手能力、分析能力也能同步提升，而这些能力能够作用于学生的其他学科知识学习中，从而进一步推动学生全面发展。

（三）观察总结，完善"3+4+N"综评模式

"1+3+5"课程体系的构建，推动着劳动教育的实施，遵循着"边研究、边实验、边总结、边整合"的研究思路，在实施过程中通过观察和总结经验，优化教学方法和评价方式，不断完善"3+4+N"综评模式，形成较为完整的评价体系。学生通过自我评价了解自身的不足之处，明确努力的方向；教师通过课程评价可发现学生的共性问题和个性问题，为教学模式的创新和教学内容的筛选提供参考。在劳动教育过程中，每一次劳动完成之后，教师要组织学生共同总结，引导学生进行自我评价、自我反思。例如，一些学生会从与人沟通、工具选择、方式创新等多个角度说出不足之处，教师也会从学生的合作学习、

独立学习等角度，为学生提出建设性的意见。

三、成果的主要内容

课题组以立德树人为根本目标，以提升学生劳动素养、培养学生核心素养发展为教育目的，构建以劳动教育理念、劳动教育保障、劳动教育载体、劳动教育课程与劳动教育评价为主要内容的"五维一体"劳动教育模式（见图1）。

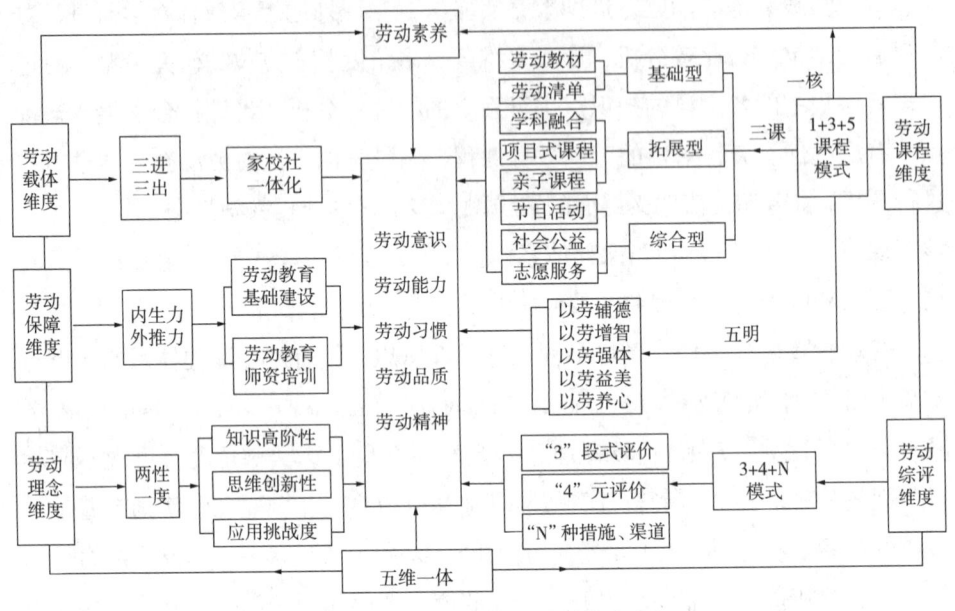

图1 "五维一体"教育模式

（一）更新教育理念，构建了"两性一度"劳动理念维度

古往今来，中华民族对劳动的尊崇体现了优良的社会风尚。"民生在勤，勤则不匮"，是辛勤的劳动奠定了中华民族繁荣昌盛的伟大基业，也正是因为劳动，让中华民族几千年的优秀历史文化熠熠生辉。在近代，陶行知提出"生活即教育，社会即学校，教学做合一"，强调将劳动教育贯穿日常生活，注重劳动教育的过程。新时代劳动教育理念继承和融合了马克思主义劳动教育思想，不仅是德智体美劳全面发展的主要内容之一，也是实现中华民族伟大复兴基础工程建设的重要一环。

在中华优秀传统文化劳动教育观的滋养下，在新时代劳动教育观的倡导下，在国家对高技能人才、创新型人才和实践型人才迫切需求的新形势下,"两性一度"劳动理念应运而生——"知识高阶性""思维创新性""应用挑战度"。习近平总书记指出:"国际竞争新优势也越来越体现在创新能力上。谁在创新上先行一步,谁就能拥有引领发展的主动权。""两性一度"劳动教育理念与以往传统的劳动理念不同,它对学生的劳动知识与能力提出了更高的要求,同时也让学生开始追求"创新与创造""高知与高能",以激发自己的劳动潜能,全方位地调动了学生的劳动内驱力。

(二)挖掘"内生力",拓展"外推力",优化劳动保障维度

学生的综合劳动素养培养需要学校的统筹规划、劳动制度与方案的顶层设计。同时,还要形成包括专兼任师资、资源和环境氛围在内的劳动教育保障体系,形成"内生力"与"外推力"的驱动合力。

建立健全的组织机构,明晰区域推进的目标与方案,设置多层次、多样性的劳动教育课程,推动各组织机构的协调,创新劳动教育评价。

劳动教育基地建设:创建劳动教育基地是开展劳动教育实践的基础,根据学校实际情况,学校开辟了名为"开心农场"的校内劳动实践基地,每年各班级通过"土地拍卖"等劳动实践活动获取土地管理权,并在此进行农耕劳动教育,认识农具、学会耕种、了解农作物的生长过程,感受农业生产活动的辛劳,这一校内基地的建设为劳动教育的实施提供了有力的保障。除此之外,学校还以校企合作、馆校互动、家校合作联合建立社会劳动实践基地,为学生搭建全过程、全方位的劳动实践平台,在身体力行的劳动实践中丰富劳动教育的活动内容,拓宽实践渠道。

劳动教育师资培训:师资队伍的强弱是制约劳动教学是否有效开展的一大因素,因此加强师资培养是完善学校劳动教育保障机制的有效途径,我校不仅加强对一线老师的劳动知识培训,还聘请学校后勤厨工、园艺工等作为学校劳动教育兼职导师。建设一支能胜任劳动课教学的专兼职教师队伍是提高劳动教育质量的重要前提。

(三)搭建"家校社"协同体平台,构建了"三进三出"劳动载体维度

劳动是一个亲身实践的过程,是促使个体社会性发展的活动,因此开展劳动教育实践活动,要调动家庭、学校和整个社会的积极性,共同推动劳动教育

实践活动的深入开展，构建家校社一体化劳动育人环境（见图2）。为此我校构建了"三进三出"的劳动教育特色项目，即劳动教育"走进校园、走进家庭、走进社会""走出校园、走出家庭、走出社会"，打开劳动教育新样式，充分发挥家校社协同共育作用，相互协调、密切配合，使劳动最光荣、劳动最伟大的理念深入学生的意识和观念。这样劳动教育才能从理论落实到实践，才能从制度体系发展成为学生自觉意识，从而达到素质教育的最终目标。

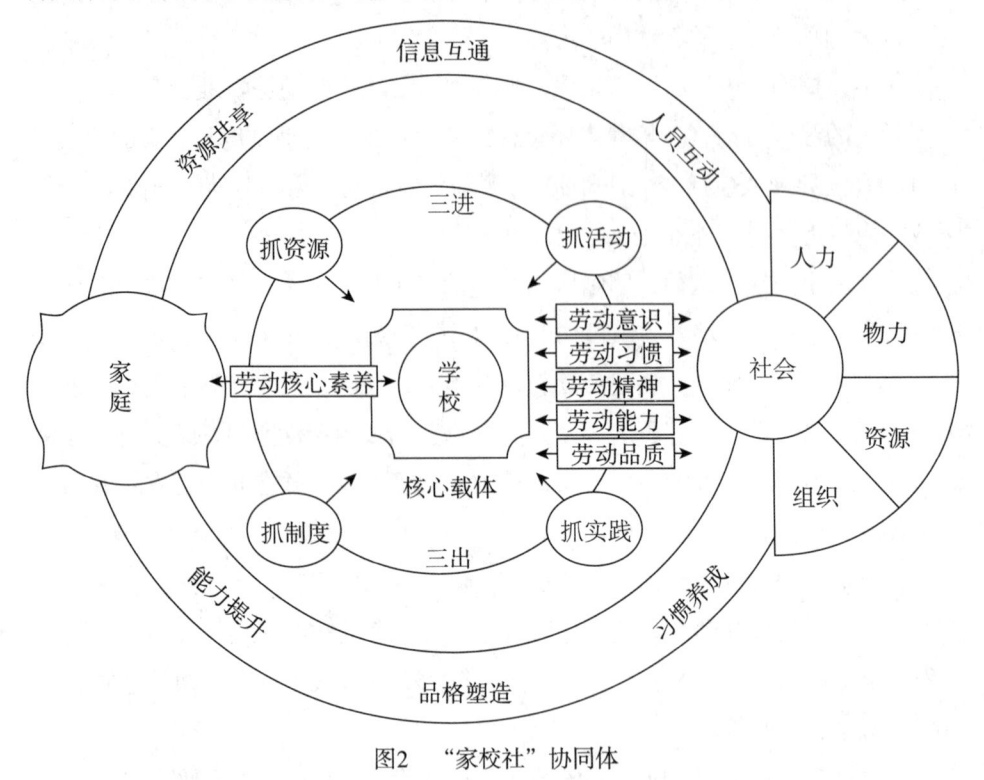

图2 "家校社"协同体

学校教育和家庭教育是互相影响、互相促进的，小学劳动教育不可脱离家庭教育而独立存在。学校管理者和教育工作者应当重视搭建各种平台，提供各种机会，让家长也参与到劳动教育中。例如，学校可通过亲子活动、家长讲师进校园活动等，让家长了解劳动教育的意义，进而引导其转变思想观念，形成家校共育合力，进一步提高劳动教育的质效。

小学劳动教育不应仅在学校里开展，还要延伸到社会，形成家庭、社区、社会等多方面合力，以新的劳动教育观念，让学生在优质的劳动教育环境中全面成长。家庭是重要的劳动教育场所，家长应承担起培养小学生劳动意识的责任。同时，学校可开展家访活动、家校交流活动等，提高学生家长对劳动教育的重视程度，并与家长交流劳动教育理念，必要时给予一定指导。学校还可以与社会相关组织进行合作，合理利用社会力量，为小学劳动教育搭建更广阔的平台。

借助社会资源，开发多渠道劳动平台。在小学阶段开展劳动教育，教师不仅要重视利用校内的劳动资源，也要注重挖掘多种校外劳动资源，通过校内与校外的结合，充分发挥劳动教育的育人功能。

（四）立足劳动核心素养，构建了"1+3+5"劳动课程维度

劳动教育课程内容规划是实现劳动教育课程目标的重要支撑，也是劳动教育课程有效实施与推进的基础与前提。学校遵循新课标要求，同时结合学校整体课程设计和劳动教育开展的实际情况，构建了"一核、三课、五明"劳动课程体系，力求打造具有学校特色的劳动教育体系课程，促进学生全面、健康发展，实现劳动教育的育人价值。同时，教师要注意运用多种教学方法，如情境创设法、问题引导法、小组合作法等，使劳动资源动态化，让学生获得真实的劳动。

"1核"是指劳动教育课程体系坚持立德树人，以培养学生劳动素养为核心；"3课"是指劳动课程分为基础课程、拓展课程、综合课程。"5明"指的是要明确以劳辅德、以劳增智、以劳强体、以劳益美、以劳养心的劳动教育课程的育人目标。

"3课"的具体内容如下。

以基础型课程为基石。每班每周一节劳动课，内容是国家教材和各年级劳动任务清单，整合教学内容，设置了日常生活、生产劳动、服务性劳动3大类10个任务群，根据学段特点科学设计不同的劳动课程，从简单到复杂，从自身到他人，从班级到家庭、校园社会，逐层深入。

以拓展型课程为核心。新时代中小学劳动教育课程体系的构建要正视劳动教育实施中的问题，以融合育人的新时代劳动教育观为引领，在劳动教育课程实施过程中沟通学科教学与课外实践，提升学生劳动素养，促进学生全面发展。为此要重视劳动教育与学科教学的沟通，发挥劳动树德、增智、强体、育美的功能，促进"五育"融合、学以致用，使劳动教育的实践从单一的形式走向一

体化的实施路径,实现劳动课程与其他学科有机融合。

我校还为学生开发一部分书本上没有且专业性比较强的项目性劳动科目,如:篆刻、十字绣、陶艺、编织、缝补、烹饪等课程,让学生在体验中学习技能、感受劳动的乐趣和成功的喜悦。

学校还充分整合家长资源,家校共育组织实施这部分课程,开展"亲子课程",如:每天亲子劳动时光,每周共同享受制作美食的快乐,每月一次亲子社会实践劳动活动等。我校还建立了"家长讲师进校园"的亲子课堂,内容有家政、烹饪、收纳等课程,使劳动教育校内外延伸循环。

以综合型课程为助推器。中小学开设综合实践活动课程的目标之一是培养学生正确的劳动价值观念,因此学校将劳动教育与综合实践活动课程深度融合,体现新时代小学劳动教育的面貌。例如,小学阶段综合实践活动课程包括探究调查、社会服务、设计创造、职业体验四大板块,在每一板块教师要明确教学目标,科学设计教学活动,在其中融入劳动教育内容,以此有效拓展小学劳动教育的体验,挖掘自身潜能。

为了给学生搭建多样化劳动实践体验平台,学校还联合了社区、公园等社会单位,为学生开展职业体验、宣传标语设计制作、垃圾分类公益活动、家政课堂等综合实践课程,让学生在多元劳动实践中对社会做贡献,体验到精神上的幸福和快乐。学校还会结合传统节日制定符合节日习俗、文化的系列活动,让学生在动手实践之余,对传统文化进行传承。

(五)遵循"教学评一致"理念,构建了"3+4+N"劳动综评维度

我校一直致力于教育评价改革,遵循"教学评一致性"理念,以成果为导向,以目标引领成果设计,用成果检验目标设置,重点关注学生全面发展的和谐程度、学习能力的持续程度和创新能力的践行程度,形成"3+4+N"劳动教育评价体系,在构建与实施过程中以提高劳动素养为目标,以综合性评价为手段,以过程性管理为保证。

"3"是以时间为轴,从学期前、中、后着手,形成以"学期前评摸学情""学期中评明过程""学期后评看效果"的长期性评价模式,使劳动教育评价贯穿整个学期。

"4"是以评价主体为序,按照自评、校评、家评、社评的评价顺序,形成"家、

校、社"一体化评价策略,使学生得到的评价更加全面,更具指导意义。

"N"是指采取多种措施、寻找多种渠道,如雷达图、成长坐标、星级评定、劳动荣誉存折和劳动卡等,以丰富多彩的劳动活动和完整全面的多元评价方式为内容,补充和完善了劳动教育过程性和综合性评价体系。

四、成果取得的效果与反思

(一)取得的效果

1.提高了教师队伍的专业劳动能力和教学水平

(1)教师的教学能力得到提升。在"五维一体"小学生劳动教育模式中,教师不仅需要具备扎实的学科知识和教育教学能力,还需要了解劳动教育的相关知识和理论。通过实施该模式的教育实践,教师的劳动教育素养得到了很大的提升,能够更好地把握教学节奏、丰富教学手段、有效地提升学生参与度和投入度。

(2)教师和学生的情感得到加深。劳动教育是一个人的精神品质和能力的提升过程,是一个人自觉加强社会责任、提高人生境界的过程。在"五维一体"小学生劳动教育模式中,教师能够通过劳动实践带领学生体验工作、锻炼沟通、增加合作,从而加深和学生的情感。

2.提高了学生的劳动意识,培养了学生的劳动素养

(1)实践能力得到提高。"五维一体"小学生劳动教育模式突出了实践性,注重通过劳动实践培养学生的动手能力、实践能力等。在实践抽象的理论知识或技能过程中,注重培养学生动手实践和合作交流、创新思维等能力,练就学生动手实践的能力和敏感度,这对于小学阶段学生的综合素质提升非常有帮助。

(2)学习兴趣得到激发。学习兴趣是学生学习和掌握知识的重要因素。在"五维一体"小学生劳动教育模式实施过程中,通过创设丰富多彩的劳动教育活动,激发学生对劳动教育的学习兴趣和参与热情。学生有机会在实践中感受到丰富的精神内涵、开阔的视野和智力乐趣,不断提高对劳动教育的认识和交流的技能等,有效地激发了学生的学习兴趣。

(3)价值观得到完善。"五维一体"小学生劳动教育模式强调培养学生的社会责任感和价值观。在教育实践中,教师注重劳动教育的态度和方法,注

重传授正当的价值观和道德观，引导学生树立正确的劳动态度和劳动意识，提高思考、交流和合作的技能，并形成坚定的价值观。

（4）劳动素质得到提升。"五维一体"小学生劳动教育模式实施策略研究，注重培养学生的动手实践能力、自理能力、创新思维、社会责任感、探究精神等学习和生活素养。在劳动学习的过程中，学生能够得到很好的锻炼和提高，知识、能力和素质相互促进，从而达到综合素质的提升。

总之，从学生身上取得的效果表明，"五维一体"小学生劳动教育模式实施策略研究在实践教育中取得了良好的效果。该模式突出实践性、注重价值观和责任感的培养、激发学习兴趣和自理能力提高的效果不可忽视。

3. 辐射带动家、校、社劳动氛围的形成

（1）促进了家庭劳动教育的发展。"五维一体"小学生劳动教育模式的实施是家庭劳动教育的一个重要组成部分，可以促进家庭劳动教育的发展。实践证明，该模式在培养小学生的实践能力、品格、劳动价值观等方面具有广泛适用性，更好地激发学生参与家庭劳动的内驱力，拓展劳动教育的理念和范围。

（2）更新了学校劳动教育模式。"五维一体"小学生劳动教育模式以长春市第一实验银河小学为试点，并逐步辐射到教育集团下的长春南湖实验中海小学及绿园区协作校四间小学，促进了各校劳动教育的深化和拓展。

（3）促进社会劳动氛围的形成与发展。通过"五维一体"小学生劳动教育模式实施策略研究，增强了学生的环保意识、参与城市建设和发展的能力，从而有利于促进城市的建设和发展。

（二）需要反思的问题

在本次课题研究和实践探索中，我们收获了宝贵的经验和第一手教育数据，但是也发现了我校在开展劳动教育过程中存在的不足，具体如下。

1. 整体性不足

"五维一体"小学生劳动教育模式注重培养学生的实践能力和价值观，但在整体性方面仍有不足之处。在实施过程中，应该将更多的元素融入劳动教育中，打造更为完整而有机的劳动教育体系。

2. 教学方法不够多样化

"五维一体"小学生劳动教育模式的教学方法较为单一，缺乏多样性。在实际教学中，应该根据不同的劳动教育需求和学生年龄特点，采用多种教学方法，如游戏教学、角色扮演、文化讲解等，让学生更好地学习和掌握知识。

3. 缺乏科学评价体系

"五维一体"小学生劳动教育模式在劳动教育方面注重实践能力和价值观的培养，但缺乏科学的评价体系和标准。在实施过程中，应该建立科学的评价体系和标准，更好地反映学生劳动教育的实际水平。

（三）设想与展望

在未来的劳动教育实践中，我们有以下设想和展望。

1. 规范化劳动教育教学

劳动教育作为一门学科，应该在学校教育中得到更多的规范化、制度化和系统化的安排。通过制定劳动教育的具体规范和标准，提高劳动教育教学的质量，并且更好地保障学生劳动权益。

2. 融入数字化技术

数字化技术的发展，为劳动教育的教学提供了新的方法和可能。在劳动教育教学中，可以利用数字化技术，例如虚拟实验室和在线实践模拟等，提高劳动教育的可操作性和趣味性。

3. 推广劳动教育思想

劳动教育不仅仅是小学教育的一个重要组成部分，同时也是社会群体全面建设的一项重要内容。在未来工作中，应该注重推广和宣传劳动教育思想，调动社会各方力量支持和发展劳动教育，共同将劳动教育的价值更好地发挥出来。

总之，"五维一体"小学生劳动教育模式实施策略研究，在反思和展望中发现一些问题，但这些问题也可以通过规范化劳动教育教学、融入数字化技术和推广劳动教育思想等措施得到更好的解决和发展，更好地服务于小学生的成长和所有人的较全面发展。

[参考文献]

[1]黄颖."五维一体":小学生自主教育模式的建构与实践路径[J].家长,2022(11):65-67.

[2]邬茜萍.新时代小学劳动教育的价值及实践路径探究[J].求知导刊,2022(16):108-110,119.

[3]袁家程.五育融合视野下小学劳动教育的价值意蕴及实践路径探析[J].潍坊工程职业学院学报,2022,35(03):23-27.

[4]葛戴丹,王静.新时代小学常态化开展劳动教育的价值探析——基于江苏省苏州市实验小学校的实践与思考[J].人民教育,2022(Z2):109-110.

主要成员：田娟　王海瑞　陈杰　于凯　康志红　马微（长春市第一实验银河小学）

执 笔 人：田娟　康志红

区域"五育"并举课程体系的构建与实践

一、问题的提出

2019年发布的《中国教育现代化2035》中,提出了"五育"融合的教育发展目标,明确了中国未来高质量的教育必然是德、智、体、美、劳"五育"并举的教育。但回顾近年来的教育发展历程,基础教育普遍过于注重智育的培养,忽视其他各育的均衡发展。尤其是在课程结构、课程内容的设置上,缺乏对"五育"融合课程从目标综合化、常规课程系统化、区本课程特色化、未来课程趋势化等方面的整体设计,制约了学生创新意识和创新能力的发挥。

围绕相关问题,国内进行了大量的理论与实践探索,对"五育"课程的开发和系统架构的搭建研究,成为许多地区教育研究的热点和焦点问题,但是,部分研究还存在着实践不够充分的问题,具体性、系统性的理论归纳还需要进一步提升,需要在大量的实践个案中,发现问题,有针对性地寻找解决策略。同时,纵观国际上发达国家的教育思想和实践经验,全面发展的融合式教育思想已经形成了成熟的教育理论和实践路径。如多元智能理论、人本主义教育理论等,这些理论对我们有着极高价值的借鉴意义,为实施具有中国特色的"五育"并举教育提供了丰富的理论指导和经验启发。

基于此,我们审视朝阳区域教育发展现状,结合区域教育发展背景,思考基于"五育"融合的深刻内涵和教育价值。我们从生命教育理论、协同教育理论以及马克思理论中关于人的全面发展思想等教育论述中寻求启示，明确区域"五育"融合育人的基础理念：把"五育"融合作为全面发展区域教育的组成部分共同服务于立德树人的根本目标。"五育"并举与"五育"融合是理想与实践、目标与策略的关系，如果"五育"并举是与促进学生全面发展相对应的教育实践，那么"五育"融合则是促进学生全面和个性发展的有效途径。在此基础上，我们从课程的结构、内容、评价、选课、开发等五个关键点进行变革，构建为每一个学生提供适合自身的"五育"融合课程。使区域教育未来高质量发展的内涵集中体现为四个"更"：一是全面发展的理念更鲜明；二是标准化建设程度更高；三是软实力更强；四是学生德智体美劳全面发展，教育教学质量全面提升，人民群众更满意。

二、解决问题的过程与方法

本课题研究的总体目标是将国家基础课程与区域教育思想、区域内学校主题文化进行渗透融合，构建具有区域特色的"五育"并举课程体系，促进学生德、智、体、美、劳全方面发展，提升学生的核心素养，培养内外兼修、阳光大气的朝阳学子。依据研究目标，我们制定了三方面的研究内容，一是"五育"并举课程文化的研究；二是"五育"并举课程开发及重构的研究；三是"五育"并举课程推进策略的研究。从学习方法、授课模式、管理机制等方面探索"五育"并举课程的推进策略。

（一）创建适切的"五育"融合课程，驱动育人方式整体革新

我们整体设计立足于当下、展望于未来的课程改革方案。将"五育"融合思想深植其中，向着理想化目标不断迈进。

1.优化统整课程目标，整体定位课程改革方向

（1）坚持育人为本的整体发展目标。课程融合就是落实发展学生核心素养理念，形成"五育"融合的学校落实机制。从区域教育实况出发，注重知识内在关联和生活实际的有机联系，兼顾社会需求与学生个性发展，全面提高学生综合素质。

（2）着眼与时俱进的未来发展目标。注重创新思维与前沿意识，深入推

进现代信息技术，特别是人工智能与课程教学的深度融合，把握课程知识信息传播和应用的时效性，强化融合课程的育人效能。

（3）强化知识融通的多元综合目标。注重德、智、体、美、劳全面发展的培养目标，通盘考虑各学科、各领域的知识特点与内容特征，注重学科间的内在关联性；增强课程的融合实施深度，推动学科间、领域间的优势互补，发挥综合协同的育人价值，使学生未来的发展有后蓄力。

（4）注重方式创新的结构优化目标。围绕"五育"融合理念，明确课程逻辑主线，优化课程结构，完善课程内容，形成更高质量的基础教育课程体系；总结课程融合的经验，提炼课程融合的实施模式。

2. 深化"五育"融合，助力区域课程系统迭代升级

（1）升级课程搭建体系，推动"五育"课程融合。我们以国家基础课程为本，借力地域资源，发挥区域特色，通过搭建国家课程＋特色课程＋实践课程的课程系统实现"五育"融合。首先，以国家课程实现学生基础性发展。发挥国家课程的整体育人功能，以学科的融合实现"五育"融合，探索学科内融合与大单元教学等国家课程校本化的实施方式；其次，以特色课程实现学生个性化发展。以红色基因教育、智能开发教育、艺术审美教育、劳动实践教育、体能拓展教育五大课程为基础开发特色课程；第三，以实践课程实现学生的社会性发展。充分挖掘地域资源，聚焦社会复杂问题，开发以 STEAM 课程为主体的实践课程。

（2）融通学科教育课程，实现"五育"融合常态。将课程融合与常规教学联系起来，综合道德与法治、劳动技术、体育、美育以及其他常规学科，以某一学科作为切入点融合"五育"，实现学科融合、知识融合、方法融合和思想价值观的融合。要求学校严格落实国家学科课程标准，鼓励学校构建"五育"融合学科课程体系，在常规教育教学中实现"五育"的融会贯通。

（3）打破课程领域界限，打造课程跨育融合。在课程体系的构建中采用跨育融合的方法，打破领域界限，利用模块、项目、主题、探究等方式进行德、智、体、美、劳综合教育。跨育融合要经历主题选择、目标确定、内容筛选及组织、实施与评价等过程，是超越单一学科的创造性构建过程。其中，主题选择力求相对均衡涵盖"五育"要素，选择社会普遍关切且学生感兴趣的话题；单元目

标做到清晰具体、结构分明；内容选择切合目标，满足儿童兴趣、体现社会现实需求；课程评价要兼顾教师教、学生学的评价，用获得相应的数据支持教师科学地进行教学决策。

3. 探索面向未来的课程，推动区域未来教育模式进化

"五育"融合课程体系的构建处于探索阶段，对于指向未来社会发展的课程模式，我们也做出了初步的探索，在理论与实践的双向互动中，推动未来课程模式创造性进化。

（1）学校课程+云校课程。我们面向智能时代转型升级，构建学校课程+云校课程两位一体的课程模式，隔空架起多元课堂，相约云端，有计划、有质量、有温度地开展线上教学。线上教育统筹考虑国家课程、地方课程、校本课程的安排，做到学科课程与综合课程兼顾，形成人人皆学、时时能学、处处可学的新型学习范式。

（2）适行创生+"五育"融合。为了寻求可操作的"五育"融合课程体系，提升融合课程的普惠性，我们率先在5所农村学校实施了"双师课堂"常态化课程模式，总受益学生1万余人。区域"五育"融合课程体系的整体构建已初具规模，传统文化系列课程、学科生命化系列课程，北安小学的聪明玩课程、慧达小学的智慧课程、四十五中小学部的开放式课程等百花齐放，形成了区域课程统领下的区本特色课程体系。

（二）完善课程评价体系，助力"五育"课程科学发展

随着区域教育水平的不断提升，学生的综合素质评价体系也日臻完善。我们将"五育"融合到学生的综合素质评价中，进一步完善区域课程评价体系，增加考查学生发展的维度和层次性。

1. 明确课程评价方向及标准

一是注重过程，以综合性过程评价促进"五育"融合。将评价的重点转移到"高质量的实施过程"和"高质量的融合过程"，在关注学生评定结果的同时，注重综合性过程评价，提升评价在促进学生成长方面的发展功能；二是强化机制，淡化鉴定选拔功能。发挥评价在育人方面的独特作用，将单纯以考试成绩和学校升学率评价教育质量，转化为切实减轻学生过重课业负担；三是坚持融合，借助结果分析促进教育质量提升。将"五育"融合程度作为评价单位，

借助评价从不同的角度观察学生综合素质发展状况，通过评价与反馈，调整"五育"融合现状和发展目标之间的差距。

2. 三个维度构建学校"五育"融合立体评价系统

实施以"激发成长动力"为主题的评价方式改革，将学校教育综合质量监测评价和学生综合素质评价相结合，组成多维、立体的评价系统架构。具体由三个维度组成：一是将立德树人的根本任务进行一体化设计，按照学段确立评价指标；二是依据"五育"融合理念设计学校的育人模式、课程体系、教育教学，并同步设计与之相适应的评价指标，从整体上对学生参与课程学习加以监控并进行动态调整；三是关注学生全面而有个性的发展，在评价方面让学生纵向比较，从而发现自己的进步和成长。

3. 三个聚焦构建基于"五育"融合的教师评价体系

一是聚焦师德师风，激活教师的教育内驱力；二是聚焦履责实绩，突出教师激励评价，培养具有特色且一专多能的融合型教师；三是聚焦班级管理，对班主任的融合育人能力给予评价，建立个性化、精准化、数据化的教师成长档案。各校在探索"五育"融合评价体系的过程中，将一级指标确定为品行素养、学业水平、身心健康、艺术素养、劳动实践等维度，对应着德智体美劳的"五育"要求。解放大路小学"校园币"评价体系，三十中学的"一天一面温度"评语，明德小学、北安小学、四十五中学和六十八中学等学校实施"学科＋特长"的多维立体评价，朝阳实验小学和九十中学的"星级学生"评价，促进了学生多元发展。

三、成果的主要内容

围绕区域"五育"并举课程体系的构建，我们开展了多方面的实践研究，初步形成了独具特色的课程实施模式和推进策略。

（一）生成了"多形态"课程实施模式

我们用多方向的整合思路，让"五育"融合课程突破教材，走出教室，走向广阔的生活世界，实现课内与课外的联结，探索出"多形态"的课程实施样式。

1. 模式一："大思政"课程体系

一是融合课程思政"仓储式"模块调用模式。鼓励教师挖掘本学科中的思政元素，找准思政内容与学科课程的契合点，梳理、归类，形成网状思政元素模块图谱，方便学科融合思政过程中对思政元素的即拿、即用、即存；二是思政课程延伸性学习模式。从课堂出发，以生活中的鲜活现实问题为切入点，充分利用社会资源，创建思政研究团队，开展延伸性学习。如，家庭车库变身图书馆，几年间，让3万多家庭50万人次参与"家庭读书会"；开展"诗书礼乐进校园""高雅音乐进校园""民间艺术进校园"，充分发掘社会思政元素，用文化涵养高尚的品质和良好的情操；从书本走向实践，打造由23家单位组成的"校外育人联盟"，以多样化的体验实现立德树人；实施评价引领，"校长币""五育章""星少年"，让阳光洒向每一个孩子的心灵。

2. 模式二："菜单式"课程

深度挖掘基础学科中的拓展性内容并将之与学生的兴趣爱好相融合，开发与学生个性特长相关的课程，在拓展中提升学生的综合素养。根据学生自己的兴趣和爱好来设置课程，教师自主开发课程——订制"菜单"，学生自主选择课程——挑选"菜品"。"菜单"的开发和设计兼顾学生生理特点、年龄特点和个性特点，满足不同学生在德、智、体、美、劳五个方面的不同需求，对课程内容选择、课时安排、任课教师和课程资源进行统筹管理，确保"菜单式"课程在组织性和灵活性方面的协调统一。"菜单式"课程是综合性较强的课程，能够更好地促进学科间的整合和"五育"间的融合，弥补了学校基础性课程在关注个性发展方面的不足，既满足了学生的兴趣需求，也激发了教师的潜能。

3. 模式三："传统+创新"课程

在传统课程和游戏中寻找创新点，重拾经过一代又一代人的传承和发展而积淀了丰富文化底蕴的传统项目，并结合时代要求进行科学创新，将传统项目推广作为培育心灵的工程，时时处处熏陶浸染。我们创新了以传统游戏为媒介，多方融入、全面铺开的育人方式，将剪纸、腰鼓、太极拳、翻花绳、九连环、欻嘎拉哈等传统活动与体育课、大课间、社团活动相结合，融合现代游戏"飞叠杯""手操""啦啦操"等活动，创编出"杯子舞""精忠报国手操""太极扇""躲避盘"等新课程。在传统与创新的碰撞中，让学生理解中华传统文化的内核，理解古人对天地万物的观察与思考，从而知晓自身价值、坚持自身特色、增强文化自信。

4. 模式四：同类课程"课程群"

将知识、方法、问题等方面有逻辑联系的课程加以整合，形成系列课程，使各课程在内容上密切相关、互相渗透、互相补充，从而更加有效地促进课程的教学质量和学生学业水平的提升。如朝阳实验小学构建了"诗书礼乐课程群"，组建了"民族风"国乐团，有古筝、阮、二胡等项目，其中葫芦丝吹奏课程已达到全校全员普及。

5. 模式五："走班式动态课程"

动态课程设计主要是充分利用校内课后服务时间，将艺术、体育、科学课程以班级为单位进行周期性动态轮换，将音乐、体育、美术、科学教师轮排到各个年级的各个班级，进行教师走班式授课，使全体学生均衡地进行艺术、体育、科学课程学习。这种新颖的课后服务形式，满足了学生的多样化需求，激活了教师们的工作热情，得到了家长和社会的一致好评。

（二）创新了"五育"融合课程推进策略

高品质、有内涵的推进课程的构建与实施，使区域育人更加聚集内涵，回归本源，充满活力。

1. 转变"五育"课程开发者的观念

校长和教师作为"五育"并举课程体系开发和建设的主体，他们对"五育"课程的理解与分析以及相应的系统开发能力、实施能力起着至关重要的作用。因此，我们把转变教师理念作为首要任务，实现教育理念和行动的"价值归一，同向发力；一师多能，综合育人"，打造了一批将"五育"并举理念作为教育教学宗旨和内在动力，具有综合育人能力的思想先进、业务精干的教师。

2. 实现"五育"课程本质上的深度融合

构建行政推动、教科研引领、名师工作室助推、基层实践的课程管理体系。健全基础类、拓展类、研究类、服务类课程建设，通过课题研究、改革实践、主题活动，探索"五育"课程本质上的融合与重构，生成了能够满足学生、教师、家长、社会不同层面的多功能组合"课程群"，我们在推进过程中着力实施"两进、三式、五化"课程融合模式。两进："五育"融合进课程、进课堂。三式：横向式——学科知识横向融合，纵向式——主题活动纵向融合，辐射式——自主学习发散融合。五化："五育"课程科学化、课程化、系统化、综合化、特色化。将"五育"课程贯穿学前教育、基础教育、职业教育和特殊教育的各个阶段,根植"五育"课程文化于区域各学校文化之中。

3. 开发多方共建、多元共享的课程研修方式

我们以"一堂""一站""双名""三深化"为中心开展区域研修活动。一堂:学习中心课堂。一站:大学片教研指导站。双名:名校长论坛,名师工作室。三深化:深化高位协作体和城乡联盟,深化生命课堂教学实践,深化融合课程资源建设。多点全面的研修活动和以主题式活动为主的研修活动,使我们有了更多平台和机会来探寻多维度育人的方法以及"五育"并举下多学科交叉的融合点。

4. 坚持课程本土化、传承化发展

我们紧密结合区域特点和区域内校情、学情,坚持走"五育"课程本土化、特色化路程,立足实际、立足真实的生活情境,从而形成了不拘泥于学科,不拘泥于形式的多视野、广思路且具有丰厚底蕴与内涵的"五育"课程。如我区北安小学的"聪明玩"课程至今已有近30年的历史,学校以游戏为形式开发系列聪明玩活动,如"放飞纸飞机""搭建积木塔""玩转24点""数独游戏""疯狂的小棒""棋类竞技赛""思维大比拼"等,经过多年的传承和发展已经形成了独具风味的本土特色。学生在玩儿中发展智力水平、提升道德修养、培养运动自觉、提高审美情趣,在玩儿中感受劳动价值。本土化的特色活动让孩子们天性得到充分复苏和张扬,凸显了学校领导和老师的初心和匠心,成为我区"五育"融合课程体系建构与实施的一个缩影。

(三)管理机制汇聚了区域育人合力

完善的课程管理机制是真正落实育人目标的重要保障。为适应"五育"并举育人的整体改革发展的新趋势,我们开展"五育"融合课程管理机制理论研究和实践探索,提高区域整体课程管理水平,从而汇聚了高效育人合力。

1. 打破行政界限,形成教育协同机制

积极构建协同育人的组织协调、资源共享、条件保障等机制,实现关系协同、资源协同与利益协同基础之上的育人目标协同。同时,打破教育部门职责界限,成立区域研究专班,立足融合育人的制度设计和课题研究,发挥科研推动功能,促进区域"五育"融合工作的深入开展。

2. 实现多元统合，构建社会融合育人模式

科学统筹实践内容、活动基地、保障体系等元素，推动家庭、学校、政府、社会差异性互补，形成密切合作、互相融通、同心同向的融合育人新格局。我们与吉林省科技馆等部门挂牌成立朝阳区中小学生社会教育实践基地，从现代化、美化、亮化、绿化、净化及文化品位的"五化一品位"入手，实施阳光德育、美育、体育、科学、健康"五位一体"的育人工程，形成了学校与社会机构共融的育人联盟。

3. 提高政策保障，推动区域"五育"深度融合

秉持开放式、融合性、均衡化、可持续发展战略，由政府主导，助推教育高质量发展。一是高位统筹，建立教育领导机制，形成以教育局为主导、各部门参与的联动机制；二是优先统筹，建立教育经费保障机制，把教育高质量发展纳入区域发展规划；三是情智统筹，建立教育救助机制。

四、成果取得的效果与反思

几年来，我们努力实现课程理念创新、内容创新和模式创新，区域教育整体发展发生了明显变化。

（一）取得的效果

1. 区域育人生态更具活力

朝阳的育人生态越"融"越"合"，散发出蓬勃的活力。以"五育"课程体系的搭建为路径，大力构建学校、家庭、社会、网络协同育人机制，凝聚育人共识，形成育人融合发展的生态链。通过创新的课程推进策略，深化了集团化办学、管理互通、文化共建、资源共享、研训一体、发展共赢等一系列改革措施，为学生提供了更加个性化、精准化和多样化的优质教育服务，促进新时代"五育"并举工作的层层推进，进一步落实了立德树人的根本任务。

2. 推进学校特色的丰富化

区域内学校在特色中发展，在发展中均衡，走出了一条适合区域发展的特色教育新路径。多形态的课程实施模式，激活了教师们的工作热情和学生的学习兴趣，富有趣味性和挑战性的课程开发转变了教师的传统观念，区域内学校积极探索符合自身实际的办学道路，建设符合自身特色的顶层设计和学校文化，

"书香校园""绿色环保学校""智慧校园"等一系列特色校园涌现，推进了课程的校本化改革和学校的特色发展。

3. 促进师生的全面发展

依托"五育"融合课程，全方位、多维度地对教育教学、学生活动进行科学高效的管理，进一步培养了内外兼修、阳光大气、全面发展的朝阳学子，打造了德才兼备、君子风骨的朝阳教师，造就国家、社会、时代需要的明大德、守公德、严私德的公民。近年来，朝阳区被教育部基础教育司确定为"安吉游戏推广"实验区，全省首家"三个课堂"建设示范区落户朝阳。区域内诞生了9所全国足球特色校、9所全国冰雪运动特色校、5所全国旱地冰球实验学校、4所吉林省美育特色校、3所全国中小学生中华优秀传统文化传承学校、3所全国青少年人工智能特色学校。

4. 区域教育教学质量不断攀升

"五育"融合课程体系的构建和实施，促进区域形成特有的一体化融合育人链条，成为撬动区域教育变革的主要支点。以"五育"作为教育教学的基本单元，超越了传统的学科和课时概念，原本孤立的学科通过"五育"关联实现了有效融合，提升了学校课程结构的整体性，培养了学生的跨学科学习意识，融合理念整体渗透到教育教学、组织管理、文化建设等各个方面，实现了"五育"的全方位融入，有效提升了教学质量和综合办学水平。在近几年的国家义务教育质量监测和长春市中小学教育综合质量监测中，朝阳区均以优异成绩位居前列。深入分析监测数据背后的成因，朝阳区"五育"融合课程体系构建的优势逐步清晰。

（二）问题与反思

1. 持续增强理论认识

对"五育"融合课程理念和我国现实发展状态，部分教师还存在认知偏差，后续还需要深入探索。部分家长的认识则更为模糊，还需要通过家校联合等方式，多方举措加以培训，以期更好地为"五育"并举育人服务。

2. 拓展"五育"融合课程优势

STEM教育、翻转课堂、线上教学等新教育的冲击，让我们必须静下心来思考，打开传统与时代的并轨思路，找到"五育"融合课程创新发展的新思路。

如何让区域教育与世界接轨、与时代接轨仍是我们面临的问题和挑战。

3.深化"五育"课程本土多元化进程

在研究过程中，仍然需要进一步加强与社会资源的合作，组建合作团队，利用本地传统文化教育元素，如家乡戏曲、家乡风俗等，实现课程的深度融合和文化的优化传承，突破单打独斗的研究，确保研究走得更科学、更深远。

[参考文献]

[1]郝志军."五育"融合：推动学校课程改革[J].中国德育，2021（01）：1.

[2]李政涛，卜玉华，程亮，等.2022中国中小学教育新进展新趋势[J].人民教育，2023（Z1）：42-51.

主要成员： 高贤美　孙丹　邵红群　薛春侠　李曼　郭俊鹭（长春市朝阳区教育科学研究所）

执　笔　人： 高贤美　孙丹

劳动教育"三个融合"策略的探索与实践

为深入贯彻习近平总书记关于加强劳动教育的重要指示精神，2020年7月，教育部制定印发了《大中小学劳动教育指导纲要（试行）》，围绕学校、学生、课程、实践等各方面，进一步明确了劳动教育的重要意义和任务目标，科学制定了中小学劳动教育的实施路径和评价方式，对各地提升劳动综合育人质量提出了时代新要求。

一、问题的提出

（一）深入开展劳动教育，是落实"五育并举"的重要举措

2018年，习近平总书记在全国教育大会上强调：要在学生中弘扬劳动精神，教育引导学生崇尚劳动、尊重劳动，懂得劳动最光荣、劳动最崇高、劳动最伟大、劳动最美丽的道理，长大后能够辛勤劳动、诚实劳动、创造性劳动。这充分体现了党和国家对学校开展劳动教育的期望和重视，提出了要进一步健全完善劳动教育综合育人体系的时代要求。因此，科学构建大中小学劳动教育体系，全面落实党的教育方针，有目的、有计划地组织学生参加校内劳动、家务劳动和社会实践劳动，让学生亲自动手实践、接受锻炼、磨炼意志，是现阶段落实"五育并举"的有效举措。

（二）深入开展劳动教育，是对标先进省市教育的重要途径

为深入贯彻落实党中央、国务院关于全面加强新时代大中小学劳动教育的决策部署，各省市积极将劳动教育纳入人才培养全过程：广西壮族自治区实施"四个强化"战略，围绕平台建设、专业指导、课程设置和服务支撑进行统筹规划；河北省按照提升存量、提标增量、校内建设、校外补充、校际共享的工作思路，全力拓展劳动教育场地资源；辽宁省推动"以劳动教育课程体系创建品牌，以系列内容促发展"的校内外联动劳动教育课程实施模式，构建基地、学校、家庭、社会"四位一体"的协同育人机制。全国各地结合实际创新开展劳动教育，均提出了具有本地特色的方法和举措，因此作为拥有近千万人口的长春市，必须对标先进地区，在丰富劳动教育课程体系和拓展资源方面下功夫、做创新。

（三）深入开展劳动教育，是构建长春教育高质量发展体系的重要环节

多年来，长春教育依托区域特色、校本课程等方面因地制宜开展劳动教育，以促进学生全面发展为核心目标，健全制度机制，抓实课程和实践基地建设，指导县区开发具有区域特色的劳动教育课程体系，将劳动元素融入学科教育各环节、纳入人才培养全过程，通过增强家校社的合力，建立有机统一的劳动教育体系。但作为一个北方城市，特别是具备深厚农业底蕴的北方城市，必须深入挖掘长春地域优势，依托冰雪资源、农业资源、畜牧资源和产业资源，建设更加丰富的教学内容和科学的课程体系，以长春本地具有相关资质的企业、工厂为载体，为学校组织学生参加适合适宜的生产劳动提供实践场地，确保以劳树德、以劳培智、以劳增体、以劳育美的"五育融合"真正在教学实践中得以实现。

二、解决问题的过程与方法

（一）加强政策引领，建好教师队伍

印发《长春市关于全面加强新时代中小学劳动教育的指导意见》，指导县区开发建设劳动教育特色课程体系，增强教师专业理论素养，将劳动教育纳入教师培训内容，同时聘请校外专业人员、在职技术人员、社会志愿者等担任兼职教师，为师资力量提供保障。

（二）推进基地建设，拓宽教育途径

一方面，挖掘校内资源，建设"校园劳动微基地"并挂牌，开展形式多样的校内种植、养殖和劳动实践类活动；另一方面，建设校外劳动实践场所，借助长春市实践教育学校优质资源，以及长影工厂、一汽汽车厂等本地优势资源，在3年内建成50个以上社会教育实践基地，为开展劳动教育搭建广阔的平台。

（三）打造特色课程，丰富教育内容

充分结合长春地域优势，指导莲花山、榆树市、九台区、汽开区等地，依托冰雪资源、农业资源、畜牧资源和产业资源，形成了丰富的教学内容和科学的课程体系，其中，汽开区被教育部定为首届全国中小学劳动教育发展论坛的承办单位，长春劳动教育经验面向全国进行宣传推广。

三、成果的主要内容

（一）明确工作思路，实现全域统筹和区域特色相融合

一是优化顶层设计，构建"1234"劳动教育育人框架。研究完善《长春市关于全面加强新时代中小学劳动教育的指导意见》，细化实施要求，明确教育内容，以"1234"劳动教育工作策略推动工作落实。"1"即坚持一个统筹，成立市级劳动教育工作领导小组，统筹全市劳动教育工作，把劳动育人观念贯穿家庭、学校、社会各方面，切实把劳动教育纳入人才培养全过程。"2"即完善两级课程，构建校内劳动教育课程、校外劳动教育实践两级课程体系，从课程设计、课时安排、劳动实践等方面明确实施路径。"3"即制定三项制度，通过实施劳动清单制度、劳动评价制度、家校协同制度三项工作制度，积极打造学校协同育人、以劳提质新格局。"4"即强化四个维度，增强政府、学校、家庭、社会多元参与、多维整合、多种场域实践的工作合力，促进学生身心健康和全面发展。

二是凸显区域特色，探索"1+N"劳动教育创新模式。坚持挖掘传统优势项目与打造试点实验区相结合的方式，探索实践劳动教育综合育人新路径，构建"1+N"劳动教育工作模式。"1+N"模式即以本地地域优势为一条工作主线，充分利用城乡劳动教育资源，打造多点开花的劳动教育课程。如，二道区依托

劳动实践基地开展学生特色劳动，构建"二道匠心"劳动体系；绿园区开辟劳动教育"新天地"，开发种植园推进劳动教育；汽开区以劳动教育为支点，深度推进"五育"融合，突显汽车产业园区劳动特色；净月区打造学校特色校本课程和社团课程群，丰富拓展DIY课程、废物利用课程、陶艺课程、冰雪课程等教学课程，培育学生兴趣和特长；各外县市立足乡土资源，创新方式方法，打造大片果园和中草药劳动基地。

三是做好统筹兼顾，完善"三全"劳动教育保障机制。加强中小学劳动教育教师队伍建设，聘请劳动模范、技术人员、学生家长等作为学校兼职教师，并把劳动技能和学科素养纳入师资培训内容，进一步强化学科融合意识和全员育人意识。鼓励各地各校采取多种形式筹措资金，加快建设校内劳动教育场所和校外劳动教育实践基地，建立学校劳动器材、耗材补充机制，充分发挥各方面合力，保障劳动教育专项经费的投入。加强对师生的劳动安全教育，强化劳动风险意识，健全完善安全教育与管理并重的劳动安全保障体系。以评估劳动实践活动的安全风险为抓手，在场所选择、工具选用、使用规范、活动流程等方面制定安全、科学的操作规范，强化对各个教学岗位的管理，防患于未然。

（二）丰富教学内容，实现课堂教学和实践活动相融合

一是链接姊妹课程，丰富课堂教学"新资源"。将劳动教育课程与国家、地方、校本课程建设相结合，深度挖掘各个学科所蕴含的劳动教育学科资源，促进劳动教育与学科教学有机融合。以"农业""工业""信息行业"等领域为课程研发重点，把劳动课程融入各行业实践中，开发创客工坊、创客秀场、创客赛场等实践课程，逐步形成"五步劳动课堂"教学模式。广泛组织以劳动教育为主题的班会、团队会、劳动大讲堂等，丰富校内劳动教育内容与形式，让学生充分体会敢于担当、勇于奉献的劳模精神和工匠精神，不断丰富教学内容和课程体系。

二是强化劳动实践，建设劳动育人"新载体"。设立劳动周，结合植树节、五一劳动节等节日，开展劳动技能竞赛、劳动成果展示等活动，使学生树立正确的劳动观。建立劳动清单，分班级依场地划出劳动片区，利用校内清洁劳动和卫生大扫除活动，培养学生良好的劳动习惯和品质。组织劳动社团，依托全

市中小学"课后服务"计划，指导各县区、各学校组织成立小学低年级自理生活社团、小学中高年级手工制作社团、初中年级农工结合社团、高中年级社会服务社团，结合各学段学生年龄特点和发展需要创新开展劳动教育。进行劳动评价，通过学生自评互评，教师家长参与评价引导学生正确对待劳动实践，利用"学生综合素质评价"网络平台，创新开展劳动特色班级、先进劳动个人等评选活动。

三是聚焦学生需求，建设劳动教育"新平台"。着眼于满足各级各类学校多样化劳动实践需求，充分利用我市综合实践基地、郊区劳动活动场所，以及长春市实践教育学校现有劳动课程和教学资源等，开辟符合各年龄段学生的劳动教育实践场所，多渠道为中小学拓展劳动实践基地。除城区、开发区外，外县市相关学校也逐步建好配齐劳动实践教室或实训基地，积极利用学校自留田地或校园内的空地开辟"农业劳动田"，种植地瓜、花生、黄豆等农作物，加强学生农业劳动教育。鼓励把附近的社区和敬老院作为劳动基地，开展"关爱敬老院"和清理社区等劳动活动，为学生拓展学习劳动技能的广阔空间与平台。

（三）拓展资源渠道，实现学校劳动和社会劳动相融合

一是创建校内劳动教育"微基地"。充分挖掘学校特色资源，因地因校制宜，推动劳动实践与生态环境、校内值日、生活技能等内容相结合，开展形式多样的校内清洁、种植、养殖等劳动实践类活动。明确每周劳动时间的具体要求，结合"幼小科学衔接"工作，有针对性地引导和培养一年级新生学会1至2项生活技能。借鉴"温馨村小"创建经验，利用中小学校校园、花园、温馨菜园等，开辟校内学生劳动教育实践基地，分别设置卫生清洁、花草种植、蔬菜种植等不同的劳动实践项目，创新活动形式，丰富学生校园文化生活。

二是创建家庭劳动教育"原基地"。充分发挥家庭在劳动教育中的基础作用，引导家庭为学生创设劳动机会和实践活动。研究制定中小学劳动教育任务清单，细化各学段学生应该掌握的劳动技能，明确各年龄段学生需要承担的劳动任务，结合"双减"政策要求，优化学生作业结构，以实践性家庭劳动作业形式丰富学生作业内容，逐步形成学生家务劳动常态化、序列化育人格

局。引导家长树立崇尚劳动的良好家风，通过日常生活中的耳濡目染和言传身教，引导孩子从小养成爱劳动的好习惯，积极营造热爱生活、热爱劳动的良好氛围。

四、成果取得的效果与反思

多年来，长春市积极构建多学科融合的劳动教育课程体系，协调社区、图书馆、展览馆、福利院等，为学生参与志愿服务、劳动实践提供场所，有效确保了劳动教育综合育人成效。

一是打造特色实践课程群，充分发挥学校劳动教育的主体功能，以线上与线下、课内与课外紧密结合的方式落实劳动教育课程，开创了"生活小能手""美厨美味""串珠制作""植物的生长""作物种植与栽培"等特色课程，促进学生德、智、体、美、劳全面发展。

二是拓展学生劳动大平台，建设"劳动实践教育基地"和"区域课程统领基地"，确立适合公益清扫的小区102个；适合学生进行志愿服务类的敬老院、公共场馆39个；适合学生体验种植养殖、开展研学活动的果园、农业种植、花卉种植等农业基地55个。

三是开辟劳动教育新天地，依托我市汽车产业劳动教育特色资源，开发汽车厂、客车场等适合学生参观学习、体验劳动过程的工厂、企业、车间20余个。组织学生开展志愿服务，亲历劳动生产过程，切实增强学生直观的劳动体验，提升其实践能力。

长春市劳动教育拥有良好的发展基础，但依然存在政府、社会、学校、家庭等多方面统筹协调机制不健全的问题，所以必须从以下几方面进行改进和完善。

一是深化劳动教育研究。依托"长春市教育研究院"专业力量，成立长春市劳动教育专家指导委员会，进一步加强对全市中小学劳动教育教学工作的指导，并开展相关理论和实践研究、咨询、评估、服务等工作，积极探索具有长春本地特色的劳动教育新模式。

二是加强教师队伍建设。采取大学区共聘共享、招募家长志愿者等措施，拓宽教师来源渠道。设立劳模工作室、技能专家工作室等，充分发挥优质师资的辐射引领作用。

三是做好教育宣传引导。广泛宣传国家、省、市关于加强劳动教育的工作部署，建设"基层劳动模范""五一劳动奖章获得者"等先进人物和典型事迹宣讲堂，鼓励支持各地各校创作更多以歌颂普通劳动者为主题的优秀作品，共同营造全社会关心支持劳动教育的良好氛围。

主要成员：宋济光（长春市第二实验小学）
　　　　　岳泉汐（长春市中小学德育工作促进中心）
　　　　　于 媛（长春市第一中等专科学校）
　　　　　刘雪飞（长春市第二实验中学）
　　　　　陈 洋（长春市第二实验小学）
　　　　　肖宇轩（长春市基础教育研究中心）
执 笔 人：宋济光

课程资源开发篇

打造"子衿课程"体系
培养拔尖创新人才

我国在 20 世纪 80 年代末就提出素质教育的理念，党的十八大报告提出"全面实施素质教育"，党的十九大、二十大报告持续强调"发展素质教育"，从"实施"到"发展"，充分表明了素质教育是与时俱进的，不同时代的素质教育有着不同的时代特征。从 20 世纪 80 年代对掌握学科知识的强调，到 20 世纪 90 年代对学生能力发展的要求，再到今天对学生社会责任意识、文明素养、创新能力、实践本领等综合素质的培养，始终围绕着促进学生德、智、体、美、劳全面发展。2021 年，吉林省进入新高考综合改革，开发与研究适应新课标、新要求的课程体系，无疑具有理论与实践的双重意义。

一、问题的提出

新高考制度改革对育人方式提出了更高的要求，普通高中在课程体系建设方面存在以下几方面问题。

其一，高考录取采取的"两依据、一参考"制度，在目前的改革过程中，综合素质评价的作用还未得到充分的发挥，高考成绩仍然是评价核心。在此体制下，高考科目的教学仍然是重中之重，学生自主性的学习受到一定程度的限制，课程内容的自选权，学校也不敢下放，亟待设计结构合理、内容多元的课程体系。

其二，依据国家课程计划进行教育教学，课表中的空间较为有限，学校有自主建设课程的权利，但因为实际操作中常常缺少整体性、系统性的设计，导致课程建设方面存在着不成序列、不成体系的随机性、碎片化现象，会产生有始无终、有开展无体系等情况。

其三，增加课程自主性，要对推进素质教育产生实质作用，特别要求增设课程，不要受限于学科本位，要体现素质教育的改善。在此观念影响下，开设的校本课程较多在音乐、体育、美术、科技、劳动技术等学科。从学科建设角度来看，想达成高质量、有效果的教学并不容易，学科间的贯通、融合教学需要增强。

其四，在课程总量增加之后，学生学习的选择性需要跟进。在此背景下，学生的职业生涯规划等引领性的课程建设亟须加强，而这应当是面向全员的，真正地带动学生思考、实践，学有所得、学有所思、学有所成，通过实践的效果评估与教学反思来反哺学校的课程建设。

为积极应对这些问题，长春市实验中学依循国家课程方案，依托学校多年来课程实验与教学改革经验，着眼学生全面发展，兼顾时代性、基础性和选择性，着力打造"子衿课程"体系。在实施过程中，以课程体系的建构、课程建设的途径、课程实施的效能为载体，形成系统的理论思考与经验反思，致力于推动和促进育人方式的真正变革。

二、解决问题的过程与方法

（一）研究过程

1. 立足学校办学理念，搭建体系框架，开展研究推进工作

课程体系的研究与开发紧密结合学校"建设满足时代发展需求的创新高中"的办学理念，以"确立育人方式变革的主要力量要扎根课程改革的实践沃土"为研究共识。成立课题研究小组，形成课题方案，制订实施计划。课题组成员广泛开展文献研读和专题阅读，向内整理学校的教学变革及研究成果，梳理发展脉络，以研究目标指导研究方向；向外收集大量资料，结合全国不同地域的理论研究成果开展课程体系初期研究工作，结合国家新时期的育人需求，确定研究重点为打造"子衿课程"体系下的育人模式，以此为纲建立"子衿课程"体系框架。

2. 立足学校师资情况，组建研究社团，建立健全课程体系

学校根据教师特点、学科优势，在教科研室的统筹下建立了分工明确、形式多样的研究社团，如学科核心素养研究社团、统编教材研究社团、数理学科研究社团、生涯规划研究社团、学生习惯培养研究社团、体育锻炼研究社团、心理健康研究社团等。各研究社团根据研究分工，分别确定研究计划、实施策略与实践效果评价标准。在各个研究社团的协同配合下，通过研究成果共享，学校逐步建立三大校本课程体系：一是思政课程，二是思维发展课程，三是自主发展课程，并通过课堂实践研究持续丰富、完善。

3. 立足"三新"建设趋势，满足学生需求，全面创设育人环境

在硬件设施建设上，学校创建了"五大中心"，即生涯中心、体育中心、艺术中心、科创中心、心理中心；配备理化生实验室10余间，智慧教室10间，能够充分满足多元组合的选课走班场地需求。在课程体系开设组合上，学校能够满足所有学生的选课组合需求，充分尊重学生的课程选择权，重视学生个性发展。

4. 立足教学质量提升，丰富育人途径，全力实施"子矜课程"

（1）以"导学课堂"为出发点，全力创新课堂新样态。学校精心设计序列化的导学案，导学案功能在"导"、在"领"，在促进"自学""自主"。学校全学科开发导学案，教师使用导学案进行课堂教学。导学案主要包含三个内容：课前预习，课中使用，课后整理。课前预习，旨在增强学生的自主学习能力；课中使用，旨在促进学生积极思考；课后整理，旨在促进学生反思总结。导学案中必含的环节是"自主学习"，旨在通过这一环节的设置，挖掘学生自主学习的潜能。

（2）以"五个学会"为着力点，全力创新德育新模式。学校以"五个学会"为着力点，拓展育人的渠道，促进学生全面多元健康发展成长。坚持课程育人。充分发挥高中课堂教学的主渠道作用，将《中小学德育工作指南》提出的中小学德育的"五项主要内容"，通过德育课程、学科渗透课程、校本课程、专项教育等形式，渗透到教育教学全过程。创新构建"五个学会"课程，开展32个社团课程，全面促进学生个性化发展，更好地实现学生的终身发展与国家需要的统一。

坚持活动育人。活动育人的本质是"做中学"，让学生在实践中牢固树立社会主义核心价值观，促进学生形成爱国、敬业、诚信、友善的优秀品质。如开展"赓续红色血脉，传承革命基因"老革命英雄邓叶芸讲述革命家史活动，引领学生感悟党员初心，坚定理想信念。通过青年党校、学生团校定期开展活动，塑造学生心系家国、爱国爱党的情怀，形成开拓创新、认真负责的意识和态度，培育求真求实、敢于担当的精神，强化真诚友善、遵纪守法的规矩意识，致力于从提升核心素养来助推学生成长。

坚持实践育人。通过校内服务、志愿服务、研学实践、社会实践等项目的开展，培育学生的奉献精神和社会情怀，全面提高学生的综合素养。学校通过阳光体育节、大课间、趣味运动等，强化学生日常体育锻炼；通过走进子衿湖畔写生，走进学子林中探寻秋意，走进正午阳光讲书堂，共创一片美育新天地；通过开展爱国卫生运动、家庭主题式劳动和校外志愿服务活动，让学生在"做中学"，收获劳动的喜悦，感受劳动的光荣。

5. 立足生涯教育引领，课程实践结合，彰显校本育人特色

（1）以学生发展需求为导向，构建经典课程。打造社会主义核心价值观课程、节日类课程、信仰讲堂等经典课程；整体推进科技课程组块，成立科创班、组建科技社团，开设编程、机器人、无人机、3D打印等课程，充分满足具备科技特长和科技发展愿望学生的需求；充分挖掘校外资源，与知名高校合作，与省市科技场馆建立联系，给学生提供专业的指导和丰富的资源。邀请专家走进来开展科普报告、讲座等活动，同时引领学生走出去，让育人模式更灵活、更生动、更具体，从而形成动态的、完整的、全方位覆盖的、相互支撑的课程体系。

（2）以生涯体验为桥梁，加强校外行业资源整合。通过生涯课程的"八大课型"，鼓励学生到社会上实地考察、亲身体验，引导学生走进职场，从而规划人生。组织学生走进一汽、医院、社区、工厂，让学生在实践中体验职业类型，在实践中观察社会，初步了解行业特点，从而科学规划人生。

6. 立足课程思政效能，发挥辐射作用，推进育人方式变革

借助长春市普通高中第五联盟体、田家炳协作体、东北十二校协作体等，交流研究课程体系的建构。教学部门、德育部门、学科教研组与兄弟学校分别进行对接，交流经验做法，共同商讨重点问题。在2021年下半年，学校先后开展课程思政推介现场会、联盟学校助学送课等活动，进一步深化和拓展了"子衿课程"的内涵和广度，在区域范围内形成了课程联动，进一步巩固了课题研

究成果，持续推进学校育人方式变革的进程。

（二）研究方法

1. 开展文献研究，定位研究核心

学校课程向特色化、多元化发展已成为趋势，课题组通过对学校内部挖掘、外部探索，从顶层设计、系统建设、课程模式多路径来研究文献，梳理和完善学校的课程理念建构，从而确定了课题的研究核心，提升课程体系建设的完整性、逻辑性和深刻性。长春市实验中学"子衿课程"体系立足于创新人才培养目标，在保证开足开齐开好国家课程的前提下，不断完善校本化课程建设，建构适应基础教育改革、学校特色发展和师生共同成长的课程体系。

2. 进行学情调查，提供优化策略

研究开展前，通过调查了解学生的学习需求，通过统计结果分析学生的实际学识、能力水平等认知倾向，以学生为主体来设计课程体系的研究策略；在研究过程中，根据实时性的调查与反馈，及时调整研究策略，提升研究效率，优化研究过程。

3. 实施课堂观察，考查学习效能

"子衿课程"致力于提升学生的自主学习能力，课题组明确分工，实施覆盖全面、持续性的课堂观察，关注学生学习效果，从而引发对课程开展过程中存在的问题的思考。学校在日常教学中发挥"导学案"的作用，提升学生自主学习能力；开展"小先生"同伴互助式学习，学生在自主学习中锤炼学习习惯，在同伴互助中见贤思齐、同侪共进。根据对不同课程的课堂效果的观察与研究，依据优长与不足，集体研讨可行的改善策略。

4. 定期总结经验，发挥反馈作用

在研究的过程中，课题组引领学校教师不断形成研究成果和研究反思，形成集体智慧，在《吉林教育》《长春教育》《中国教育报》等期刊上发表了专题研究成果。在课程体系建构、完善、改进的过程中，有的放矢、依照次序开展经验研讨与总结，制定序列化的实践措施，对标研究策略进行评估，实施有效的效果评价。

三、成果的主要内容

学校的"子衿课程"体系在实践中有特色、有亮点、有成绩，以"五个学会"为切入点,助力学生德、智、体、美、劳全面发展,有效地解决了"三新"背景下制约学校教育教学发展的问题,以完善的课程助力学校办学的高质量提升。课程建设结合学校"五个学会"的育人目标,实行全科思政,强化政治认同、思想认同和理论认同,让学生学会做人;加强生活指导,提升学生技能,培养学生积极的生活态度和高雅的生活品味,让学生学会生活;加强学法指导,发挥主观能动性,培养让学生终身受益的学习习惯,让学生学会学习;丰富体育活动,注重体质提升,让每名学生至少学会一项终身受益的体育运动,让学生学会锻炼;实施生涯规划,科学设计课程,全方位引领学生成长,让学生学会规划。

(一)形成内容多元,促进学生发展的"子衿课程"体系

通过研究与实践,学校建构了有鲜明学校特色、符合学校实际情况的"子衿课程"体系。"子衿课程"的主要内容包括两部分:一是数学与计算机、语言、人文、实验学科、技术与劳动、体育与艺术六大学科领域,二是涵盖中国精神、思维创新、自主发展的三大校本课程领域。六大学科领域涵盖了国家课程方案要求开设的所有学科,保障学生打好文化基础的同时也提升了学生的自主发展和社会参与程度;三大校本课程领域则充分体现了学校培养具备人文素养、创新精神、良好心理素质三方面要素的创新人才的育人特色,在强化学生自主发展和社会参与意识的同时也促进了学生文化基础能力的培养。

为满足学生的多样化选择和个性化发展需求,在课程体系的框架下,学校建设了学识底蕴类、能力培养类、创新思维类三大类课程,力求引导学生厚植学识底蕴、发展关键能力、培养创新思维,进而为创新人才铺就一条走向成功的道路。

学识底蕴类课程,主要包括基础课程和拓展课程。基础课程是面向全体,体现学科教学对学生本学科基础知识、基本技能、基本方法和基本经验的培养与教育的课程,其指向为学生学识底蕴基础素质的形成和发展;拓展课程则满足学有余力的学生对学科的更高要求。学校开设了理科学科拓展课程和语言文学类拓展课程,在国家课程的基础上进行适当加深、拔高,将高中知识内容和大学选修内容进行有效的衔接拓展。如理科五大学科竞赛课程就是对学科内容的有意义拓展,每年都有一定数量的学生获得奖项和强基计划资格;文科开设的"华兹课堂"拓展课程由思想政治、历史、语文三科组成,同时还借鉴了地理、音乐等学科内容,有效打通了中学教学的学科壁垒,深受师生欢迎。

能力培养类课程。学校编撰了自主学习指导手册，通过学段自修课程和学习共同体课程着重培养学生自主学习和合作学习的能力。教师指导学生制订日计划、周计划和月计划，按照计划完成学习任务；根据完成情况及时反思，发现问题并及时更正。学校以学习共同体为单位进行管理与评价，指导学生在学习共同体内学习、交流、合作，不仅有效地提高了学生的学习效率，而且让学生学会在一个共同体内彼此包容、相互合作，增强了合作交往能力，奠定了成为创新人才的能力基础。

创新思维类课程。一是开设思维工具类课程。在高一年级开设思维工具通识课程和思维导图学习课程，帮助学生认识基本的可视化思维工具，并要求学生在学习过程中使用思维工具将思维过程呈现出来。在课堂教学中的知识整理环节和章末知识体系梳理环节，教师要求学生绘制思维导图并当堂进行展示和评价。二是开设批判性思维课程及思维方法课程。教师思维社团设计并开发了"厘清思维的线"校本课程，主要讲授批判性思维的技巧和三维分析法、因素分析法等，教会学生提问与思考。三是开设写作与实践课程。为学生订阅权威性的刊物，让学生针对热点事件和问题撰写评论，互相交流；开展专项的读书与写作课程，通过阅读与写作，让学生的创新思维在实践中得到锤炼。

（二）以课程为载体，扎实提升课堂教学的质量

课程体系的建构与研究带动了学校课堂教学的研究，"子衿课程"以学生为中心，通过对各个学科的核心素养的深度研究指导教学行为。学校在理论上加强"三新"改革探究，围绕"三新"改革展开主题教研活动、讲座、报告学习等研究活动，为课程建设提供源源不断的给养，力争把课堂质量提升落实；在教学实践中则依据课程计划，以学案为载体、以大单元教学为引领，加强基于标准的教学的深入研究，加强对"目标导向，基于情境，发现问题，高阶思维，高效互动，即时评价"等问题的深入思考和推进，打造以发展学生核心素养为核心，目标线、情境线、思维线、活动线、评价线为内容的"一核五线，学为中心"的高效课堂。学校课程体系的建构与完善，带动了各个学科的建设，不管是高考科目还是综合学科，都在导学的实践中，丰富了本学科的课程内容，在覆盖面、教学效果上有了层进式、持续性的丰富。

（三）以特色课程培根铸魂，启智润心，落实"五育并举"

学校开设多种校本课程，让学生多方面地获取课程给养，实现全面成长。在课程设计上，体现思政融合的理念，有效地将思政元素融入课程体系，全员、全课程、全场域、全过程努力实现立德树人、培根铸魂的目标。以学科课堂、信仰讲堂育人，以家校共育、党员先锋岗、社团活动立德，以环境氛围熏陶气质。在学科课堂上，落实课堂时政、分享时政新闻、进行拓展阅读是常规设计。课堂之外，师生多次参与录制长春市时事新闻课，内外双向辐射引领；定期召开师生"模拟记者会"、组织时政沙龙等活动，与党和国家同向同行、同频共振。课程体系充分体现"五育并举"的理念，在以综合学科促进素质提升的同时，在各学科开设选修课程，周期性、全方位地增加学生学习动力，提升学习效果，把学生的全面成长变成常态化的教学目标。

（四）发挥引领指导效能，科学规划，助力自主成长

应对新高考的要求以及新的课程体系的建设，学校借助优良的生涯规划课程研究传统，以及学校所建设的长春市首家青少年生涯指导中心，通过"互联网+教育"的技术手段，以在线测评、课程学习、数据分析等形式，实现学生发展个性化评估、升学规划指导功能。学校"构建以生涯指导为核心的学生发展指导体系的实践研究"荣获吉林省基础教育教学成果奖一等奖。

在"三新"改革背景下，2021年入学的新生面临选课走班的"初体验"，学校充分准备、调研、多方考察，从软件产品、师资培训、课程研发等方面赋能，为学生生涯规划和新高考选科提供服务。在学校现有的生涯规划指导中心教育实体和生涯规划资源基础上，开展富有时代性、专业性的个性化生涯规划指导课程。通过科学的测评方法及其解析，引导学生进行自我分析；通过院校专业及选科政策的解读，探寻发展路径；科学指导实践，使学生获取成长动力。

四、成果取得的效果与反思

通过持续几年对"子衿课程"体系的打造，课程的内涵不断丰富，体系不断完善，在落实立德树人根本任务和培养拔尖创新人才育人目标上成效显著，实现了学校高质量特色办学，有效化解了"千校一面"的问题。

（一）成果效果

长春市实验中学形成了完备的校本"子衿课程"体系，开展了课程思政的育人探索，实现了全科、全员的育人模式，建立了常态下德育课程"三全育人"体系，开展了独具特色的生涯规划课程，破解生涯教育难题，为解决"因材施教"的现实困境、培养创新人才找到了可操作的课程路径，学生学习方式突出自主、教师教育教学方式更为多元、全校上下课程意识不断增强，学校教育教学成果显著。

（二）研究反思

在研究中，我们也深刻体会到，学校需要对课程进行统筹规划和实施，同时，还要建立科学严谨的思维模型和科学合理的评价机制，深化育人方式变革，以适应党和国家第二个百年奋斗目标的发展需要，为中华民族伟大复兴贡献教育智慧。

教学是学校的生命线，课程是教学的载体。近年来，在学校领导班子的带领下，学校脚踏实地，砥砺奋进，基于学校实际、特色与优势，形成了"子衿课程"体系。未来，学校将继续服务自身的内涵式发展和师生的终身发展，发挥创新高中的辐射引领作用，为基础教育的高质量发展和普通高中育人方式变革提供有益样本。

[参考文献]

［1］朱琳琳，于利合. 构建子衿课程体系，实现创新型高中育人方式变革［J］. 吉林教育，2022（12）：16-19.

［2］汪瑞林，杜悦. 凝练学生发展核心素养 培养全面发展的人——中国学生发展核心素养研究课题组负责人答记者问［N］. 中国教育报，2016-9-14（9）.

［3］苗怀仪. 浅析核心素养校本化与学校课程体系建设［J］. 吉林教育，2022（12）：26-28.

［4］李伟红. 立足时代发展 推进课程思政［J］. 吉林教育，2022（12）：20-22.

主要成员：苗怀仪 杜艳蕾 张艳 陈思宇 初海丰 王虹（长春市实验中学）

执 笔 人：张艳 陈思宇

以关键领域课程群建设实现学校育人方式变革的实践研究

随着中国特色社会主义进入新时代，我国基础教育事业也开创了新局面，面临着新挑战。长春市第十七中学作为长春市教育局直属的公办独立高中，已有60多年历史，现有1300余名学子，肩负着为国育才的重任。在上级教育主管部门的引领和指导下，我校以"育人理念创新、课程体系重构、育人模式转变"为工作思路，以立德树人根本任务为导向，以课程群建设为抓手，开展以关键领域课程群建设实现普通高中育人方式变革的实践研究。我校不断优化学校课程的统筹规划和总体设计，建构学校关键领域课程群，有机融合"五育"，建设横向多维、纵向进阶的五大课程群体系，建构了"主课堂+"立体化教学模式，创设实践与网络双驱拓展课堂。历经近10年的探索和实践，我校的关键领域课程群建设取得了显著成效，有效落实全员育人、全过程育人、全方位育人的"三全育人"理念，实现了新时代立德树人目标。

一、问题的提出

在教育改革和发展过程中，课程建设处于基础性、先导性、全局性的战略位置，是落实立德树人根本任务的必由之路。国家课程的设计和开发是面向全体学生的，但受到学生家庭环境、文化背景、经济条件等多方面因素的影响，学生及其家庭在教育资源的选择和对未来发展的期待等方面存在着不同的需求。因此，我校在建设学校课程体系的过程中，遇到了一些急需完善和提升的问题：一是对于一些课程的建设，要进一步加强与国家课程的有机整合，关注学生的课堂学习效果；二是对于体育、艺术、综合实践等课程还没有形成面向全体学生的明确统一的考核标准；三是一些年轻教师对于课程的掌控力还略显不足，需要加强对学校特点、学生需求的深入了解，在充分考虑地域资源和学校课程资源的基础上进行课程的有效实施。

基于对以上问题的系统分析，我校充分挖掘学校育人目标和办学理念的内涵，全面考虑学校历史、办学规模、课程现状、师生特点和社会影响等，明确了对国家课程校本化实施及校本课程的有效开发策略，对学校课程图谱进行了科学绘制，对基于学校文化传统与特色打造的课程群进行了整体设计与重点开发。我校力求通过课程建设解决三个问题：新时代教育改革背景下，普通高中育人方式变革实现载体欠缺的问题；学校课程繁杂分散与缺少系统联动，导致"五育"人为割裂的问题；教学供给单一与学生需求多样失衡，难以落实三全育人的问题。以学生发展为出发点，尊重学生发展的差异性，关注学生发展的丰富性，重视学生发展的过程性，坚持育人为本，积极适应新高考改革，从学生实际出发，开设多元化课程，更好地满足学生个性发展的需求，提升学校课程建设的有序性、有效性和可操作性，探索一条促进学校课程整体建构的实践路径，实现学校育人方式的改革。

二、解决问题的过程与方法

（一）探索课程群建设，奠定良好研究基础

2017年9月，学校成立"以关键领域课程群建设实现学校育人方式变革的实践研究"课题组，课题组运用文献研究法，根据研究的需要，通过查阅、搜集、分析有关课程建设研究方面的文献，从前人的研究中得出一些对本问题研究有价值的观点与例证，如知网相关博硕论文、经典教育书籍、国家发布有关文件等，为研究本课题打下良好的理论基础。课题组还运用调查研究法，对教师、学生、家长广泛开展问卷调查和访谈，对学校课程建设现状、课程建设者以及实施者对课程认识的熟悉度等方面进行调查研究，通过数据对比和现状分析，从中发现问题、分析原因、寻找解决策略。聘请专家来校指导，针对调研中反映出的课程理解、课程体系建设路径等共性问题进行答疑解惑；借助上级主管部门组织的各项会议和培训，以及"田家炳教育共同体""第九教育联盟"等组织，近距离与高水平课程建设研究者交流学习课程建设的主张与见解，拓宽视野，提升格局。围绕立德树人根本任务，优化学校课程的统筹规划和总体设计，明确我校课程群建设的高阶思维架构：关键领域课程群建设是"成长教育"理念实现的重要载体，从学生心理发展的逻辑性和教育的规律性出发，从学生终身发展的视角切入，深入剖析学生素养的形成机制和水平特点，提升学校课程的整体设计水平，促进国家、地方、校本三类课程之间的有效统整，加强学校课程设置的关联性和连续性，有效实现学校育人方式变革。

（二）优化设计实施策略，建构五大课程群体系

在推进学校课程建设实践研究现状调查分析的基础上，课题组运用行动研究法，有针对性地制定研究目标、研究内容以及研究路径，有计划、分步骤地探索实施策略，边研究、边总结、边反思、边推广、边应用，不断梳理和提升阶段性研究成果，在行动中不断深入解决实际问题。进一步完善研究方案，从育人理念、课程体系、教学模式三个模块同步开展研究工作，同时进行初步实践探索。2014年，首先提出将"成长教育"定位为"体验成长的幸福"，以"铸魂立根，润心内动"为德育理念，构建了润心德育管理体系。

2015年至2019年，优化学校课程的统筹规划和总体设计，建构学校关键领域课程群，有机融合"五育"，建设横向多维、纵向进阶的五大课程群体系。关键领域课程群在学校课程建设中架设一个承上启下的中间结构，解决了学校课程头绪多、难度大、难以驾驭的问题，使学校课程建设走向系统化。通过在基础学科领域、自主发展领域、文化传承领域、实践体验领域、和谐共生领域这五个关键领域设置一系列课程群，形成"一门门课程→一个个关键领域课程群→一整套学校课程体系"的学校课程建设链，提升学校课程建设的有序性、有效性和可操作性，培养学校课程建设系统思维的心智模式，探索一条促进学校课程整体建构的实践路径。

（三）建构立体教学模式，创设双驱拓展课堂

课题组运用案例分析法，利用课程课堂教学等实践实例，进行多角度分析

与解读，发现与本课题相关的实际问题，将这些问题提炼出来，找到有效的解决办法，然后再回归课堂教学基本面的探讨，最终为提出有效的课程教学策略提供帮助，展现案例的价值。在取得阶段性成果的基础上，及时总结推广研究过程中的成功经验，以专题讲座、研讨会、学习简报等形式进行交流推广，供教师学习借鉴；及时总结建设关键领域课程群工作中存在的问题，积极进行迭代整改，2020年，学校补充建构了"主课堂+"立体化教学模式，创设实践与网络双驱拓展课堂。此课堂构筑人才培养高地，解决教学供给单一与学生需求多样失衡，难以落实三全育人的问题。这些研究成果及其转化与推广助力学校课程体系不断完善，全面推进学校课程建设和学生的多样化发展，让学校课程建设走上一条健康向上的持恒发展之路。

三、成果的主要内容

（一）明确"成长教育"理念的新时代定位，依托德育与教学双轨，实现新时代立德树人育人目标，解决了新时代教育改革背景下，普通高中立德树人目标难以落实的问题

1. 以"成长教育"理念为核心，引领学校特色成长

为全面贯彻党的教育方针，我校提出了新时代"成长教育"的办学理念，其内涵是："成长教育"是使人的素质和智慧不断发展的教育形式，不仅包括人的知识技能的成长，也包括全面人格的成长，更包括人成长的历程。"成长教育"源于杜威的教育即生长理论，生长是目的，教育应该使每个人的天性和与生俱来的能力得到健康生长。我校将"成长教育"定位为"体验成长的幸福"，其中，体验是过程，成长是目标，幸福是目的，三者是有机的统一体，"成长教育"归根到底是提升生命的价值，体验成长的幸福。本研究始终将"成长教育"理念融入德育与教学当中，充分将立德树人目标融入学生学校生活中，为学生充分创造自由、自主的成长空间和平台，充分实现了新时代立德树人的育人目标。

2. 以十种品质培养为目标，提出"铸魂立根，润心内动"的德育理念

我校以"铸魂立根，润心内动"为德育理念，构建了润心德育管理体系。以"班团队目标自主管理"为德育模式，以培养学生十种品质（文明、阳光、自强、梦想、

创新、爱心、责任、尊重、诚信、感恩）为德育目标，通过六大主题教育（养成教育、健康教育、责任教育、体验教育、诚信教育、梦想教育），六大节日活动（读书节、体育节、艺术节、成人节、社团节、科技节），加强学生品质教育，提升学生核心素养，使学生成长、成熟、成人、成才。

3.以课堂改革为引领，提出"精教致学，当堂内化"的教学理念

在教学方面，我校以课堂为主战场，提出了"精教致学，当堂内化"的教学理念，要求教师在教学全过程中保持"精心"，引导学生在学习全过程中"钻研"，保证当堂达成课程目标。根据该理念构建了"学案导学，自主探究"的特色教学方法，教师在教学过程中以学案为载体，根据教学内容特点，精心设计教学活动，为学生提供探究的平台和空间，激发学生探究的兴趣，让学生体验探究过程及收获的快乐。我校还提出了"五环节·七原则"的具体实施要求：五环节，即创设情境、自主学习、问题探究、评价总结、训练迁移；七原则，即"三以四化"，以立德树人为目标、以核心素养为核心、以学案为载体，实现目标明确化、内容情境化、问题任务化、教学评一体化，从而踏实有效地培养和提高学生的自主学习能力、合作探究能力、交流展示能力、高阶思维能力，健全立德树人系统化落实机制。

（二）以关键领域为突破口精准发力，有机融合"五育"，建设横向多维、纵向进阶的五大课程群体系，解决了学校课程繁杂分散与缺少系统联动、导致"五育"人为割裂的问题

1.关键领域课程群的内容与实施

我校课程建设以"五育"并举、"五育"融合为逻辑起点，依据课程建设实际提炼课程特征划分关键领域，将领域内相关课程统整形成五大课程群，我们界定的关键领域以基础学科领域为核心、以自主发展领域为动力、以文化传承领域为引领、以实践体验领域为载体、以和谐共生领域为支撑。五大课程群在纵向上体现了不同年级同类课程之间多水平进阶，在横向上体现了不同年级同类课程之间的多维度选择，在内部体现了课程要素之间的关联一致性。五大课程群融合"五育"，相互渗透，共同构成我校"成长教育"课程体系。

（1）基础学科领域。在基础学科领域，我校构建必修课程、选择性必修课

程、选修课程（校本）三大课程群，设置了基础学科课程，这是我校关键领域课程群建设的核心。在课程实施上，必修课程根据学生全面发展需要设置，全修全考；选择性必修课程根据学生个性发展和升学考试需要设置，选修选考；选修课程统筹规划开设，学生自主选择修习，学而不考或学而备考，为学生就业和高校招生录取提供参考。

（2）自主发展领域。在自主发展领域，我校构建学科拓展课程群、生涯发展课程群、心理健康课程群三大课程群，这是我校关键领域课程群建设的动力。学科拓展课程群设置了学科竞赛课程、兴趣特长课程、拓展实验课程、科学史课程、整本书阅读课程"阅读者"（线上）课程。生涯发展课程群设置了初高中衔接课程、自我认识课程、学业发展指导课程、生涯规划课程、职业探索课程。心理健康课程群设置了心理健康课程、个体与团体辅导课程、专题讲座课程、心理健康活动月、心理测评课程、心理微课堂"相约星期二"（线上）。

（3）文化传承领域。在文化传承领域，我校构建的学科传统文化课程群和学校文化课程群两大课程群，在我校关键领域课程群建设中起引领作用。传统文化课程群设置了主题升旗课程、传统文化讲堂（线上）、信仰讲堂（线上）、红色故事会（线上）、主题班会、经典诵读课程、红歌传唱课程。学校文化课程群设置了学校训导文化课程、学校"一日常规"、班级文化建设课程、师生风采展示课程。

（4）实践体验领域。在实践体验领域，我校构建节日浸润课程群、品质培养课程群、社会参与课程群、研学旅行课程群四大课程群，这是我校关键领域课程群建设的载体。节日浸润课程群设置了六大节日活动课程（读书节、体育节、艺术节、成人节、社团节、科技节）。品质培养课程群设置了六大主题教育课程（养成教育、健康教育、责任教育、体验教育、诚信教育、梦想教育）、青年业余党校、国防与国学课程（军训）、"品质早餐"。社会参与课程群设置了志愿者活动课程（"白鸽"志愿者、德苑管家）、值周班课程、校内小农场、"四走进"系列活动（走进社区、走进德育基地、走进高校、走进社会）。研学旅行课程群设置了研究性学习课程、综合素质拓展课程。

（5）和谐共生领域。在和谐共生领域，我校构建协同育人课程群、阳光生活课程群两大课程群，这是我校关键领域课程群建设的支撑。协同育人课程群设置了家校共育终身课程、微课堂"指尖上的家长学校"（线上）、榜样引领课程、与大师对话课程。阳光生活课程群设置了摄影、短视频制作、礼仪、书法等课程。在课程实施上，创建家校共育终身课程，形成了"家—校—社"共育的良好局面。创新推出家长微课堂"指尖上的家长学校"，内容涉及亲子沟通、青春期教育、学业辅导等多方面主题。

2. 关键领域课程群的运行与操作

我校课程群建设由课程建设中心引领，搭建课程管理与应用平台，实现课时统筹和进度协调。通过校本化解读高中课程改革方案、学科课程标准、学科考试大纲，课程建设中心编制《长春市第十七中学课程修习手册》，让国家课程在我校软着陆，并进一步明确了教师教什么、学生学什么、考试考什么的问题。该手册是我校课程实施的纲领，规定了各类课程的修习要求，包括学分的构成、学分评定的操作方法、学分的使用等内容，我校规定学生需获得规定学分以上方可毕业。每年开学初，学校通过修习手册让学生对高中课程有直观了解后安排教务处负责课程指导的教师帮助学生在合理规划后科学选课。

（三）建构"主课堂＋"立体化教学模式，创设实践与网络双驱拓展课堂，构筑人才培养高地，解决了教学供给单一与学生需求多样失衡、难以落实三全育人的问题

1. "主课堂＋拓展课堂"的立体教学新模式

围绕主课堂教育教学目标，创设实践与网络拓展课堂，构建主课堂＋拓展课堂的立体教学新模式。

实践课堂：以"行走的课堂"为总题，开放办学，体验实践。学校开展了长春革命公墓祭扫活动、走进长春德苑志愿者活动、走进长影博物馆、走进省科技馆、走进一汽等活动；并与学校所在的天宝社区形成共建单位，积极参与社区的建设与发展，如带领学生参加社区"德苑大管家"志愿服务、文明社区创建活动等，一系列实践课堂让学生增强体验感，体会幸福感，推动教学向课外延拓。

网络课堂：充分利用互联网＋模式，在学校公众号上打造"阅读者""指尖上的家长学校""信仰讲堂"等线上精品课堂，其中"阅读者"推介古今中

外经典作品，弘扬传统文化，营造书香校园，培育书香家庭，参与推介经典书籍的有在校优秀教师、学生以及优秀毕业生志愿者，涉及多个学科领域；"指尖上的家长学校"面向家长群体，引导家庭教育，是促进家校合作的公益性课程。两项网络课堂突破时空限制，均已推送100余期，增强了教学的时代感和吸引力，被评为"吉林省终身学习品牌项目"和"长春终身学习活动品牌"。

2. 合作办学，多元成长

我校与长春市十一高中等6所学校形成高中发展联盟，与长春六中等5所学校形成"田家炳共同体"，进行校际交流与沟通，互通有无，促进发展。我校还与北京理工大学联合办学，成为北京理工大学的优秀生源基地；曾与加拿大布鲁克林学院联合办学，成立了国际合作班；曾与吉林大学外语学院联合举办韩国大学直升班。合作办学为学生多元成长、个性发展提供更多机会与空间。

3. 深化课堂改革，提供成长保障

为提高课堂效率，为学生的成长提供保障，我校提出了聚焦式集体备课及验证式听评课的方式，课堂效率得到极大提高。我校持续推进集体备课录像展评和优秀集体备课展示活动，从2016年开始进行了以学科教研组为单位、全员参与的听评课活动；持续推进多元化的批改和责任到人的包保；持续推进了三个年级研究性学习的开展和优秀研究性学习成果的展示活动；持续推进了个性化的辅导课程，即优长学科的提升、薄弱学科的提高、特长的培养等。通过不断深化课堂改革，我校连续十年荣获长春市城区教学质量优秀奖，近年高考重点、普本过线率逐年攀升，体育特长生均升入本科乃至重点院校。学校高考本科录取率达到99%，真正实现了"低进高出，高进优出"的跨越。毕业生发展渠道多样，为高等学府输入了大批优秀人才。我校是吉林省体育传统项目学校，现有高水平的篮球队和田径队，均在省市比赛中取得优异成绩。

四、成果取得的效果与反思

（一）效果

历经多年的探索和实践，我校的关键领域课程群建设取得了显著成效，有效落实全员育人、全过程育人、全方位育人的"三全育人"理念;"五育"并举,"五育"融合,实现了新时代立德树人目标。

1. 教师全身心投入课程建设,成果丰硕成绩斐然

在立德树人教育目标和学校"成长教育"办学理念的引领下,我校形成了有效促进教师专业发展的教师成长课程体系,为教师专业发展提供有力的专业支撑。近年来,学校已结题一百余项各级各类课题,参与教师一百余人,发表论文二百余篇,涵盖所有部门和学科,形成了"人人有课题""人人真研究"的良好科研氛围。2022年,我校的教学成果"以关键领域课程群建设实现学校育人方式变革的实践研究"荣获吉林省教学成果三等奖、长春市教学成果一等奖。这些成果助力学校课程体系不断完善,全面推进学校课程建设和学生的多样化发展。教育科研为教师赋能,为课程助力,为学校提质,让学校课程建设走上一条健康向上的持恒发展之路。

2. 课程全方位激发学生兴趣,助力学生全面发展

立足学生核心素养发展,采用"主课堂+"立体教学模式,围绕主课堂教育教学目标,科学合理进行课程设置,助力学生全方位成长、成熟、成人、成才。通过设置五大关键领域课程群为学生的兴趣、特长、综合能力和自主发展提供了广阔的空间,促进学生全面而个性的发展。体育项目成绩优异,在国家级、省、市比赛中均取得佳绩;心理健康教育特色鲜明,学校以第一名的成绩获评长春市中小学心理健康教育特色学校;线上精品课程"指尖上的家长学校"和"阅读者"受益群体近6万人次,荣获吉林省、长春市"终身学习品牌项目"。

3. 课程思政贯穿教育教学,推动立体化育人转型

学校将社会现实和学生生活经验紧密结合,将思政教育融入教育教学的全过程,探索并深入挖掘各学科课程的思政元素,让学生真心喜爱、终身受益。学校突出强化思政课教师梯队建设及系统课程构建,切实调动全体教师积极主动作为,让思政课程建设在教学全域落地生根。在教学中,充分深入挖掘多维学科思政元素,利用好教职工大会、升旗仪式、班会、重大节日等,建构具有思想张力和政治定力的社会主义意识形态。

4. 成果在校内外产生重要影响,获得各种重要奖励

经过多年的教育教学实践,学校以学生发展为根本,着眼综合型、复合

型人才培养，积极迎接新课标、新教材、新高考带来的挑战，彰显了"成长教育"的办学特色。学校曾获得首届吉林省文明校园、全国国防教育特色学校、全国青少年校园篮球特色学校、吉林省教育系统先进单位、吉林省三八红旗集体、长春市示范党组织、长春市教育科研核心示范基地校等大量荣誉。

（二）反思

学校历经近十年的探索和实践，发现课程资源能够对学校课程建设产生根本性的影响，课程资源的统整化能够成为学校课程建设的关键助力。面对高质量的学校课程建设目标，新课标、新教材、新高考这"三新"为学校课程带来了诸多的革新，高质量课程建设就面临着课程资源欠缺或不对等的问题，学生需求的多样性与课程资源的局限性之间的矛盾在某种程度上制约着学校课程的高质量发展。为此，我校在以下三方面进行了反思，并力求在以后的课程建设中不断完善。

一是提高教师队伍的专业化水平，使教师成为最重要的课程资源。高质量的学校课程建设离不开高质量的教师，由于教育面对的是人，那么"谁来教"就是教育的一个重要问题。在新时代教育背景下，学校更应注重教研培一体化，提升教师设计和实施课程的反思力和执行力。

二是挖掘课程资源，拓宽建设思路。在"三新"背景下，学校应以开放的思维和灵活的方法优化资源结构，开发潜在资源。学校应根据课程的不同需求，设计和配置多元的课程资源。

三是注重课程资源整合，形成合理的资源网络。学校要注重学科课程资源之间的有机整合，对不同资源做好整体统筹和顶层设计，力求让各门课程的构建与实施全方位指向学生全面发展。

课程是落实立德树人根本任务的关键，是学校文化落地的平台、学校特色彰显的载体。我校以立德树人根本任务为导向，以课程群建设为抓手，以关键领域课程群建设促进学校育人方式变革，不断丰富"成长教育"办学理念的内涵，打造"学生热爱、社会认可、人民满意"的优质学校，为培养中国特色社会主义现代化事业的建设者和接班人贡献智慧和力量！

[**参考文献**]

［1］杨四耕. 学校整体课程规划的七个关键［M］. 上海：华东师范大学出版社，2021：52.

［2］潘新民. 基础教育改革渐进论［M］. 杭州：浙江教育出版社，2012：48.

［3］黄晓玲. 中小学学科课程教学改革的研究热点与发展思考——基于B市近五年教育科学规划立项课题的分析［J］教学月刊. 中学版（教学管理），2022（109）：40-48.

主要成员： 李辉　张立祥　王哲　孙莹　陈淑敏　孙璐（长春市第十七中学）

执 笔 人： 张立祥　孙莹

"五育"并举视域下的初中课程体系建设的实践研究

习近平总书记在 2018 年全国教育大会上指出"要努力构建德智体美劳全面培养的教育体系"。初中课程体系建设如何在立德树人的根本教育任务下，更好地实施"五育"并举，培养出德智体美劳全面发展的社会主义建设者和接班人，是全体教育人共同的努力目标。但在具体实施过程中，受诸多客观因素的影响，"五育"并举视域下初中课程体系建设并不完善。本问题研究，旨在加大力度推动"五育"并举，实现全面育人。

一、问题的提出

马克思认为"人的本质不是单个人所固有的抽象物，在其现实性上，它是一切社会关系的总和"。通过"五育"并举，可以实现人的自然生命、社会生命、文化生命和精神生命的全面统一。

但是，从近几年的实践探索结果看，课程体系建设的变革并未真正解决"五育"育人和"五育"并举的问题，耗精力、实效差的局面一直困扰着教育工作者。突出表现在以下四个方面。

（一）"五育"内容在课程实施中设计布局比较单一，缺乏内在的关联性

"五育"课程体系包括了德育、智育、体育、美育和劳动教育，是全面发

展教育的重要组成因素，但凡其中有一方面内容被忽视，都将会对其全面育人功能的发挥产生影响。但是，受中考指挥棒的影响，教师将育人重点更多地投入教材知识的讲解中，忽略道德品质的培养，减少体能提升时间，无力顾及艺术兴趣爱好，更不想让"动手劳作"浪费时间。因此，"五育"往往缺乏系统性、全面性和内在的关联性。

（二）"五育"内容在课程运用中认知情况比较表面，缺乏开发的深入性

2022年4月颁布的新课标，再次着重提及"五育"育人理念，要求把"五育"并举落实到课程设置和新教材中。但是，许多教师囿于多年形成的固有的教学方式，也源于对"五育"并举认识的欠缺，使得在落实"五育"并举视域下的课程设置多数存在形式化、缺乏深度开发的问题。教师在组织教学活动时，多以自己擅长的育人手段为主，不利于学生的全面发展。

（三）"五育"内容在课程实践中评价体系比较单薄，阻碍推进的持续性

评价体系的不完善导致并举的推进力度和发展空间严重欠缺，影响"五育"并举育人功能的充分发挥。同时，老师们打着"五育"并举的旗号开展教学活动，并未基于"五育"育人目标来设计，过于追求形式和缺乏创意的尝试，背离了"五育"并举的教育初衷，无法拓宽育人渠道、打通育人路径，逐渐将"五育"之路走偏、走窄，甚至走死。

（四）"五育"内容在框架构建上目标确定不够明晰，缺乏实践的自觉性

"五育"在实践中很多时候是依附于教学内容的，见缝插针似的德育渗透、美育强调、劳育布置，阶段性地完成对"五育"的并举任务及要求，缺乏目标的宏观设计。课程表象的轰轰烈烈与学生综合素养形成之间，没有目标的具体划分，容易将简单作品看作育人成果，把参与活动当作实现教育，没有形成教育教学的自觉行为。

二、解决问题的过程与方法

（一）探索"五育"并举，积极架构关联形态

课题组在深入调研过程中，积极寻求并举、关联举措，破解"'五育'内容在课程实施中设计布局比较单一、缺乏内在的关联性"的问题。

第一是"育内关联"，是指通过特定方式使汇聚在各育内部各学科、主题、

活动等形成有机整体的过程。课题组从2016年开始确立了以核心素养培养为宗旨、以大单元教学开发为载体的教学综合改革研究方向，开展了吉林省教育科学重点规划课题"构建倾听课堂的实践与研究"的研究活动。首先从数、语、外、物、化、道法、历史、综合学科树立学科群意识，完善各科的育人标准，作为统领育内各学科教学的基本准则。然后，寻找学科内部及学科之间的关联点作为载体，切实落实"五育"共育。把语文当中德育元素、智育元素、美育元素、劳育元素分别加以整合，形成特定单元展开教学。在历史学科、道法学科、语文学科之间整合出"社会责任"单元进行德育教育。

第二是"育间关联"，是指"五育"之间的有机关联，以其中一育为中心辐射其他各育的关联形式。实践中，课题组尝试以美育为核心的"育间关联"，形成"美育+"关联模式。以美育为核心，辐射到智育，要求工整书写、绘思维导图、美文欣赏等；辐射到德育，加强思政融入；辐射到体育，要求动作优美；辐射到劳育，要求动作规范、制作精良。而在"五育"当中，德育和劳育的兼容性最高，和其他各育中的任意学科产生关联，构成"德育+""劳育+"的关联模式。"育间关联"使"五育"融为一体，互相关联，不再是独立的存在。

第三是"跨育关联"，是指通过创造真实情境，完全打破领域界限和学科逻辑，利用模块、项目、主题、探究等方式进行德、智、体、美、劳综合教育的过程。课题组采取"项目带动"方式开展活动。课题组有计划地组织学生进行综合实践活动——为学校邻近的天富社区设计一个垃圾分类的宣传海报。这个项目要充分融合"五育"发展的要素，达到多重教育情境的融合，实现知识、经验与社会的关联，引导学生围绕问题解决来设计、实施、修正方案，激发学生的深层思维。课题组还通过基于社会需求调查的产品设计、制作及发布、分享的活动样态，为学生营造审美、创造、交往等多元化解决问题的学习氛围，推动了"五育"并举及融合。

（二）践行"五育"并举，积极促进课程实施

2022年春季开学周，课题组邀请东北师范大学教授及长春市基础教育研究中心学部主任、学科教研员等专家组成学校"五育"课程的专家指导小组。在问题的驱动下，专家组成员一步步引领教师探索建立健全"五育"保障机制，制订了"五育"课程可操作模版。教师们在"五育"课程开发中深入思考并将

心得体验在一○八集团内共享，推动了区域内教师对"五育"并举工作的认识。与吉林大学合作进行的"培养学生核心素养的超越式教学法"荣获长春市基础教育成果二等奖。

在"尊重教育"的理念下，课题组首先以打造书香校园为突破口，通过阅读带动"五育融合"与课程建设。课题组引导教师以阅读为起点，创新实现"阅读+价值观"的德育模式。具体表现为：以阅读内容栽种相关植物，实现"阅读+种植"的智育；迁移扩充相关内容，实现"阅读+文化"的美育；亲自动手做美食，实现"阅读+体验"的劳育。阅读对于学生来讲只是成长的开始，"五育"融合发展才是阅读的终极目标。

课题组还结合实验、体验、公益等多样化社会实践活动，构建了校内课程与校外实践相结合、课内与课外活动相结合的综合式"五育"实践新路径。利用假期，积极倡导以班级或以兴趣小组为单位走进图书馆、科技馆、敬老院、博物馆、区消防大队等场所，实现"五育"课程组织形式从校园单一场所走向社会广阔天地的综合性，成为培育和落实学生知行合一、"五育"并举的又一路径。由此，形成了家、校、社"三位一体"的"五育"工作新格局，为课程全面实施提供保障。尤其以"乐帮"志愿服务队为典型，实现了"五育"并举视域下课程的深度开发与融合。

（三）推动"五育"并举，积极创新评价体系

2020年9月，中共中央、国务院印发了《深化新时代教育评价改革总体方案》，明确了健全立德树人育人目标。作为承担基础教育的初中学段，课题组要积极推进扭转不科学的教育评价导向、树立科学成才观的步伐，"打破"以分数作为学生评价的唯一标准，牢牢"树立"德智体美劳全面发展的育人要求。从2021年开始，课题组组织全校教师深入学习上级教育部门关于落实多元评价、培养时代新人的诸多文件，同时邀请省市区教研员、专家作专题培训达20余场。通过培训，教师提高了对全员、全过程评价学生成长意义的认识，并能积极参与制订学生评价制度。课题组组织教师结合教育教学全过程制订符合校情的评价制度，用于日常工作之中，作为提醒、规范、要求教师的准则。《长春市第一○八学校"五育"并举育人目标评价制度》包含了立体化、多元化的评价方式，它为学校教学管理以及教育教学要关注学生全面发展提供了重要保障。《长春

市第一〇八学校优秀学生评价标准》构建的德智体美劳多角度评价体系，改变了唯分数论的单一评价缺陷。"三好学生"成为历史名称，我们有"五好学生""艺美学生""道德先锋""劳动能手"等新的育人理念下的新称号。《长春市第一〇八学校课堂学习标兵评价标准》则从"思维活跃与否""回答积极与否""思想提升与否""知识掌握与否""懂得分享与否"等多方面评价学生的学习情况。

多元评价体系和制度的建立，从根本上改变了教育工作者固有的唯"智育"的单一评价的不足，缓解了师与生、学校与家长唯成绩论的紧张关系，不仅促进了学生"五育"的全面发展，推动了课堂教学的高效发展，还提升了学校办学品质。下一步，课题组将持续完善、出台新的学生发展评价制度，使"五育"并举育人工作持续进行，为家庭、为社会、为国家培养更多高精尖人才。

（四）树立"五育"并举意识，坚定持续实施信念

在课题组的积极推动下，一〇八学校召开全体教师大会，要求所有教师要将"五育"并举的重要性提升到"为党育人、为国育才"的高度，创新开展并落实到学校管理与日常教育教学工作中去，切实担起为国家培养建设者和接班人的责任。

2021年开始，学校注重校园文化建设，接连在教学楼内打造了党建长廊、科技长廊、法治长廊、美育长廊等育人场所，旨在用环境濡养心灵，用文化提升修养，丰富了学校课程建设；学校还梳理了"四自德育"课程体系，并将之纳入全校学生品德培养工作中，通过打造开心农场、实践餐厅等场地，做到了以德育活动为重要载体，以实践参与为主要途径，以学科课堂为渗透阵地，引导挖掘学生内驱力、创造力，实现学生自我规划、自主选择、自我管理、自主发展、自主负责的目标，让"五育"并举潜移默化地融入孩子们健康成长。

课题组也参与了教学活动的设计，倡导"无活动不'五育'、无'五育'不活动"育人观。协助生物学学科设计"走进自然热爱生命"特色作业活动，将掌握知识的智育与动手实践的劳育、画面设计的美育、热爱生活的德育融为一体；地理学科开展的"手绘中国地图"活动，将增强爱国情感的德育与学习地理知识的智育及画好地图的美育融为一体；配合语文学科的"阅读名著提升素养"活动设计，以欣赏优美文字深化美育，以"名著知识竞赛"加强智育，以"阅读+生活"促进劳育，以"名著入我心"培养德育；五一、十一假期，

布置劳育作业，端午、春节、中秋假期，安排了解传统文化的活动。

总之，课题组积极促进学校在教育教学各个环节中加强落实"五育"，积极推进并举、融合。每个活动设计都认真考虑"五育"，都要有"五育"意识，并将"并举"作为活动效果的终极评价标准。通过活动设计、教学要求，"五育"意识慢慢深入每一位教师的内心，渗透于每一个育人环节中，逐渐成为每一位教师坚定的育人信念。

三、成果的主要内容

科学的课程设置对学生身心健康发展起到巨大作用，教师也将在课程的实施与建设过程中发生方法及理念的转变，这对提高专业水平是极为有益的，同时，学校也将因为丰富多彩的课程体系而富有特色。基于此，课题组组织骨干教师积极研究、探讨初中课程体系的建设工作，积极推进"1+N+T"课程建设模式。"1"，即"五育"核心——德育；"N"，即其他四育——智育、体育、美育、劳育；"T"，即创新特色课程（见图1）。

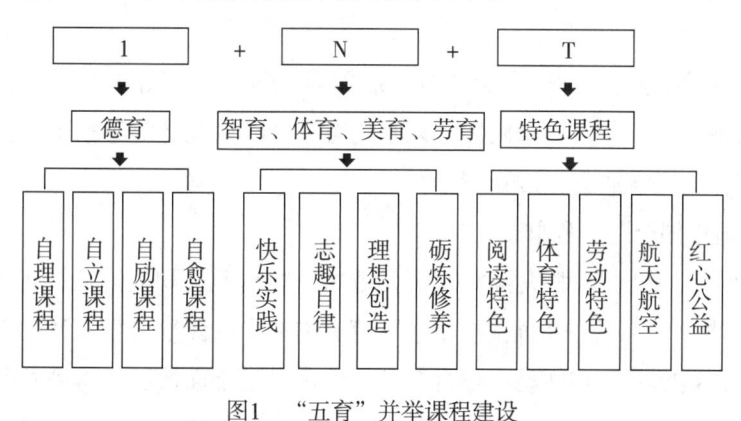

图1　"五育"并举课程建设

（一）1：以德育为首，探索德育实施框架

学校以"四自德育"课程体系为德育教育工作基本内容。其中"自理课程"是对学生生存能力的培养，通过一日班长、插花、制作美食和简单手工、校园菜园耕种等实践活动，让学生在动手实践的过程中获得劳动能力和技巧，同时在体验感悟中做到珍惜自己和他人的劳动成果，懂得孝亲感恩；"自立课程"是对学生优秀品格的塑造，通过文明礼仪课程、思政校园剧创编、职业体验课程、

"变废为宝""我来介绍"系列主题班会等学习体验,引导学生选择正确方式途径,培养学生爱国正确态度,以及树立正确三观;"自励课程"能对学生确立人生理想提供帮助,通过无线电测向、航模比赛、志愿服务等活动,让学生在课程中明确理想方向,并有为之付出不懈努力的勇气和决心;"自愈课程"是对学生心理健康的呵护,通过校园舞台展示、体能体技特长展示、团建活动课、心灵邮箱传递、主题家长会、"我要大声音说出来"等独特的课程设置,有针对性地解决问题,让学生懂得尊重生命,热爱生活。

(二)"N":以智育、体育、美育、劳育为主的多个课程群

围绕"国家课程校本化,校本课程特色化,特色课程实践化",学校着力打造四个课程群,以课程启迪智慧。

1."快乐实践"课程群

按照学生的认知发展规律,将同一学科或不同学科的相关而具有互补性的课程进行整合,创办"自然科学馆""迷你农田""攀岩墙""足篮排乒羽""绅士击剑"等课程,最大限度地增强课程的实践功能,充分体现"五育融合"理念。

2."志趣自律"课程群

把培养学生独立人格、学会学习、获得精神成长作为"尊重教育"培养目标,构建"数你最棒""校园乐团""艺术创意""经典配音"等社团课程。发挥学生智育特长,增加美育素养。

3."理想创造"课程群

推动学生"像科学家一样思考,像创造家一样动手",积极开发"3D打印""无线测向""电脑编程""科技嘉年华"等有创造力的课程内容,激发学生的思维火花和创造本领。在活动中融合多育,促进学生全面发展,为培养创新型人才奠定基础。

4."砺炼修养"课程群

着眼智慧统整与知识统整,设计了"鸿鹄杯""馨声广播站""乐帮志愿者""思政长廊"等一系列指向学生核心素养的综合性活动课程,培养锻炼学生的实践能力、创新精神和社会责任感。

几年来,课程体系的建设,对学校文化构建、育人模式创新、课程建构产生了极大的促进作用,实现了学校、教师、学生、家长的共同发展。在教育教

学实践中，还将不断扩大、丰富"N"的形式与内涵，促进"五育"并举向"五育"融合迈进发展。

（三）"T"："五育"并举视域下创建的特色课程

1. 阅读特色课程

构建"阅读+"模式。以课内外经典阅读素材为核心，调动教师、家长助力热情，纳入诵读、表演、戏剧、话剧、绘画、生活体验等多项实践形式，弘扬传统文化，让孩子真心喜欢阅读，提升核心素养，以"全人"发展观念尊重生命、彰显个性。

2. 体育特色课程

运动不仅健身，更要乐心，优质的体育活动形式将避免更多学生出现心理问题。学校以自创多样"课间操"为主打项目，配合体育器材，让操场充满朝气，律动起来；同时，多举措开发健身项目，如设计室内徒手操、课前伸展操、视频演示操，充实学习生活，解决因天气原因不能出户的体育锻炼问题，让学生时时有锻炼，锻炼在时时；学校充分利用校内游泳馆的优势，除了对本校学生开设游泳课，还利用课后服务的时间，让这里成为集团成员校学生的第二课堂，我们的口号是：让每一个毕业生都能多掌握一项技能。

3. 劳动特色课程

室内技能培训内容包括缝扣子、手持缝纫机的使用、手工制作、面食制作、简单拆卸工具的使用等；校内实践课内容包括"鱼菜共生"生态智能基地有土栽培和无土繁殖的劳动体验、学生实践餐厅自我服务和为他人服务的体验、"开心农场"果蔬的种植等；校外志愿服务包括公园、社区、校园周边公益志愿服务，从中体验劳动的快乐和劳动的价值。

4. 航天航空特色课程

借助教育共同体平台，与北京名校建立手拉手关系，建设活动场馆，精心设计课程目标，确定培训教师，让学生充分感受科技的魅力，根植飞天的梦想，为国防事业培养高精端人才。

5. "红心公益"特色课程

"责任教育"就是要看见学生的需求。学生学习习惯、知识基础、接受程度的不同，使得面对全体学生确定的兴趣课程设计不能满足每一个学生的需求。

为了促进学生自我检视、自我发现、自我提升，2020年11月，学校以七年级数学一个学科为突破口，组织党员教师，借助网络平台，利用周末一个小时，开展"红心公益"课程答疑活动，并从开始的"菜单式"向"定单式"转化，由一个年级、一个学科发展为全学科、初中全学段。截至当前，近1300余节公益课，包括集团、联盟学校学生在内，共有一百二十余万人次参加。这种线上课堂打破了时间和空间的限制，让优质的资源没有边界，实现多校共同发展。

学校特色课程的发展，将进一步扩大学校知名度和影响力，让百姓感受身边学校的优质优势，增添幸福感和满意度，同时也深化了"五育"的育人功能（见图2）。

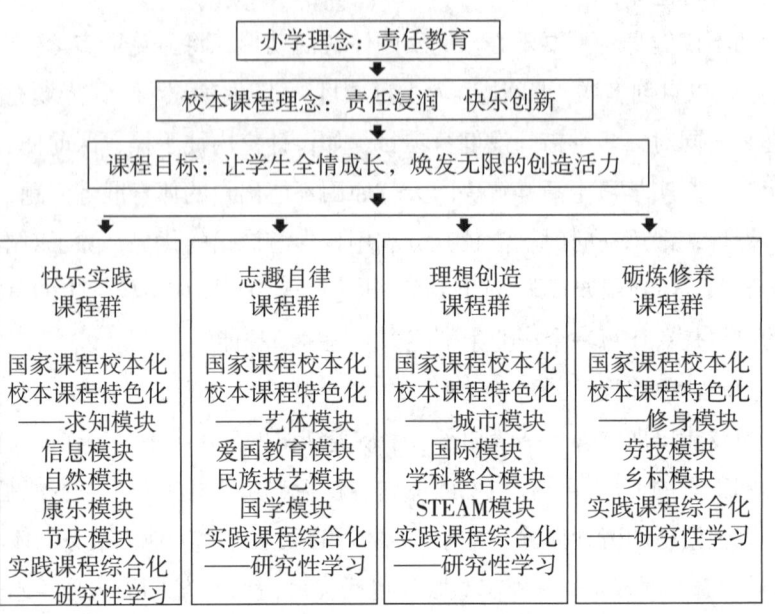

图2 多维课程建设

四、成果取得的效果与反思

教科研中心的工作在学校的大力支持下，结合教学实际，聚焦课堂教学，制订严格的科研制度、研究计划和评价标准，大力落实"五育"并举工作，让"五育"深入人心，深入课堂。从计划安排、备课时效、教学模式、作业设计、学业质量、德育活动等多个方面，精研细思"五育"与教学的契合，成效显著。

（一）"五育"并举初中课程体系建设改进了"双减"下的育人模式

在"双减"时代背景下，学校依托四大课程群注重构造"五Y"型实践课堂：即"阅"课堂，在自主学习中培养学习力；"跃"课堂，在思维碰撞中激发学习力；"越"课堂，在唤醒超越中驱动学习力；"悦"课堂，在乐学氛围中提升学习力；"月"课堂，在节时增效中迸发学习力（见图3）。同时，学校教研团队在不断总结经验中，形成了"6R"型背课模式，备课遵循"人、从、众"的原则，包括各校区之间的融合备课、由个人到小组的层级备课、整合教师特长的群策备课、骨干和名师的带动备课、高效管理团队的引领备课等，多样的备课形式保证了教学工作细化执行，并纵向深入（见图4）。

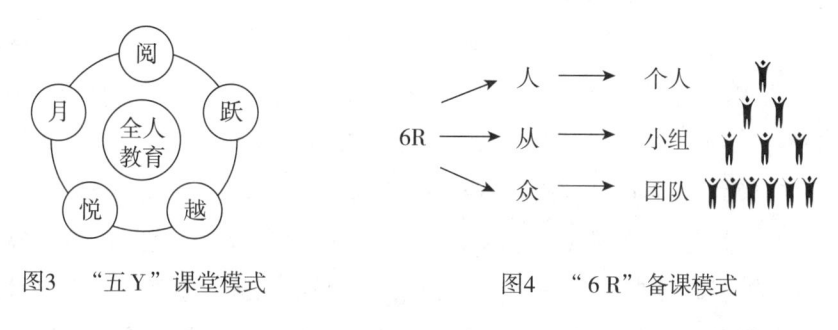

图3 "五Y"课堂模式　　　　图4 "6R"备课模式

（二）"五育"并举初中课程体系建设促进了教师专业能力提升

以课题研究深化"五育"并举课程建设工作，教师更新了对"五育"课程建设的认识，潜移默化地实践于教育教学中。"十三五""十四五"期间，学校共承担国家级课题1项、省级课题6项、市级课题27项、国家级个人小课题297项，70%以上的教师参与了立项课题研究。全校教师在各级教学教研刊物上发表论文、教学设计等136篇，打造精品教学课例、录制微课200余节次，参加省内外科研、教学比赛40余人次。全校教师100%积极参与教研科研，171名教师被评为各级骨干教师。目前，学校形成了校长带头、骨干教师引领、年轻教师群体跟进的科研队伍。

（三）"五育"并举初中课程体系建设推进了内涵式发展

在"科研兴校，特色强校"思想引领下，学校先后获得"全国文明单位""全国未成年人思想道德建设先进单位""全国青少年校园排球体育传统特色学校""全国冰雪特色校"等10项国家级荣誉，"吉林省美育特色学校""吉林省优秀志愿服务组织""吉林省中小学击剑锦标赛体育道德风尚奖""吉林省中小学尊重教育科研示范基地""吉林省教育系统先进单位"等21项省级荣誉,"长春市教育科研核心基地示范校""长春市科技教育工作最佳集体""长春市中小学心理健康特色校"等38项市级荣誉,2017年被评为"省教育科学研究示范校",2021年被评为"长春市教育科研核心示范基地校"。

（四）"五育"并举初中课程体系建设发挥了辐射引领作用

作为吉林省科研示范基地、长春市教育科研核心示范基地校,积极承担省、市教育科研部门分配的工作任务,展示学校"五育"成果。校长贺同君为全省和长春市的中小学校长进行了"立足新阶段构建新格局推动新时代党建工作高质量发展""集优化办学模式下大学区管理特色研究""转型期学校文化建构规划""文明育人 育文明人"等培训；副校长宫化丽主持、参研吉林省教育学院"'国培计划（2022）'培训者团队研修语文学科教学指导力提升"活动,承担长春市初中"十佳教师"评选暨第三届教师技能大赛说课比赛评委任务；副校长王宗娟在长春市基础教育研究中心组织的"线上教学经验交流"活动中,做"先学后教 三四二模式"分享交流；校长助理李树宽为省、市骨干教师做课堂教学能力提升培训。"十三五"以来,全校共召开大型教学观摩研讨、开放日等科研活动8次,省内外20余所学校、1000余人次教师来校参访,感受学校"五育"并举课程建设成果。我校选派50余名科研骨干赴北京、新疆、四川、大连、延吉、汪清、扶余、德惠、双阳等地37所学校支教、送教、送培,辐射带动兄弟学校科研发展,促进了"五育"并举引领。

初中课程体系实践探究成效的讨论与评定,涉及对校本课程"融得怎么样"的追问。在课程体系建设实施中,重新统一标准和量性指标的测评非常重要,以评促改,以评促做,课程体系才会彰显学校个性特色,培养创新型人才。"五育"并举视域下,课程体系建设的评价体系建设应该与课程体系建构同步进行,加强对教育教学实践中学生和教师核心素养发展情况进行客观评估,以此推动学校、教师和学生对课程建设的重视和参与。

社会在不断发展,对人才的要求也在不断更新。学校,作为承担基础教育的重要组成部分,要时刻牢记为党和国家培养合格的接班人、可靠的建设者的使命,将"五育"并举、协同育人思想贯穿学校的所有工作当中,提升育人成效,提高办学品质。

[参考文献]

[1] 习近平. 坚持中国特色社会主义教育发展道路 培养德智体美劳全面发展的社会主义建设者和接班人[J]. 宁夏教育, 2018（12）: 4-6.

[2] 岳文果. 坚持立德树人根本任务 构建五育并举教育体系——关于《中共中央国务院关于深化教育教学改革全面提高义务教育质量的意见》的解读[J]. 甘肃教育, 2019（23）: 12-13.

[3] 卢海丽. 五育融合与现代化教育生态重建——基于《中国教育现代化2035》的思考[J]. 现代中小学教育, 2023, 39（01）: 1-7.

[4] 蒙石荣. "五育"融合下的德育: 路径与方式[J]. 今日教育, 2021（02）: 14-17.

[5] 孟万金, 姚茹, 苗小燕, 等. 新时代德智体美劳"五育"并举学校课程建设研究[J]. 课程. 教材. 教法, 2020, 40（12）: 40-45.

[6] 岳文果, 李逸. 强化劳动教育 促进全面发展——《中共中央国务院关于全面加强新时代大中小学劳动教育的意见》解读[J]. 甘肃教育, 2020（11）: 10-11.

主要成员： 贺同君　宫化丽　陈金江　王宗娟　罗凤敏（长春市第一〇八学校）

执 笔 人： 贺同君　宫化丽

立足核心素养，实践"四美课程"

长春南湖实验中海小学始终把提升人才培养质量作为检验一切工作的根本标准。立足核心素养"四美课程"（即"传统文化之美、科学奥秘之美、国际视野之美和艺术健康之美"）的研发与实践，以多元视角和全面赋能的样态，满足多层次、个性化的教育需求，为学生提供有助于生命成长的特色校本课程。

一、问题的提出

近年来，世界范围内的课程理念更新，引发了我国课程改革的新浪潮。为落实立德树人根本任务，追求高质量的民主和谐，促进学生的核心素养发展，从而实现协同育人与均衡发展，迫使基础教育的课程开发与实践必须基于以下问题。

（一）"有目标导向，无路径指引"使课程改革策略不明晰的问题

教育部《关于全面深化课程改革落实立德树人根本任务的意见》明确学生应具备的适应终身发展和社会发展需要的必备品格和关键能力；《中国学生发展核心素养》构建了以培养"全面发展的人"为目标的学生核心素养框架，提出学生为适应终身发展和社会发展需要的必备品格和关键能力；《义务教育课程方案和课程标准（2022年版）》确定了不同学科的学科素养，并提倡"加强课程综合，注重关联。开展跨学科主题教学，强化课程协同育人功能"。国家

层面从不同角度相继提出了明确的课程改革目标和理念方向，但缺乏有针对性的路径指引和实效性的策略指导，使基层的课程实施者徘徊于解读与探索阶段，难以深入推进。

（二）"重设计开发，轻深入论证"使课程运行机制不健全的问题

随着基础教育改革的发展和三级课程管理政策的逐步施行，校本课程开发逐渐成为教育领域研究的热点问题。各个学校都在积极进行校本课程的设计开发，从无到有容易实现，但是否科学有效，实现课程效益最大化，却很少论证，尤其是在校本课程实施运行的过程中，常会出现以下弊端。

1. 内容方面：结构散乱、不成体系

校本课程有时会过于强调学科本位，科目繁多、缺乏联系、相互疏离，对核心素养和学科本质的认识不够深刻，缺少能够凸显学科独有的学习路径、教育价值的课程。

2. 实施方面：受众面小、难以普惠

受学校办学规模及场地影响，校本课程有时不能满足全体学生的个性化需求，往往只能在各班选派代表参加，其余学生只能望课兴叹，无法达到面向全体。

3. 评价方面：缺少过程、方式单一

校本课程评价往往随国家课程、地方课程同理评价，多数关注终结性评价和定性评价，只在学期末对学生学习情况进行一次书面检测，缺少过程性评价和多种方式的动态评价。

（三）"多共性目标，少个性关注"使学生综合素养提升不均衡的问题

学生的个体存在差异，尽管学生的健康成长有共性的素养标准，但教育要从尊重差异开始，既要兼顾学生共性的成长目标，依据国家课程方案实施落实课程运行，又要关注个人价值和个体能动性。不同的学生有不同的兴趣爱好，尤其不同的成长轨迹和生长历程，不能过于强调学科本位和共性目标，把学生培养得千人一面。

二、解决问题的过程与方法

为规避和有效解决以上问题，我校立足学生核心素养发展，依据各学科的学科素养和新课标的理念要求，梳理各学科之间的融通点和辐射面，秉持跨学

科学习最大化与全学科教育最优化，发挥本土资源优势进行校本课程研发。

（一）深挖——确定目标与思路

坚持"用学校的人解决学校的事"的研发原则，构建具有融合之"美"的课程体系，满足学生发展需求的课程目标。

1. 明确课程开发理念

统筹规划国家课程、地方课程和校本课程三者关系，实现设计统整和功能互补。以发展学生核心素养为出发点，以培养学生适应未来社会发展的必备品格和关键能力为着眼点，传承学校文化，发挥资源优势，立足学生实际，努力构建生态化、多元化、个性化、融合化的课程体系，引导学生向善向美，促进学生全面发展。

2. 分析课程发展条件

力求做到课程目标与内容契合，教研与教学融合，课内与课外整合，运用SWOT（优势Strengths、劣势Weaknesses、机会Opportunities、威胁Threats）分析法，做好课程研发条件的论证。

（1）优势。我校秉承着百年文化理念，着眼学生终身发展，致力于培养高素质人才，聚焦传承中华传统文化，培养艺术健康素养，激发科技创新意识，拓展国际视野等热点问题。我校位于长春市净月开发区中心商业区，有着优秀的学生资源和良好的社会声誉。学校功能设施齐全，教学设备先进，教育环境优雅。学校有一支年富力强、学历较高、素质过硬、业务精湛、态度积极、创新意识强的教师队伍。

（2）劣势。学校的课程顶层设计还不充分，学校课程建设的规划还不够系统；学校的课程开发还处于低中端，还没有形成特色鲜明的课程体系；学校缺少能够起到轴心、稳定、辐射、带动作用的有影响力的专家型教师队伍；学校对课程资源的开发还停留在浅层面，对课程资源的开发大都处在摸着石头过河的阶段，在一定程度上存在课程开发的盲目性和随意性。

（3）机会。《关于全面深化新时代教师队伍建设改革的意见》《中共中央国务院关于深化教育教学改革全面提高义务教育质量的意见》《中共中央国务院深化新时代教育评价改革总体方案》《义务教育课程实施方案和课程标准（2022年版）》和各学科新课程标准的颁布与实施，为积极做好校本课程开发提供了依据和机会。

2017年9月，长春市全面实行"蓓蕾计划"，校本课程研发有效地解决了家长课后看护问题，为家长解除了后顾之忧。2018年8月，学校课程建设部成立，学校发展开始走上课程统领的特色之路。课程文化是学校文化教育的核心，优质教育一定要有优质的课程，课程建设凸显出一所学校的文化与特色，因此，探索形成一套科学有效的课程体系是近年来努力的目标。

（4）威胁。教育改革之下，教育者应顺应新的教育理念，成为学生学习的引导者和教育资源的开发者，帮助学生整合知识、创设情境、激发潜能是必须面对的问题。科学技术飞速发展，对人才的要求日新月异，学生需要具备适应未来社会的能力。如何使学生的学习与成长走出教室，连接知识与实践，如何打破学科壁垒，实现全学科、跨学科、融学科的深度学习，成为亟待解决的问题。

3.厘清课程开发思路

校本课程主要分为两类：一是使国家课程和地方课程校本化、个性化，即学校和教师通过选择、改编、整合、补充、拓展等方式，对国家课程和地方课程进行再加工、再创造，使之更符合学生、学校的特点和需要；二是学校设计开发新的课程，即学校在对学生的需求进行科学的评估，并充分考虑当地社区和学校课程资源的基础上，以学校和教师为主体，开发旨在发展学生个性特长的、多样的、可供学生选择的课程。

课程研发团队将原有特色社团、学科实践与德育活动课程化；将优质名校经验课程校本化；聘请校外专家或家长讲师，让课程资源多元化；鼓励教师跳出常规，将课程内容创新化。同时改革评价方法，将过程性评价与终结性评价相结合，利用大数据从教师、家长、学生角度多元评价，根据线上评估和线下考核，评出"优质课程"，比出"发展课程"，考出"淘汰课程"。

（二）细作——构建框架和体系

校本课程研发项目组注重宏观把握，微观落实，梳理课程体系，整体规划课程内容，细化实施方案，实现课程体系的全方面、立体化、融合式架构。

1.厘清"4+1"课程基本框架

根据未来人才发展方向，整合校内资源，汇聚校外资源，厘清"4+1"课程框架("四美课程"与涵盖多种实践形式、多维实践时空、多样实践内容的综合实践课程)。经过反复实践,结合校本课程在初期的整体发展情况梳理完善,正式提出了"四美课程",确定选修与必修组合的运行方式。

2. 架构立体的课程基础体系

基于四个方面,涉及十五个学科,依托百余社团,具化学生成长的六大培养目标,立足核心品格、基本能力和关键能力的培养,跨越学科边界,致力于学生学习与发展,合作与影响,探索与创新三大方面综合能力的提升,将现有课程分类,完善典型课程。

校本课程建设的基本策略是——分批渐进、改造原有、广纳锦绣、鼓励创新。

分批渐进:有计划、分批次、渐进性地开发校本课程。

改造原有:把学校原有的有特色且稳定的社团、学科活动及有价值的系列德育活动加以完善补充,使之进一步课程化。

广纳锦绣:借鉴其他名校有价值的课程概念和课程内容,进行校本化改造,使之成为"为我所用"的校本课程;聘请优秀的家长作为课程讲师,丰富课程资源。如:非遗、戏剧、插画、草编、茶道、理财师等课程。

鼓励创新:鼓励课程创新,鼓励方式创新,鼓励老师们跳出常规开发课程。如:特种兵、科学实验室、喜哥聊楚汉、非洲鼓、百变编发、小小红十字等课程。

3. 摸索可行的课程开发流程

(1)向学生、家长调研课程需求。

(2)将课程概念化编写课程方案。

(3)学科年组逐级审定课程方案。

(4)由课程建设部终审课程方案。

(5)完善课程内容,做开课准备。

(6)招募课程学员,课程试运行。

(7)阶段评估反馈,定具体内容。

(三)统整——加强组织与实施

课程运行的过程中注重内容统整和模式创新。

1. 分科分层分类，完善运行模式

将校本课程分为四类主课程，普适内容重在培养兴趣，以社团形式出现；专项内容重在特长培养，以选修形式出现。同类选修课程以"菜单式"选课模式运行，既打破了学科壁垒，又突破了年级的限制，形成独有的"流动的课堂"运行模式。

2. 调动家校联动，实现资源拓展

为实现育人效果最大化，汇聚校外资源、家长资源、社会资源，确定家校联动模式。邀请"家长讲师"和"社区专家"进课堂，形成家校社三方合力的课程资源；打破课程场地限制，从传统教室到学习社区，无论教室、操场、走廊、大厅……都成为学习场地。

3. 注重与时俱进，推进学科融合

课程研发团队边实践边反思，边反思边改进，课程内容与时俱进，教学方式不断变革。基于各学科领域的大概念，以项目推进和任务驱动的方式，为学生定制 VIP 学习服务与个性化指导。

（四）反思——完善课程评价体系

为保证校本课程实施的良好效果，注重教学评一体化，充分发挥评价促进课程体系完善，促进学生学习，改进教师教学的重要作用。

1. 确定评价原则，提高效度和信度

为保障"四美课程"的实施质量，以科学性、实践性、参与性、全面性为评价原则，不仅考虑校本教材的编写质量、课程的实施情况，更注重考查课程对学生各方面能力的提升，提高课程评价的效度和信度。

2. 细化评价标准，形成评价体系

课程研发团队细化了评价标准，制订课程设置、课程实施、学生能力检测三大评价标准，保证评价的全面性和科学性，满足学生的个性化需要，彰显学校办学特色。

3. 运用多元评价，保障课程质量

课程评估小组将过程性评价与终结性评价相结合，定性评价与定量评价相结合，线上评估与线下考核相结合，从教师、家长、学生角度进行多元评价，及时完善调整，保证课程实施效果（见图1）。

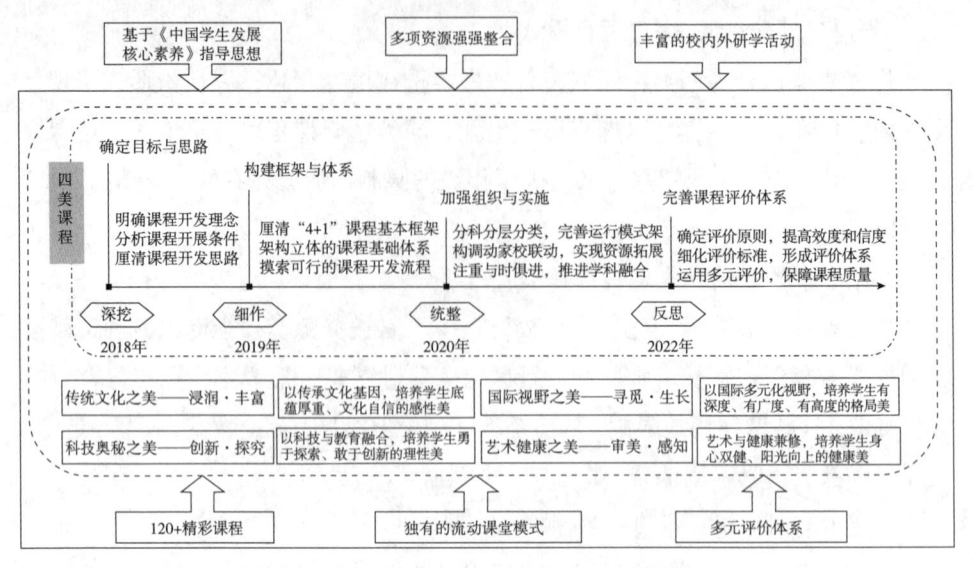

图1 "四美课程"开发理念确定流程

三、成果的主要内容

（一）探索了"四阶八步"模式的课程研发路径

1. 四个阶段

课程研发团队经历了"深挖（确定目标与思路）—细作（构建框架与体系）—统整（加强组织与实施）—反思（完善课程评价体系）"四个阶段，层层递进，不断更新迭代。课程的开发过程就是对知识、方法、思维、价值观等方面深挖内涵，探寻资源的过程，最终将课程内容进行整合优化。

2. 八个步骤

根据泰勒原理，"四美课程"的研发过程基本分八个步骤：理念论证—顶层规划—目标确定—框架设计—内容组元—运行实施—评价设计—调整完善。

充分利用学科间的相通和相似之处，建立学科间的联系，促进学科间的融合。通过多样化的主题研究，打破学科间的"壁垒"，促进学科教学与课程资源的整合，让学生在实践中学会综合运用知识，调动多元思维解决实际问题，发展学生的情感、态度和价值观，促进学科间横纵联合，塑造核心素养的"立体感"，解决现实弊端，规避实际问题，让各"美"真实落地。

学校努力将生成课程发挥到了极致，所有内容的安排都围绕着学生的兴趣与探索；对学生的尊重，直接成为"四美课程"价值观的基石；观察、记录、反思和对学生的回应，构建了"四美课程"的基本框架和评价模式。确保全体学生都能从课程中受益，让课程真正为学生的学习需求服务，从而得到全面发展，提升内在生长力。

（二）构建了"一三五"导向的课程内容体系

我校"四美课程"注重课程体系的完整性和系统性，注重课程内容的交叉、渗透和融合。

一个核心为本。以"生长"为核心，引领学校、教师、儿童"向下扎根，向上生长"。将"本真"与"发展"的文化理念深度融合，以发展学生核心素养为宗旨。

三级课程为准。遵循国家、地方、校本三级课程的延伸路径，形成了较为成熟的校本课程的研发路径与实施模式，积累了大量的校本课程样例，初步形成了学生全面发展与个性化发展的整体样态（见图2）。

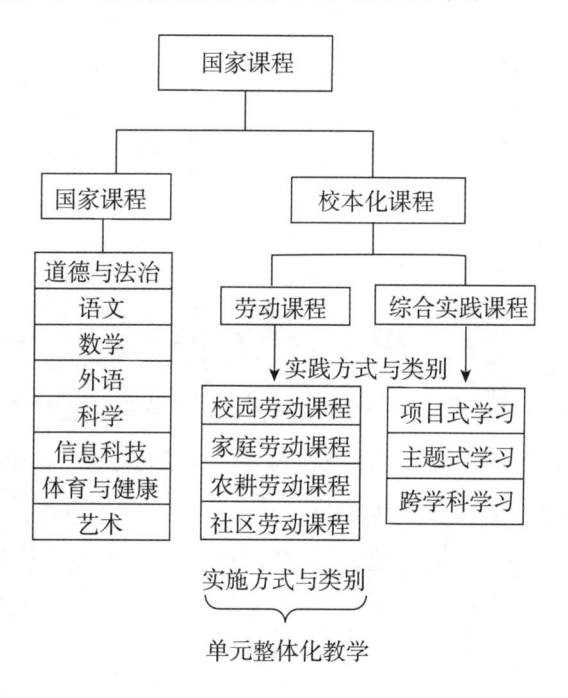

```
                        国家课程
                   ┌───────┴───────┐
              国家课程           校本化课程
              ┌─────┐         ┌─────┴─────┐
              道德与法治      劳动课程   综合实践课程
              语文               │             │
              数学          实践方式与类别
              外语          ┌─────┐      ┌─────┐
              科学          校园劳动课程   项目式学习
              信息科技      家庭劳动课程   主题式学习
              体育与健康    农耕劳动课程   跨学科学习
              艺术          社区劳动课程

                        实施方式与类别
                        单元整体化教学
```

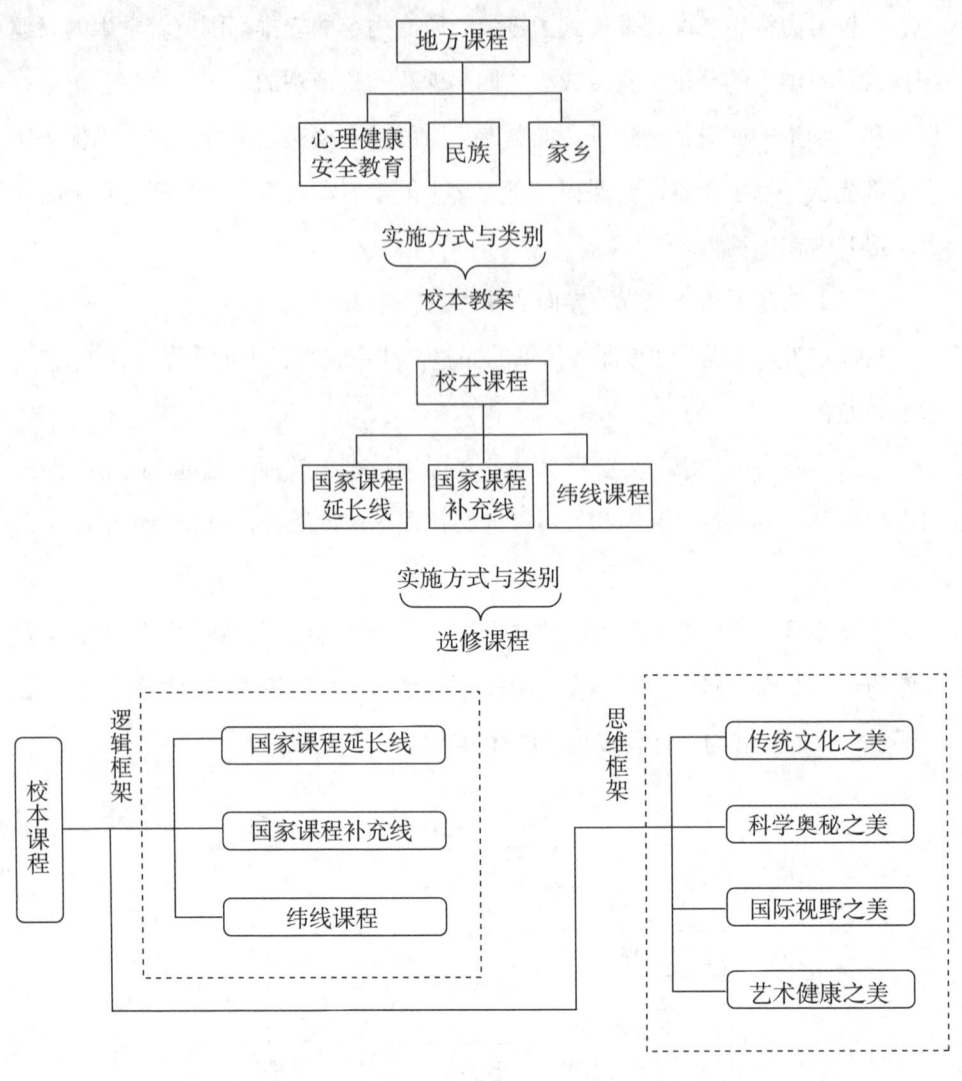

图2 "三级课程"框架

"五育"并举为纲。将课程开发镶嵌于社会变革发展的背景中，落实"五育"并举，为学生的全面发展、终身发展创造了条件，浸润心灵，丰富心智，成就梦想，这与国家核心素养培养目标一脉相承。

"四美课程"以"人文底蕴、科学精神、社会学习、实践创新"四大素养为核心目标，设计了传统文化、科学奥秘、国际视野、艺术健康四类课程，并"分批递进"，即有计划、分批次、递进式研发课程（见图3）。

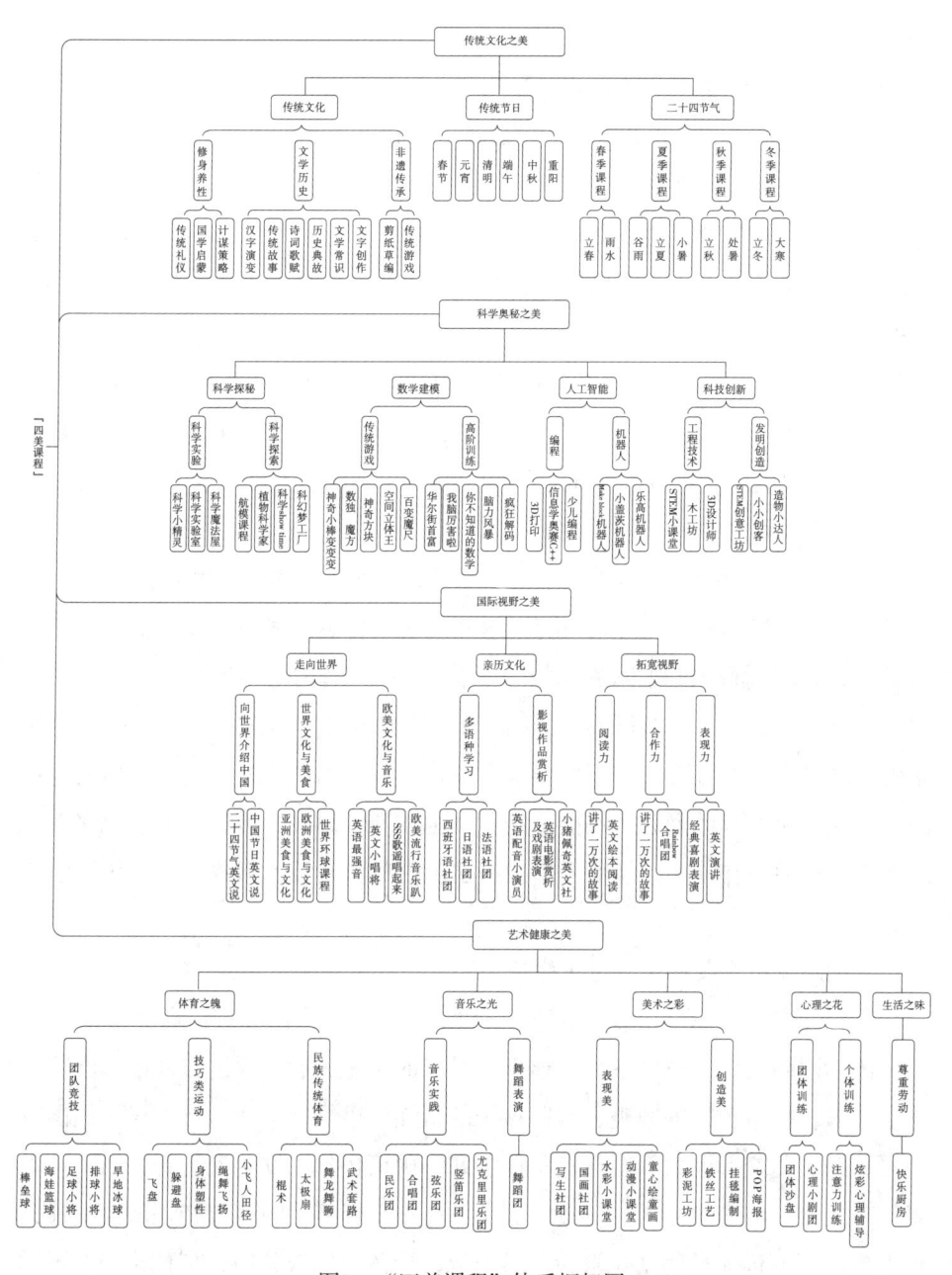

图3　"四美课程"体系框架图

"四美课程"体系是以美为境界，以活动为途径、以现实世界为源泉的课程。即"传统文化之美、科学奥秘之美、国际视野之美、艺术健康之美"的

097

"四美"。

1. 传统文化之美——浸润·丰富

以传承文化基因,培养学生底蕴厚重、文化自信的感性美。

千百年来,中华文化生生不息,在继承中发展,在发展中继承,人们从传统文化中寻找精气神!传统文化不是一个个点、一个个形式、一个个热闹的场景,而是完整的、融合的有机体,我们希望传统文化能真正住在孩子心中。以课程建设为引领,挖掘中华优秀传统文化价值内涵。为尊重学生的个体差异和培养学生的德行、情趣、涵养,"筝筝日上社团""行云流水软笔书法社团""诗词歌赋跳起来"等极具古典韵味的课程,让学生感受传统文化之美,了解祖国悠久历史和文化底蕴的同时,也为学生构建出一个充满书香气息的菁菁校园。

2. 科学奥秘之美——创新·探究

以科技与教育融合,培养学生勇于探索、敢于创新的理性美。

人类本是自然界的一环,只有了解并体会到自然界和信息技术生生不息的力量,才会真正懂得重视生命、珍惜生命之美好。"智力七巧板""速叠杯""航模""科学魔法屋""Makeblock 机器人"等探寻科学与信息技术的课程,就是为了满足学生的好奇心,不仅要求学生要在原有制作能力的基础上加入创新的元素来解决实际的问题,还能够培养学生的高阶思维、运算能力、观察力、思考力、动手操作能力,从而不断促进学生形成科学技术素养,乃至科技创新素养。

3. 国际视野之美——寻觅·生长

以国际多元化视野,培养学生有深度、有广度、有高度的格局美。

体验国际文化,就像享用一道别具风味的文化大餐。通过对外语和国际文化的学习,扩宽孩子的视野,丰富孩子的认知、思维和交际,培养孩子们国际视野、跨文化交际能力、全球竞争能力和中国情怀。"欧美流行音乐趴""世界环球之旅"将全球旅游、美食、文化、历史、经济、教育等知识融会贯通,将世界各国源远流长的文化汇为一条河流,让孩子畅游其中,带孩子们在不同情境下学习,真正融入课程,享受快乐。

4. 艺术健康之美——审美·感知

以艺术与健康兼修,培养学生身心双健、阳光向上的健康美。

体育使人坚韧不拔，音乐使人精致文雅，把学生从教室赶出来，让他们走向操场，走向大自然。学生在玩中学、学中玩，只有这样童心才能充分散发，对自然对学习的兴趣才能被激发，才能在好奇的驱动下主动学习探索。"极速飞盘""篮球""软式棒垒球""啦啦操""旱地冰球"等课程注重培养和扩展学生的体育精神、运动能力和健康知识。

基于"一三五"导向的课程内容体系，开发、创生了百余种社团课程和十余项主题课程，编辑了"四美课程"的校本教材，出版了四册《定制式课程——为生命个体美好成长赋能》课程方案集，作为可复制、可借鉴、可推广的最有力的研究成果。

（三）探索了"四组合"样态的课程运行机制

课程开发牢牢地镶嵌于社会变革发展的背景之中，"四美课程"符合"双减"的相关规定，落实了"五育"并举，为学生的全面发展创造了条件，浸润儿童的心灵，丰富儿童的心智，成就儿童的梦想，这与国家核心素养培养目标一脉相承。

传统的课程学习总让儿童受到诸多的限制——固定时间，固定场地，固定伙伴，不能选择，少有操作。而"四美课程"的实施却给儿童带来前所未有的课程体验。

1. 在课程周期上，推行"长课程"与"短课程"组合

"四美课程"的运行周期和课时安排，根据学生学习需要和课程内容特点进行灵活调整与合理组合。如，国际视野之美中的语言类课程需要短课时（调动兴趣，初感文化，学习精短常用语言）和长周期（生活中浸润，情境中熏陶，反复中巩固），在课程安排上灵活调整，设置在每周一、周三，时间为40分钟，以短时记忆、复现运用的方式营造语言学习的情境感。艺术健康之美中的体育运动类课程因课程实施过程中的学科特点（需要热身，团队协作等）设置在周五，时间为60分钟，以加长课程时限，让每个学生玩得更过瘾，学得更充分。

2. 在课程对象上，实行"同年级"与"跨年段"组合

学生对学习的兴趣有差异性，也有共通性。虽然年龄差会造成认知水平与实践能力等方面的差异，但共同的兴趣点就是学习的热点、思维的燃点、成长的起点。"四美课程"面向的课程对象是不同年龄的学生，因此在课程运行与

实施评价中，基于认知起点和兴趣焦点，突破年级和年段限制，打破固化的层次，让所有志趣相投的学生因兴趣相遇相识，为学习相帮相促。

3. 在课程选择上，执行"积分制"与"走班制"组合

"四美课程"的运行宗旨为"各美其美，美美与共"。课程的实施力求普惠性与个性化，努力践行激励性与灵活化。遵循学生学习心理需求，尊重学生求新求异、不断尝试、善于挑战的特点，鼓励学生个性化选择，进阶式挑战。一个学期内采取积分制，只要选修都记录成绩，只关注学习时间，不关注学习项目；一学期后则采取定班定人考核，确保每个儿童在自主选择适合自己的课程后，能持续不断地学习下去。

4. 在学习方式上，进行"体验式"与"挑战式"组合

以体验为主，充分解放儿童的肢体和感官，鼓励儿童不拘一格，大胆尝试，以获得更多的新鲜感受。这样的课程实践，让每个儿童获得更多的感官自由，取得更多的自主选择，赢得更多的挑战机遇，儿童的生命在"四美课程"中活泼动感，生机盎然。

"四美课程"以儿童为中心，培养出了愉悦、友善、自信的积极探究者、善于沟通的交流者、知识的主动建构者、善于思考的灵活变通者，以及中西融合的跨文化实践者。

四、成果取得的效果与反思

（一）取得的效果

课程是促进教师与学生更好发展的有效载体，"四美课程"体系的开发促进了学校教学方式的变革。另外，"四美课程"体系建设的步骤、方法和案例可参考、可借鉴、可操作性较强。对于提高区域教学水平和教育质量效果显著，产生了广泛而积极的影响，发挥了示范引领作用。

1. 创建了"双协同"的发展提升效益

"四美课程"激活了全校师生的认知、理想、逻辑与创意。通过目标与内容的融合、课程与生活的融合、科研与教学的融合，实现学科的统整，激发了教师的内在潜力，为提升教师的课程开发力及执行力提供了广阔的平台与空间。

课程与课题协同："四美课程"的开发依托课题研究推进，课程导航课题，

课题引领课程。开发中研究，研究中开发，教师的理念发生了变化，专业能力得到提升，注重开发内容的适切性，教学情境的真实性，运行过程的科学性和课程评价的多元性。课程研发牵动课题推进，教师们不断总结经验，及时进行反思，撰写了研究成果论文等在各级各类教育期刊及公众平台中发表。中国教育学会重点立项课题"STEM课程开发与建设研究"在"四美课程"科学奥秘之美的分支研发过程中成功结题，并被评为优秀课题。

"U-G-S"协同："四美课程"的开发运行坚持协同育人理念，整合推进高校（东北师范大学）、教育行政与教研部门、学校的三方协同，共建U-G-S三方教学科研联合体，促进专业教师课程研发、学科整合、项目开发和课程评估等方面的能力提升，及时将科研成果进行转化提升，以最佳资源的方式体现课程的时代性和实效性。几年来，在东北师范大学的高校智库引领之下，在省市科研教研部门的大力支持与全面指导之下，教师们经历了课程开发的全过程，在能力提升的同时获得了各项荣誉：2019年我校作为"乐高创新人才培养"基地校，作品入围"教育部乐高创新人才培养计划"优秀教学案例。在2018和2019两届德国纽伦堡青少年国际发明创造大赛上，获得三金四银的佳绩。众多教师在各级各类比赛中勇夺桂冠，省市教学名师评选中，我校获奖人数与排名均遥遥领先。

2. 扩大了"正能量"的辐射引领效果

丰富多彩的特色社团课程，让学生有时间和机会发展兴趣特长，培养学生的爱好，有利于脑力和体力劳动的合理轮换；古色古香的传统节日主题课程周，加深了学生的文化认同感，提升了对本民族历史发展的热爱和认同，文化自信在这个过程中自然发生、自然流露；各种各样的展示活动，学生们落落大方，才惊四座，展现出我校特有的自信光芒。课程的"融合之美"促进了学生的全面发展，彰显了学生的个性与风采。

"四美课程"的实践呈现出教育新思想的转折与创新，新思潮乃至思想的实践与落地，受到媒体高度关注，包括新文化报、中国吉林网、吉林电视台、长春日报等省市级媒体，长春教育八卦阵、长春教育在线等自媒体平台，扩大了我校知名度，提升了家长认可度。

实践期间，多次接待各级各类调研、考察和访问：副市长贾丽娜一行曾莅临我校调研指导；净月区教育局组织全区 18 所学校领导参观学习。吉林省教育学院"国培项目"科学、音乐等多个学科培训班访问学习，就"四美课程"体系建设情况聆听汇报展示。蛟河、延边等省内多个教育系统均曾组织考察团队到学校进行考察访问。

3. 发挥了"民办校"的硬核力量效能

将优秀课程方案汇编成册，整理编辑学校课程宣传手册，梳理提炼优秀案例及论文在期刊、杂志上发表，形成系列优质课程等研究成果；将成型经验与校本课程成果以讲座、优秀课例、视频、公众号等方式进行发布传播。

作为"净月高新区乡村教育现代化发展共同体"和"净月高新区项目驱动式大学区发展计划"的研训引领基地校，结合净月教育的实际情况，以校际共赢为目标，发挥各校优势互补作用，通过"四美课程"特色项目实施与推进，毫无保留地向兄弟校传递可借鉴的经验与模式，促进各校教育质量的均衡提升，形成共同发展、协同促进的教育新样态。优质师资为城乡协调发展和乡村联盟校的教师团队建设，提供强而有力的专家智库和专业保障。

通过经验交流、主题培训、跟岗研修等方式，快速提升联盟校教师的专业水平，打造互联互通的帮扶新模式，加大教育资源开放的力度，搭建教育协作发展与创新的平台，形成各乡村联盟校的发展新动能。

（二）反思与展望

回顾多年来的研究实践，取得些许成果的同时，还存在一些困惑，还需要从以下三方面进行深入研究探索。

1. 制订长期规划，注重可持续发展

课程是"一段教育进程"，校本课程建设不是一蹴而就的，为了使"四美课程"成为引导学生向善向美、促进学生全面发展的现代"活"课程，应对课程进行长期规划，不断补充、调整、完善。

2. 搭建更多平台，推动多渠道并重

未来的发展需要培养复合型人才，应继续加强项目化学习、深度学习、探究学习在校本课程中的应用，拓宽学习渠道，创造人人皆学、处处能学、时时可学的学习样态。践行新课程标准理念，优化学科融合、学科共生、学科互补的课程内容，凸显学生的主体地位。

3.科学量身定制，打造个性化评价

在未来的课程实践中，应努力实现运用人工智能收集大数据，再将数字转化为适合每个学生的学习报告，转化为教师可读懂的大数据，透过数据分析学生的特点，从而制定最适合其个体成长的学习路径。

"四美课程"体系将继续推进迭代，切实满足学生基本学习及个性化学习需求，探究、总结校本课程开发的实践路径，担好育人之责，种好素养之田，使"四美课程"绽放出更鲜艳的花朵。

[参考文献]

［1］林崇德.21世纪学生发展核心素养研究［M］.北京：北京师范大学出版社，2016：29-34.

［2］李臣之.校本课程开发［M］.北京：北京师范大学出版社，2015：77-79.

［3］刘铁芳.什么是好的教育——学校教育的哲学阐释［M］.北京：高等教育出版社，2014：54-58.

主要成员：杨波（男） 周莹 杨波（女） 王薇 李莹 周丽艳（长春南湖实验中海小学）

执 笔 人：杨波（女）

创建"15+5X⁺"空中课堂
打造教育信息化新样态

基础教育数字课程资源库的建设对于提升教育教学质量和推动教育信息化具有重要意义。然而,在建设过程中仍存在一系列问题和挑战。因此,本研究旨在深入探讨基础教育数字课程资源库建设的相关问题,并提出有效的解决方案。

一、问题的提出

建设基础教育数字课程资源库可以提高教学质量、促进教育公平、满足个性化教学的需求,对于提升基础教育的质量和水平具有重要意义。但当前数字课程资源库建设存在以下不足。

(一)资源质量参差不齐

数字课程资源库中的教育资源质量良莠不齐,有些资源存在内容混乱、信息错误甚至质量低的问题,无法保证教学的有效性和准确性。在基础教育领域,课程资源的开发和使用涉及多个参与方,如教育出版社、教育机构、教师等。由于缺乏全面的质量控制机制,部分课程资源可能存在制作粗糙、内容不准确或未经审查的问题,质量控制不严。基础教育教学内容广泛而复杂,不同学科、年级和学习目标对课程资源的需求各异。由于缺乏统一的标准和指导,课程资源可能存在一定程度的混乱和分散。课程资源常常来自多个源头，如教材、教辅材料、电子教材、网络资源等。这些资源的内容、质量和适用性各不相同，缺乏整合和统一标准。

（二）教师参与度不高

许多教师对数字课程资源库的使用意愿不高，缺乏积极分享教育资源的意愿，教师在数字课程建设方面可能缺乏相关的培训和支持。对于不熟悉数字课程建设的教师来说，缺乏资源和指导可能会让他们感到困惑和无所适从，导致数字课程资源库的资源数量和质量无法得到有效提升。有些教师可能对数字课程建设持消极态度，认为传统的教学方法更有效，没有足够的动力和兴趣来主动参与数字课程建设。

（三）缺乏差异化教学资源

由于各个地区和学校之间的差异，教育资源的分配可能存在不均衡的情况，导致某些地方或学校缺乏个性化数字课程资源。国家智慧教育云平台免费提供的优质数字课程可以满足教学的基本需求，在师资相对不足、教育相对不均衡地区具有重要意义，但对于教育均衡地区进一步促优提质作用仍显不足，尚不能满足学生高质量发展的个性化需求。

（四）缺乏个性化教学资源

数字课程资源库中的教学资源缺乏个性化和差异化，很难满足不同学生的学习需求和兴趣爱好，无法实现真正的个性化教学。

围绕以上问题，2021年初二道区启动"幸福二道空中课堂"区域基础教育优质数字课程资源库项目，通过实践操作发现课程资源库建设的相关问题，并提出有效的解决方案，提供区域基础教育数字课程建设参考案例。

二、解决问题的过程与方法

"幸福二道空中课堂"以网络教学为基本途径，本着"一中四化"（以"学生发展个性需求"为中心，实现"课堂云端化，课程集优化，制作匠心化，资源普惠化"）的原则推进工程实施，以课后优质教育供给为目标，以学生个性化高质量提升为导向，创新资源供给方式，导入智能化服务理念和技术，建设特色精品课程资源库，逐步打造以知识图谱为基础，教育资源主动服务、精准服务、个性服务的智能化共建、共享、共用的二道空中课堂服务平台。

（一）课程建设模式

1. 政府主导

坚持项目公益性和普惠性。为保证可持续发展，项目采取区政府立项，区教育负责，区教师进修学校实施建设，并设置专项资金，保障项目建设运行。

2. 社会参与

"空中课堂"建设是一项系统工程，需要集中各方面力量参与其中。引进第三方共同建设"空中课堂"的软硬件，并负责项目的安全及日常运维。

3. 分期建设

项目课程计划 4—9 年级全学科全覆盖，涉及年段学科多、课程量大，课程质量要求高，将分期分批逐步完成。

4. 自主选用

课程定位旨在帮助学生梳理学科知识结构，加深各学科重难点的认知，提升学生的学习兴趣、学习能力，满足学生优质发展需求，是学校教学的有益补充。坚持学生自主选择、自适自洽的学习原则，在学校宣传的基础上，让广大学生自愿选择，点播所需课程。教师自主选择课程用于教育教学。

（二）创新课程架构

"幸福二道空中课堂"建设项目是基于全面提高义务教育质量，满足学生高品质学习需求，建设高质量教育体系，满足在线学习需求而立项建设实施的。

区别于一般课程资源按照教材章节纵向架构课程，"幸福二道空中课堂"采取知识梳理构建知识图谱，按照知识点横向架构课程，和主流课程资源库形成互补。授课方式有直播授课、录播授课、点播回看、在线答疑、作业点评等。设置基础课程、综合课程、特色课程、思政课程、微课程等多个学习专区，满足不同年级、不同层次学生的学习需求。

"幸福二道空中课堂"支持电脑、手机 APP 两种方式学习，适合碎片化学习场景。直播课程创建后，教师、学生会接收到开课通知，及时提醒教师、学生进入直播课堂。录播课程设置多个专区，基础课程以学段知识点架构课程内容，方便学生针对学习问题开展自主学习。

（三）打造课程团队

"幸福二道空中课堂"由二道区政府主管副区长把脉定向，设置策划团队、教研团队、教学团队、录制团队、运维团队等5个团队，各团队职责明确，分工协作。策划团队由教育局局长牵头挂帅，分管副局长、教师进修学校副校长、相关部门主任共同参与，着重开展顶层设计，加强对空中课堂的组织与管理，做好空中课堂的行政保障；教研团队由进修学校学科教研员担任，重点加强对教学内容的设计与指导，科学设计学科教学内容，梳理教学重点难点，绘制学科知识图谱，搭建学科课程框架，确定课程分节内容，进行课程指导打磨及课程审查；教学团队由进修学校统一在全区遴选，全部授课教师均为中青年骨干教师，负责单节课程设计、讲授和录制；录制、运维团队引入第三方协作购买服务，提高录播、运维水平。各个团队通力合作，共同完成项目建设。

（四）优化建设流程

由项目实施单位二道区教师进修学校负责设计建设流程，共分为项目统筹、课程设计、课程制作、课程发布、课程评价5部分30项工作内容（见图1），实现了制作流程精细化，教学内容高质化。主要有以下几个步骤。

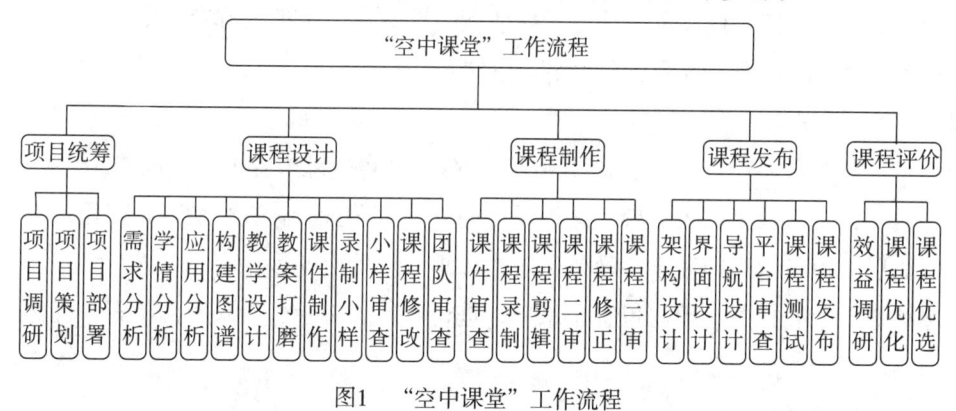

图1 "空中课堂"工作流程

1.平台搭建

在教育局顶层设计基础上，引进社会组织"天喻教育"负责建设"空中课堂"的软硬件和日常运作；依托国家教育资源公共服务平台开设"15+5X$^+$空中课堂"专版；开发移动端APP用于课程搭载，移动端APP进行全新设计、全面改版，使之直观、便捷。

2. 课程设计

由二道区教师进修学校组织，由学科教研员负责集中全区中小学优秀师资力量构建学科知识图谱，根据知识图谱设置专题课程，根据专题课程内容涉及的知识点和能力点设置微课程。

3. 教师遴选

由学科教研员提名、学校推荐等形式，结合教师实际专业技能水平（骨干教师、获奖教师），筛选出优秀教师参与课程录制。

4. 专项培训

对录课教师进行培训，边制作边总结。由优秀录制教师代表分享录制心得及经验，由项目负责人强调注意事项及录制要求。对年轻教师和骨干教师开展微课专项培训，提升教师设计、制作水平。

5. 课程打磨

由学科教研员负责对本学科录制课程统筹安排，布置课程内容，集体教研备课、精心设计教案，审查课程小样，反复打磨课程。

6. 课程录制

在教师进修学校设置录课室、导播室、准备室，由第三方专业摄制公司负责课程录制、剪辑，教研员全程跟踪指导。

7. 课程审核

按照教育部发布《国家智慧教育平台数字教育资源内容审核规范（试行）》的通知，实施课程三级审核。课程设计完成，由学科团队进行初审，课程录制完成后，由录课教师和学科教研员进行二审，最后由课程专审小组进行终审。逐级进行审查把关，填写审查记录单，进行修剪、补录、重录及淘汰等，确保课程无问题、高质量。

8. 反馈优化

课程上线后，进行课程使用情况调研，根据学生需求和使用效果进一步调整优化课程。

三、成果的主要内容

"幸福二道空中课堂"科学搭建课程框架，力求应用实效。形成"点播+

直播"学习形式，"专题+微课"梯度课程，"课程+习题+精推"个性化学习模式，"知识+名师+优课"循环式学习样态（见图2）。

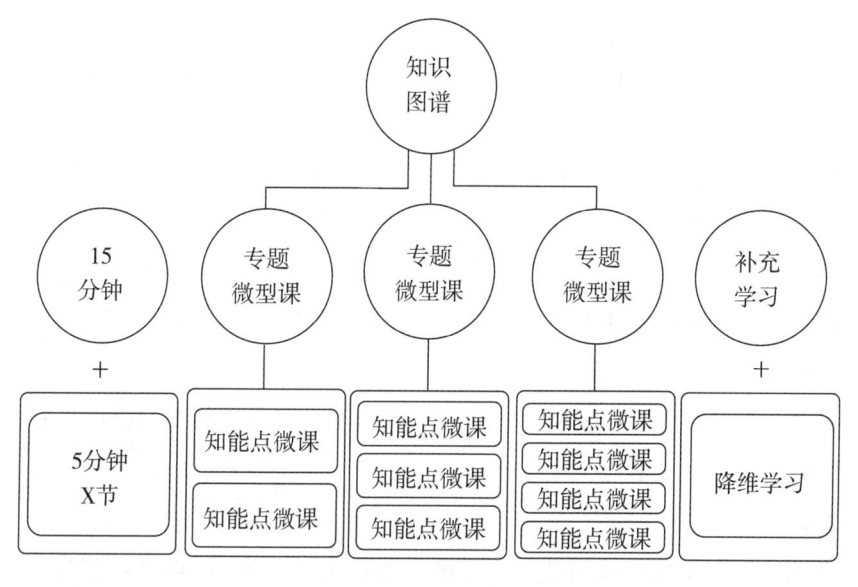

图2 课程架构

（一）以优质教育资源补充供给为根本，创设"15+5X⁺"课程架构模式

"15"，即15分钟的专题课；"5X"，即5分钟左右多节专题课的配套微课；"+"，即课程适量适度配套习题用以学习检测。

区别于一般根据教材章节顺序依次设置课程，"空中课堂"对不同学段知识进行梳理，构建知识图谱，进行纵向专题课程综合架构；区别于以往网络课程40分钟左右的时长，"空中课堂"课程时长为15分钟左右。小学不超过15分钟，中学不超过20分钟，使课程时长符合中、小学生注意力周期。

专题课程体现的是知识的综合性，课程具有一定的难度。对专题课知识内容进一步细化拆分，配备针对专题课知识点进一步细致讲解的多节微课。降低课程学习难度，增加课程学习维度，使不同基础的学生能根据各自需求展开短时高效学习。

专题课程配备随堂练习和进阶习题，微课配备自主学习任务单，与课程配套使用，供学生进行学习效果检测。

"15+5X⁺"课程架构以专题课为面，以微课程为点，以授课教师为线，设置闭环式链接,每节课程附有授课教师链接、相关课程链接;每位教师介绍附教师课程链接。学生可以循知寻课,循课寻师,循师寻课,循课寻练,循环式学习。

(二)以解决学生课后学习需求为导向,构建"5阶"自主学习范式(精测+精推+精学+精练+精评)

借助AI+教学大数据技术,通过对学生检测数据的分析,对知识点进行薄弱项排查,为学生制订个性化学习方案,提升学生学习的针对性和有效性,改变目前学生学习的"题海战术"。意在改变家长为提升孩子的成绩花费高昂的补课费的现状,借助信息化的手段实现学生成绩提升,减轻学生和家长的负担。

1. 精测

平台呈现学科知识点检测卷,学生通过检测,后台进行数据分析诊断,发现该生需要强化的知能点,生成检测报告。

2. 精推

系统会根据学生的检测结果,通过后台大数据分析,了解学生对该学科知识点的掌握情况,智能推送需强化知识点课程及习题。先检测后学习的方式,针对薄弱知识点精准推送,供学生补短学习,更加省时高效。

3. 精学

学生对推送课程进行自主学习,通过观看专题课及微课,完成课程配套练习,掌握薄弱知识点。每节课程都配备习题,每道习题都绑定课程视频。针对共性薄弱知识点,学生检测错误达到一定人次以上,针对该知识点开启名师、优师直播课,课前向学生发起直播课程邀请。

4. 精练

学生进行课程学习后,可以根据学科筛选查看自己的错题集,可以对错题再次练习巩固复习,解决学习过程中的遗留问题。学生也可以根据作答结果动态调整下一次练习的题目难度,从而对不同水平的知识点做到了针对性的训练。打造学习闭环,进一步巩固提升,加深知识理解,提升学习效率和学习效果。

5. 精评

平台会动态采集学生的学情数据,借助AI引擎+"知识空间理论",对学生学习效果进行分析，定期形成学习成果报告，并提出下一步个性化学习建议。

（三）以丰富课后托管课程资源为目的，搭建"6类"素质课程魔方（德、智、体、美、劳、素质拓展）

致力于打造丰富多样化优质的现代化素质教育课程，培养学生多元能力，塑造学生全面发展的课程。课程体系的打造由区级统筹建设，通过区域内优秀教师录制、全国高品质线上素质课程引入，同时也支持学校自建的校本课程通过开放平台接入，推动教育资源均衡发展，以解决区域低成本规模化课后服务高质量全覆盖难题，满足不同学生的个性需求，实现义务教育课后服务高质量普惠化全面覆盖。

截至2022年末，"幸福二道空中课堂"已制作上线专题课程1400余节，配套微课300余节，配套习题3000余套，专题直播8次，区域教育优质课程资源库已初步建成。

四、成果取得的效果与反思

（一）取得的效果

"幸福二道空中课堂"通过校内校外一体化整合、线上线下双结合，全力搭建教师尽心、家长放心、学生开心，理念、模式、体系、机制创新的智慧学习平台，初步形成了智慧教育的区域新样式。

1. 满足学生个性学习需求

在课程时长设置上，符合学生注意力周期和网络学习样态，有利于提升学习效果。在课程架构上，采用"15+5X$^+$"课程架构，对同一教学内容进行分层次配备，有利于学生按各自需求个性化选择学习。通过自主选择课程，自主梳理知识难点困惑，自主解决学习问题，从而形成良好的自主学习能力。通过"5阶"式精准学习，有效满足学生补短学习、拔高学习需求。

2. 促进教育均衡发展

通过教师进修学校组织，集中区域各校优秀教师进行课程设计及录制，搭建优秀课程资源，向域内广大师生免费开放，让每一个孩子足不出户都能得到区域最优质的教育资源，对促进教育公平和均衡发展是非常好的一项尝试。

3. 促进教师专业成长

教师通过参与空中课堂的录制和授课，从课程设计精炼程度到信息技术与课程融合程度，从授课语言的精准程度到预设课堂互动的激趣程度，都得到了全面提升。同时"空中课堂"发布的优质课程作为集体教研、教师培训的示范课例，对教师尤其是年轻教师的学习提高作用显著。

4. 推进"双减"工作落地

国家全面实施"双减"政策，让学生和家长从双重负担上减下来，从提质增效上加上去。"空中课堂"集中区域优质教育资源，免费开放使用，学生根据自身需求精准学习，减量提质。既减轻了家长的经济负担，又减轻了学生的课业负担。

5. 促进教育质量提升

在课程实施上，能够根据学科知识和能力体系进行横向架构设置，既避免了数字课程资源的重复建设，又与学校课堂教学形成互补。帮助学生梳理学科知识结构、加深各学科重难点的认知，提升学习兴趣、学习能力，掌握学习方法，有效提高学习质量。在家长问卷调查中，83%的家长认为"空中课堂"的学习资源对孩子自主学习有积极的促进作用。通过长春市教育质量综合监测结果也能看出，"空中课堂"对区域教学质量提升有非常积极的促进作用。

"幸福二道空中课堂"上线以来得到了学生、家长的喜爱和社会的广泛认可，点击学习达27万次，被教育部评为"2021年度信息技术与教育教学深度融合示范案例"，"空中课堂建设调研报告"荣获长春市优秀调研成果一等奖。中国教育电视台以"搭建免费'空中课堂'实现优质资源共享"为题进行专题报道。新华网、吉林日报等多家媒体予以专题报道转载50余次，点击量逾百万。磐石市等5个地区教研团队还专程到二道区进行交流学习。

（二）需要反思的问题

在取得可喜成绩的同时，也存在一些亟待解决的问题。

1. 技术难度

数字课程建设涉及使用各种教学技术和软件工具，对于缺乏相关技术知识和技能的教师来说，可能会感到难以应对，缺乏信心和积极性。

2. 时间压力

教师在面对日常的教学任务时已经非常繁忙，需要花费大量时间和精力进行备课、教学和评价。因此，他们可能没有足够的时间和精力来参与数字课程建设。

3. 缺乏培训和支持

教师在数字课程建设方面可能缺乏相关的培训和支持。对于不熟悉数字课程建设的教师来说，缺乏指导和资源可能会让他们感到困惑和无所适从。

4. 教师态度和动力

有些教师可能对数字课程建设持消极态度，认为传统的教学方法更有效，没有足够的动力和兴趣来主动参与数字课程建设。

针对以上问题，可采取的应对策略有：

1. 提供培训和支持

为教师提供相关的培训和支持，包括技术培训、教学设计指导和资源分享等。这样可以帮助教师充分了解数字课程建设的方法和工具，并提高他们的信心和能力。

2. 引导和激励

通过示范和分享优秀的数字课程案例，激发教师对数字课程建设的兴趣和热情；同时，为教师提供鼓励和奖励，激励他们积极参与数字课程建设。

3. 创建合作平台

建立教师间的交流和合作平台，鼓励教师互相分享经验和资源，共同解决问题，从而提高教师的合作意识和参与度。

4. 简化技术应用

为教师提供简化的技术工具和平台，降低技术门槛。同时，提供技术支持和解决方案，帮助教师克服技术困难。

综上，"幸福二道空中课堂"以推进教育均衡和公平为宗旨，以提升教育质量为主要目标，以网络教学为基本途径，高起点设计，高标准建设，取得了良好的教学效果和社会效益。随着课程研发的进一步深入，课程内容的进一步丰富，课程架构的进一步优化，课程使用的进一步推广，"幸福二道空中课堂"能够进一步实现数字资源、优秀教师、优质课程、信息红利的全面共建共享、普惠共赢，促进区域教育均衡、公平、高质量发展，成为区域基础教育优质数字课程资源库建设的一个范例。

[参考文献]

［1］黄勇. 数字化课程资源建设转型的效能策略与发展方向［J］. 教育传播与技术，2021（04）：73-79.

［2］柯琦，封佩玲，雷金东，等. 精品课程资源分析及整合优化策略［J］. 教育教学论坛，2019（10）：181-182.

［3］陈衡. 浅谈数字媒体技术在精品课程网络资源共享中的运用［J］. 电子测试，2016（22）：81-82.

［4］魏孔鹏，余巍巍. 数字媒体技术在精品课程网络资源共享中的应用［J］. 东华理工大学学报（社会科学版），2011，30（01）：72-76.

［5］翁兴旺，李丽，郭金宇. 精品课程网络资源有效共享对策分析与探讨［J］. 当代教育论坛（综合研究），2011（06）：109-111.

［6］黎玉娥. 精品课程网络资源有效利用的思考［J］. 中国教育信息化，2008（09）：36-38.

主要成员：张兰爽　白砚双　李永江　朱桂荣　王洪军　赵巍（二道区教师进修学校）

执 笔 人：李永江　王洪军

教学改革创新篇

基于普通高中新课程新教材实施的学校
教学常规管理制度的重构与实践

普通高中新课程新教材实施是国家落实立德树人根本任务的重大举措，是普通高中育人方式变革的重要载体，是学校内涵式发展的重大机遇。长春市十一高中基于普通高中新课程新教材实施的学校教学常规管理制度的重构与实践，采取了一系列有力举措，打破了传统教学常规的束缚，建构起学校教学常规管理新样态，极大提高了教学质量，有效促进了教师发展，全面优化了学校管理，取得了一定的实践成果，并在十一高中本校区、托管学校、联盟学校有序落地。

一、问题的提出

新课程新教材的实施同过去的课程教材实施相比，无论是观念还是操作，都存在巨大的差异。局限于旧理念指导下的教学管理和教师教学理念，限制了学校、教师和学生的发展。主要表现在以下几个方面。

第一，教学常规管理方面，管理观念陈旧、方式单一、缺少多样化的管理路径。学校在旧的教学常规管理中进行新课程新教材实施只能是穿新鞋走老路。

第二，教师教学发展方面，虽然在新观念的指导下改变了课堂教学方法，但仍有新的问题出现，大量的学生自主活动占据大部分课堂教学时间，教师对课堂的引导力度下降，导致课堂教学效率下降。

第三，学生能力发展方面，学生能力同新观念指导下的新教法不匹配，学生学习压力大，影响课堂效率。面对由教师中心向学生中心的转变，学生自控能力的不足极容易造成教学时间的浪费。

切实转变观念，全面建构基于新课程新教材实施的学校教学常规管理制度，是新时代高中学校的头等大事。从2016年开始，我们集中思考了以下问题：新课程新教材实施背景下十一高中核心培养目标是什么，基本教学理念是什么，课程呈现方式是什么，教学改革总体方向是什么，教学评价的着力点在哪里，核心素养怎样变成学生的深刻认知和行动自觉。这些问题来自新课程新教材实施过程中，解决这些问题对于普通高中育人方式变革具有重大引领意义。

二、解决问题的过程与方法

（一）解决问题的过程

在培养目标上，2014年，学校在中层干部中围绕"培养德智体美劳全面发展的社会主义建设者和接班人"展开了解放思想大讨论。2016年，提出培养具有国际视野和创新精神的中国特色社会主义领导者。2017年，提出"13918"人才培养目标体系。2019年，提出培养未来领导者。2021年，推行《未来领导者培养大纲》。

在教学理念上，1998年，提出树人固本·和而不同。2004年，提出育人为本。2014年，提出"五育"融合。2016年，引进核心素养。2017年，提出供需思想。2018年，提出文化树人。2019年，提出素养为本。

在课程与课堂建设上，2014年，进行校本课选修。2017年，开始大单元课程探索。2018年，强调大单元课程的结构化、核心性、情境化。2019年，确立"五育"融合课程体系。2014年，提出有效课堂。2016年，提出"供需平衡 教学一致"教学理念。2017年，进行供需课堂探索。2018年，进行思维课堂探索。2019年，提出全景课堂教学范式。2020年，强调教学评思行一体化。

在思政上，2014年，进行责任担当系列主题教育。2016年，进行家国情怀系列主题教育。2017年，进行理想信念系列主题教育。2018年，进行英雄情结系列主题教育。2019年，进行四大信仰系列主题教育。

在评价上，2016年，进行高频考点探索。2017年，研究核心素养在高考中的表现形式。2018年，由双向细目表提升为多维细目表。2019年，依托核心素养进行试卷命制研究。2020年，探索控制作业时长，探索调整试卷难度。

（二）解决问题的方法

1. 顶层设计

成立学校新课程新教材实施领导小组，深入研究学校在新课程新教材实施中存在的问题，系统总结新课程新教材实施规律，2015年，制定课程改革五年规划。2020年，制定新课程新教材实施三年发展规划。第一个规划已经完成，第二个规划已经执行三年，正在全面进行总结完善。

2. 部门负责

新课程新教材实施领导小组负责顶层设计，课程教材发展中心、学生发展指导中心负责整体实施，学科教研组负责教学规律探索，年级组负责组织学生具体落实，学科主建、年级主战、中心统筹的体制全面形成。

3. 专业支撑

学校成立学术专业委员会，聘请北京师大、华东师大、东北师大教授进行专业指导，聘请本校正高级教师作为学术顾问，组织有改革热情的本校骨干教师进行落实。

4. 资源融合

建设了课程教材发展中心、学生发展指导中心、协同创新中心等校内课程基地，一汽、伪满皇宫等校外实践基地，开发了涵盖托管学校、联盟学校在内的"长春市十一高中数字学校"。

5. 课题研究

学校确立以"高中基于新课程新教材实施的学校常规教学管理制度建构与实践"为主导课题，成立主导课题组，以各部门为单位成立了子课题组，以教研组、备课组为单位成立了小课题组，进行课题研究日常动态跟踪，形成了一批研究成果并进行推广。

6. 教学活动

学校每月开展一次学科教研组研讨、三次年级备课组研讨，每周开展骨干教师双课研讨以及青年教师每日一课研讨。

7. 全员培训

准时参加国家、省、市相关专业培训，每学期组织两次校内培训，每周组织备课组微培训，提升教师新课程新教材实施能力。

8. 论坛研讨

开展了校内首席教师论坛、校际教育教学思想论坛、联盟校教育教学同步论坛，组织开展了三届振兴东北教育论坛，承办了长春市新课程新教材实施启动仪式、经验成果推广大会，共享了新课程新教材实施经验。

三、成果的主要内容

（一）成果之一：确立了素养为本的教育理念，建立了指导新课程新教材实施的观念体系

1. 学校教育发展

国家明确育人为本，强化立德树人，坚持"五育"并举，凝练核心素养，提出教学评一致性。素养为本的教育理念走进十一高中后，逐步被广大干部教师认同，成为新课程新教材实施的指导思想。

十一高中树立了"树人固本·和而不同"的办学理念，提出了供需思想、"五育"融合思想、教学评思行一致性、文化树人思想，强调了课程文化属性，优化了课堂文化品质，明确了创全面发展之优、示个性发展之范、奠自主发展之基、铸多样发展之态的质量观，这些教育思想源自国家政策，源自学校历史传承，源自优秀教师的探索，形成了新课程新教材实施独有的话语体系。

2. 教师专业发展

在新观念的指导下，教师们进行了认真的思考。有的提出"站位大单元备课，立足小单元教学，强化单课时落地"，有的提出"教学目标始终在场，教学评价如影随形"，有的提出"把每一节课演变成阅读课"，有的提出"把每一道题演变成一个故事"，有的提出"供需教学思想"，有的提出"教学评思一体化"……教学主张百花齐放，新课程新教材实施异彩纷呈。

(二)成果之二：持续优化人才培养目标体系，解决了核心素养与培养目标一致性问题

2016年以来，学校明确提出"13918"人才培养目标体系，"1"是一个主轴，把学生培养成具有国际视野和创新精神的中国特色社会主义领导者，"3"是三个层级，"9"是九个方面，"18"是十八个要点。（见图1）

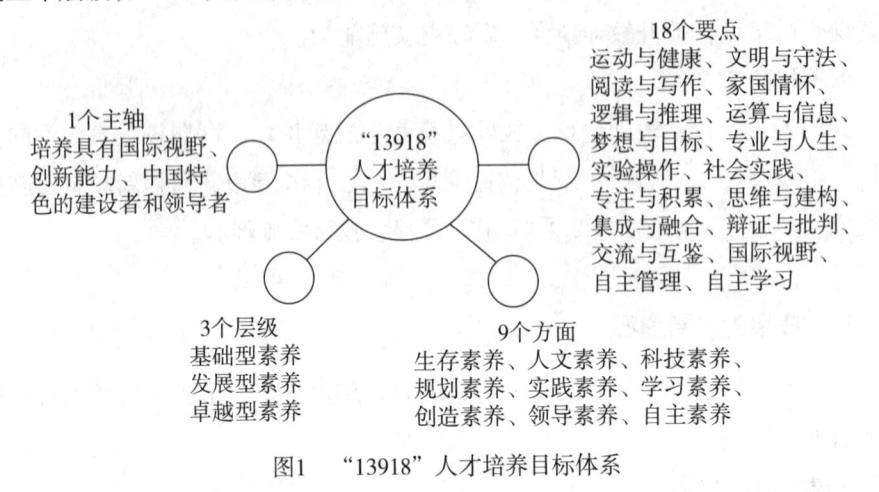

1个主轴
培养具有国际视野、创新能力、中国特色的建设者和领导者

"13918"人才培养目标体系

18个要点
运动与健康、文明与守法、阅读与写作、家国情怀、逻辑与推理、运算与信息、梦想与目标、专业与人生、实验操作、社会实践、专注与积累、思维与建构、集成与融合、辩证与批判、交流与互鉴、国际视野、自主管理、自主学习

3个层级
基础型素养
发展型素养
卓越型素养

9个方面
生存素养、人文素养、科技素养、规划素养、实践素养、学习素养、创造素养、领导素养、自主素养

图1 "13918"人才培养目标体系

1. 未来领导者基本目标

这是学校培养目标的系统化表达，是中国学生发展核心素养的校本化表达。一直以来，学校持续优化"13918"人才培养目标体系，并最终统一到培养未来领导者上。最终确定基本目标体系：胸怀祖国，放眼世界；追逐梦想，规划人生；海量阅读，深度学习；彬彬有礼，从善如流；自主发展，领导未来。

2. 未来领导者核心目标

具有坚定的理想信念，和谐的社会情绪，扎实的发展基础，强大的关键能力。坚定的理想信念主要包括四大信仰和五大观念；和谐的社会情绪主要包括理性对话世界、仁爱对话社会和自律对话自己；扎实的发展基础主要包括健康的生活习惯、高效的认知方法、丰富的人文积淀和强烈的变革精神；强大的关键能力主要包括阅读能力、逻辑能力、批判能力和创造能力。

3. 未来领导者年段目标

高一年段侧重"五育"并举，全面发展；高二年段侧重选择性教育，个性发

展；高三年段侧重素养为本，自主发展。

4.未来领导者终极目标

三年之后，迈入双一流高校，次第接受本硕博教育。十五年之后，成为各行各业方向的引领者、价值的创造者、人格的示范者、变革的推动者。

一直以来，学校持续开展主题教育活动，培养未来领导者成为学校群体共识。

开展了未来领导者培养目标系列解读活动。通过每周一的升旗仪式，持续进行核心培养目标系列化解读，理解目标、融会贯通、深入实践。目前已开展69期。

开展了未来领导者信仰讲堂活动。结合各学科的课程思政、党课、团课，通过每周五的融合思政教育，全面开展信仰讲堂活动。目前已开展111期。深度落实了未来领导者培养大纲，明确了培养标准，建构了培养路径，形成了培养体系。

（三）成果之三：建构了单元课程体系，明确了核心素养与课程之间的内在逻辑关系

1.建构了学校课程管理体系

树立了大课程观念：人人都是课程、人人为了课程、人人创造课程。明确了核心素养与课程之间的逻辑关联要素：大单元。确立了大单元的核心特征：结构化、核心性、情境化。明确了课程实施策略：运用文化重构课程生态，依托单元整合课程体系，根据供需推动课程实施，着眼学生表现进行课程评价。明确了学校课程范式：校本化、生本化、多样化、一体化、生活化。

2.形成了"五育"融合、素养为本的课程体系

建构了"五育"校本价值取向，确立了"五育"各自的校本目标、目标分解、发展平台及核心课程，形成了"五育"融合、素养为本的课程体系。

3.培育了学科课程特色

明确了高考九个学科、综合六个学科的学科核心素养、学科教学主张、学科关键能力和学科特色，明确了每个核心素养与课程之间的内在逻辑关系，建立了学科单元课程体系、年段课程体系，将新课程新教材实施贯彻到学生学习的整个过程中。

（四）成果之四：建构了课堂教学范式，明确了核心素养在课堂教学落地的主要路径

1. 课堂教学范式

围绕目标、基于情境、问题导向、讲究供需。

强化目标引领。从课程目标转向教学目标、学习目标，进而转向评价目标，确保教学目标始终在场。

突出情境创设。主要创设基于基础层面的问题情境，基于综合层面的问题情境，基于生产生活的问题情境，基于学生的问题情境，努力把课堂创设成思维场、情感场、生活场和目标场。

重视问题导向，调节供需关系。从情境出发，设计合理的任务串、问题链，引领学生真实学习、深度学习。教师要基于学生的需求来处理教与学的关系，坚持以学定教，先学后教，努力培养学生自主学习能力。

2. 课堂教学范式驱动流程

站位大单元备课，立足小单元教学，强化单课时落地。

全面推行单元导学案，形成构建单元导图、编制进阶框架、叙写单元目标、分解单元任务、命制单元验收、组织单元反思等教的环节。

全面落实课时导学案，实施预习案导读、探究案导思、典例案导析、检测案导测、笔记案导图、作业案导练等学的环节。

（五）成果之五：强调过程上的表现性，强调结果上的诊断性，推动核心素养内化于心，外化于行

1. 依托评价引领核心素养落地

发展学生核心素养是落实立德树人根本任务的具体化和细化，回答了培养什么样的人的问题。通过大单元，让核心素养融入课程中；通过双案，让核心素养表现在课堂上；通过双业，让核心素养落到试卷上；通过研学等社会实践活动，让核心素养体现在生活中。特别是把未来领导者培养目标变成有效认知，变成行动自觉。

2. 建立课堂教学评价标准

通过骨干教师每周双课的引领、青年教师每日一课的普及，有效落实了"围绕目标、基于情境、问题导向、讲究供需"的课堂教学范式。在课堂教学中关

注单元课程整合度、目标达成度、供需平衡度、思维深刻度、文化丰富度和学习自主度，尤其关注学生在突破情境、理解知识、解决问题、提升能力过程中的表现。

3. 推进学生综合素养评价

以《中国高考评价体系》为指导，设计多维细目表。以学科课程标准为依据，细化多维细目表。以四大情境为载体，转化多维细目表。建立学生综合素质评价手册，学生人手一册，每天记录成长故事和自我体验。每学期择优提炼并登录学生"一生一袋一路"数字平台。每学年择优登录省级综合素质评价平台。以此递进引领学生自主选择、追求卓越。

4. 全面提升命题质量

通过多维细目表，建构核心价值、学科素养、必备知识、关键能力之间的内在逻辑关系。以试卷训练"六七八九工程"（各类检测的难度系数）为抓手，控制试卷难度、优化试卷结构、完善试题情境，提高试卷命制质量。把每一道题演绎成一个故事，把每一个不优良结构问题转化成优良结构问题。

5. 推行"双减"两大工程

以作业"三四五工程"（每天各学科作业时长在三十到五十分钟以内）为抓手，控制作业时长；以训练"六七八九工程"为抓手，控制试卷难度。力争让学生当堂内化知识，在校完成作业，让家长省心省力省钱。

（六）成果之六：坚持政治思想引领，建立了全覆盖、浸润式学校思政教育体系

1. 推行信仰教育

响应习主席号召，立大志、明大德、成大才、担大任，努力成为未来领导者。以理想信念为引领，以家国情怀为核心，以英雄情结为纽带，树立四大信仰，强化五大观念，落实六进工程。

2. 开展学科思政教育

挖掘学科思政元素，开展学科实践活动。

（七）成果之七：围绕新课程新教材实施，建构了卓越教师培养体系

在队伍上，推行卓越教师梯级培养工程。对于青年教师，开展一日一课。对于骨干教师，开展每周双课。对于特高级教师，开展文化论坛。对于首席教师，

设立工作室。对于班主任，组织微论坛。让不同年龄、不同岗位、不同职级的教师在"双新"建设中都担起责任，得到发展。

四、成果取得的效果与反思

（一）十一高中校内

形成了教学常规14个品牌。坚持把每个平凡的行为做出色，把每个出色的行为变成新的常规，逐步塑造了14个教学常规品牌，包括"五育"并举课程体系、核心素养进课堂、核心素养进试卷、高三四课、创新人才培养、学科竞赛、大单元导学案、学科阅读教学法、思维导图等，形成常态下教学核心优势，推进育人方式深度变革。

（二）托管学校

实现了跨学段整体育人。学校现有长春市十一高中北湖学校、兴华学校、西营城学校、兴港学校、南溪学校共5所义务教育托管学校，成立了校外工作部，整合幼小初高四个学段的基础教育教学资源，整体设置一体化课程，开展跨学段整体育人工程，贯彻落实了新课程新教材实施的整体精神。

（三）联盟学校

实现了教育教学一体化。学校现为长春市普通高中第九联盟盟主学校，盟员学校有长春市希望高中、养正高中、日章学园高中、第十七中学、第十九中学、第一三七中学、第一五〇中学、第一五一中学，通过制定《联盟章程》《第九联盟"十四五"发展规划》，共同编制《长春市普通高中学校第九教育联盟工作手册》，成立了联盟学术中心、学生发展指导中心、协同创新中心、体育中心、艺术中心、技术教育中心六大中心，通过课程建设一体化、教研活动一体化、考试评价一体化，全面推广十一高中"双新"建设经验。

（四）长春市层面

实现了示范引领带动。以省教育学院、市教育局、市基础教育研究中心为合作单位，积极参与配合各项教育教学活动。学校承办长春市"双新"建设推进大会、经验成果交流大会，在长春市普通高中发展阶段性成果汇报展示中代表第九联盟介绍经验，承办了吉林省普通高中新教材实施地市级培训会，每年几十次在长春市教研活动中推广学校"双新"建设经验，通过东北三省四市、全国十城市教研协作体等活动,推广学校"双新"实施过程中取得的经验。

(五)兄弟省市

实现了成果推广。近几年,尤其是"双新"建设开展以来,学校与天津市、重庆市、河北省、海南省、宁夏、新疆、西藏等省、自治区、直辖市教育局、高中学校联合开展校长培训、骨干教师培训、新课程新教材实施培训、特高级教师合作交流巡讲送教等活动,交流、共享学校"双新"建设的成果。

(六)国家层面

实现了经验共享。积极整合、优化新课程新教材实施过程中的探索成果,通过教育部课程教材发展中心交流平台,实现经验共享。几年来,有多期经验成果在全国示范区进行介绍,为"双新"建设提供可复制、可借鉴、可推广的模式。

(七)资源层面

加强了信息技术推广。学校与第九联盟共同建设了"长春市十一高中数字学校",通过现代信息技术手段丰富线上教学资源,有效满足春城学子对优质教育的需求,真正实现跨平台按需育人的目标。数字学校由数字课程、空中课堂、第九联盟、托管学校课程资源等板块构成,包含精品微课、精品课堂、课程资源等内容,具有点播、回放记录、资料下载等功能,今后将陆续开通同步教学线上直播、答疑互动、校际交流、名师讲座等栏目。目前平台登记注册老师 4000 余名、学生 44 000 多名,现有精彩教学视频、微课小专题、教学相关视频 1000 多节,各学科各类型各层次试题、教学资源近 5000 份。

多年来,围绕新课程新教材,长春市十一高中进行了一系列的准备、探索和实践,新的教学常规管理制度已经建立起来,学校教学治理步入了一个崭新的发展阶段。面向未来,我们满怀期待,决心继续巩固已有成果,进一步总结一批经验,形成一批成果,为国家新课程新教材实施贡献十一高中的教育智慧。

[参考文献]

[1] 中华人民共和国教育部. 关于全面深化课程改革 落实立德树人根本任务的意见[EB/OL]. （2014-03-30）[2014-04-08]. http://www.moe.gov.cn/srcsite/A26/jcj_kcjcgh/201404/t20140408_167226.html.

[2] 国务院办公厅. 关于新时代推进普通高中育人方式改革的指导意见[EB/OL]. [2019-06-11]. https://www.gov.cn/gongbao/content/2019/content_5404151.htm.

[3] 中华人民共和国教育部. 基础教育课程教学改革深化行动方案[EB/OL]. （2023-05-09）[2023-05-26]. http://www.moe.gov.cn/srcsite/A26/jcj_kcjcgh/202306/t20230601_1062380.html.

主要成员： 杨天笑　辛万香　陈兆辉　张会敏　杨旭　王忠学（长春市十一高中）

执 笔 人： 杨天笑

中学"五维"高效课堂教学策略探索与实践

一、问题的提出

多年来,发达国家普遍重视课堂教学效率的问题。上世纪六十年代的美国,为了提高中小学的教育教学质量,制定了全国和各州的课程标准,改善评价体系,并在此基础上着力在课堂教学模式方面进行了很多的改革与实验,翻转课堂、慕课等教学方式应运而生。同时期的日本,也在教育改革,特别是课程改革上投入了大量的心血,越来越重视优化课堂教学范式,提高学生学习水平。另外,澳大利亚也召开了教育改革会议并发表霍巴特宣言和阿德莱德宣言,重点指出学习方式改革和学习结果的重要性。

2019年,教育部下发的《中共中央国务院关于深化教育教学改革全面提高义务教育质量的意见》明确提出:"强化课堂主阵地作用,切实提高课堂教学质量。"人才培养的落脚点就是课堂教学,所以研究课堂教学,提炼高效课堂教学范式,是时代的要求,是教育高质量发展、学校高质量发展的要求。

当前,长春市第二中学正处于高质量发展的新阶段。但是,部分教师固有的理念、教学方式和教育方法还不能完全适应长春市第二中学发展的新要求,传统的以"教"为中心的模式没有得到根本性的改变,特别是不能满足"三新"改革的新要求。具体表现如下:

（一）重理论学习，轻文化熏陶

教师课堂教学思路刻板，缺少生成，学生思维、情感难以得到有效培育。学生没有顿悟机会，思维深刻性、创新性不可能实现能级跃迁，造成学生没有完整经历解决问题链条的学习过程。课堂高速、平顺地线性滑行与缓慢而复杂的学生学习历程之间存在巨大落差，课堂难以编织成一张真实的原生态的学习探究之网。

（二）集体备课流于表面，实效性较差

集体备课注重知识的研究，轻学情研究、课程标准研究、新旧教材对比研究、教学方法研究等，难以适应"三新"改革的要求和新形势下教师专业发展的要求。

（三）学科思维和学科素养培养关注度不够

问题意识弱，缺主干问题与核心问题，问题无思维含量。主体上学生提问缺位，内容上问题低层次，问题之间关联度低。要么缺大问题统领，要么问题太大，缺少台阶和支架。学生学科知识理解较浅，自主分析和解决问题的能力不足。

（四）教学设计传统，学生学习积极性不高

缺即兴导语，师生情感关联度不够；预设过度，缺少精彩的生成；课堂无让人眼前一亮的典型细节。学生学习兴趣难以激发，学习成绩的获得往往靠机械性地反复强化训练来实现，学习负担较重。

（五）"满堂灌"普遍存在，教学效率低下

教师讲授为主，教师满堂讲，甚至满堂灌现象较为普遍，教学随意性较强。学生主动参与学习的机会较少，自主发展能力弱，教学效率低下。

本成果从根本上改变了课堂教学中"教为中心""思维浅表""文化淡化""设计封闭"的教学现状，建立起了"学为中心""素养领先""思维高阶""开放融合"的以提高学生核心素养为目标的学校教学综合改革路径。这些理论和实践成果，为学校教学质量的进一步提高、推动学校高质量发展奠定了坚实的基础。

二、解决问题的过程与方法

（一）追根溯源，形成了"五维"高效课堂教学策略的研究方法

1.提高思想认识

教学工作是学校的核心工作，教学质量是学校生存和发展的生命线和活力

源泉，是学校综合实力的表现。叶澜教授讲："教学改革要回到教学最基本的问题来思考，要从教学最基本的矛盾改起。"我们认为，教学最基本的矛盾是教与学的矛盾，其中学是矛盾的主要方面。当前，应该学生自己学的却被教师给讲了，不应该学生自己学的教师却讲不透，导致教与学关系严重错位。我们进行教学改革，就是要把错位的关系重新归位，让学生成为主体，让学习成为中心，让教与学精当对接。

从关注教师教的"教本课堂"转向关注学生学的"生本课堂"，从仅关注教师知识的传授转向关注学生学科素养的培养，从仅关注部分的学优生转向关注各层次的全体学生，创建更好适应"三新"改革要求的科学优化的教学策略与体系，有利于教学管理的强化和教学质量的提高以及教师教学观念的转变，形成科学的、全面的质量观。

2. 明确研究思路

首先，从教学质量现状入手，重点分析目前教学质量现状中存在的问题以及教学质量对于学校生存及发展的重要意义，并针对阻碍学校教学质量提升的问题，提出加强教学方式转变的重要作用及重大意义。其次，以存在问题的课堂教学为研究对象，按照"三新"改革的要求，理顺教与学的关系，分层次对教学的各环节进行研究实践。最后，逐步建立起以培育卓越人才为导向的"五维"高效课堂教学管理制度和工作机制，优化学校内外的教育资源配置，将学校工作重心转移到教学内涵的丰富、教学环节的强化、教学方式的转变、教育质量的提高上来；并且制定科学合理的教学质量评价机制，建立健全教育教学质量的全方位保障体系。

3. 选择研究方法

一是采取问卷调查，了解教师在提高教学质量方面存在的困惑和问题。通过对收集的原始材料进行分析，全面了解教师的教学观念、教学方法等，从而有针对性地总结提炼符合学校实际的教学策略。二是加强课堂观察，通过调课、推门课，观察学生在课堂上参与教学活动的积极性，教师在教学活动中采用的适应各种课型的有效教学方法，在初步了解相对翔实的第一手课堂教学材料的基础上进行理性的分析与研究。三是强化跟踪调查，在不同学生和同一学生的不同年段进行学习过程和成绩的跟踪，确保实验数据真实有效、全面科学。四是加强理论研修，查阅国内外有关文献资料，学习习近平总书记的教育思想，学习二十大关于教育的论述，学习国家、省、市教育行政部门对学校发展的要求，加强政策理论探讨，为实践指明方向。

（二）凝聚合力，探索了"五维"高效课堂教学策略研究的实践路径

1. 加强理论学习

采取专家讲座、外出考察、自我研修等方式，提高教师教学理论水平，逐步转变教学观念。学校聘请了王安平、徐建烽、魏绍成、王涛等北京、上海的专家，到学校对教师进行以"转变观念，深化教学改革"为主题的培训。

2. 加强实践探索

采取研讨课、争鸣课、示范课、推门课等形式，边实践边调整，逐步摸索"五维"高效课堂教学策略的精髓。我们要求没课领导每天至少听课2节，有课领导每天听课1节，教学管理处领导侧重教学方法改进，学生处领导侧重学风建设，教学指导委员会全体成员要进行督导听课。要听优秀教师的课，总结推广经验；连续跟踪听问题教师的课，督促改革；听一个班各科的课，研究班级的生态建设；听同一学科的课，总结学科建设经验。每两周进行一次汇总，汇集优秀的思想方法，不断丰富和优化"五维"高效课堂的教学策略。

3. 提升教师综合素质

构建研究型教师专业发展的"一体两翼三结五级"体系，重师德、提师能、促师群，全面提升教师的业务素质和业务能力。"一体"即以自我提升与提高为主体；"两翼"即"请进来"名师"传经送宝"，"走出去"专家"零距离对话"；"三结"即校内结对、省内名师结对、专家精准结对；"五级"即着力打造新秀、骨干、学科带头人、专家型、引领型教师五级业务梯队，在深化"五维"高效课堂改革的同时，教师专业素养和专业能力得到了长足的发展。

4. 借助外部高端力量

与北京师范大学教师教育研究中心合作，开展"基于名师工作室创建，落实学科核心素养的行动研究"项目，积极打造名师群。邀请项目专家组来到学校，作报告、开座谈会、听课评课，共同拟定下一阶段工作计划，为研究的顺利推进提供了保障。

5.搭建各种学习平台

开展校内、校际教学论坛、教学大赛等活动,为教师提供交流、展示机会。两年来,学校每学期进行两次有关课堂教学改革的研讨、两次大型的课堂教学观摩活动,在研究和实践中不断明晰思路,固化优秀的做法,扩大"五维"高效课堂教学策略的影响力,同时对该课堂教学策略进行不断修订和完善。

(三)培育内涵,创建了"五维"高效课堂教学策略理论体系

经过实践探索,学校提出了"五维"高效课堂教学策略,涵盖课前预习、课堂教学全程、课后提升评价等方面的七个策略,助推教师转变教学观念,提升教学能力,进一步提高教学质量。

三、成果的主要内容

学校进一步丰富"精致教育,追求卓越"办学理念,按照学生发展核心素养的培育要求,结合近年来课堂教学改革实践探索的经验,立足规范、追求卓越,以建构主义教学理论、人本主义教学理论、诱思探究学科教学论、创造性教学理论为依据,改变以"教"为中心的模式,注入新时代要求,形成了"五维"高效课堂教学策略成果(见图1)。

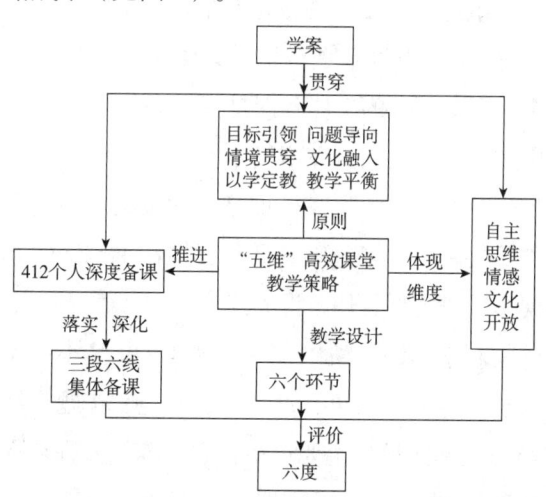

图1 "五维"高效课堂教学策略架构图

"五维"指课堂教学中"自主、思维、情感、文化、开放"五个维度。"五维"

高效课堂指通过以上五个维度的落实达到课堂高效的教学模式。"五维"高效课堂在课前准备、课上进行和课后评价三个环节中通过"七大策略"来落实完成。

在课前准备环节主要从个人备课、集体备课和学案设计的角度落实"五维"高效课堂。

（一）"412"个人深度备课

为落实"五维"高效课堂教学范式，我们对教师备课进行了深入研究，对标"三新"改革的要求和学校卓越人才培养目标，提出"412"个人深度备课模式，为学生学科体系的建构、学科精髓的理解、学科方法的把握、学科素养的形成提供服务。

"4"即"四备"：宽备（备课标、备教材、备高考、备"五维"、备学生、备例题、备习题、备作业、备素材）；深备（围绕学科核心素养，不仅备知识，更要纵深挖掘，备教法、备策略、备文化）；活备（备个性化、备开放）；实备（形成有针对性的具体实用的教案和学案）。

"1"即"一反思"：每节课课后进行认真及时的反思与总结，以便提高与进步。

"2"即"两方式"：大集备（三个年级同一学科组进行）、小集备（同一年级同一学科备课组进行）。大集备是对学科教学内容、方法、创新等的整体研究，每学期1—2次。小集备是对学科具体教学内容、方法、训练等的专题研究，每周1次。下文所说的集体备课是指小集备。

（二）"三段六线"聚焦式研究型集体备课

集体备课是推进落实"五维"高效课堂教学策略、转变教师教学思想、提高教师业务水平的重要环节。通过系统研究，在传承创新的基础上，我们建立了"三段六线"聚焦式研究型集体备课模式。

"三段"指的是教学回顾、站位大单元设计、立足小单元落实。教学回顾主要包括教学反思、学生问题清单、难点漏点确定、错题症结研究、补救措施确定五个部分。站位大单元设计主要包括核心素养、课程目标、教材分析、重点难点确定、高考要求、课时分配六个部分。立足小单元落实主要包括教学目标、教学重点难点分析、教材分析、学情分析、"五维"教学策略、聚焦困惑六个部分。

"六线"，即集体备课的每段都要贯穿六条主线：知识线、素养线、目标线、方法线、情感线、评价线。我们进行了基于"三段六线"标准的集体备课研讨活动，将"三段六线"聚焦式研究型集体备课固化下来，形成新常态，极大提高了集体备课的效率，为"五维"高效课堂教学策略的全面落实，为教师专业素养的进一步发展，为教学质量的进一步提高奠定了坚实的基础。乾安七中、乾安四中、长春二十中的领导和老师参加了我校的集体备课的展示研讨和交流活动，并将学习成果带回学校应用于集体备课之中，起到了示范辐射作用。

（三）以学案为线索，促进课堂生成和思维活化

导学案是教师在课堂教学中引导学生学习的方案，是贯彻"五维"高效课堂的一个重要策略。要求教师必须围绕"五个维度"，精心设计和编制学案，学案的设计原则是设问题、启思维、重整合、强探究；学案的制作流程为个人自主备课形成初案，聚焦式研究型集体备课形成复案，再个性化备课形成个性化学案；学案的内容包括：学习目标（学科素养目标）、学习重难点、情境设置、自主反馈、问题探究、总结提升、训练拓展等。学案要求课前下发、课后完成、课上解惑、反思整理。学生以学案为学习的方案和路线图，激发学生探究的兴趣，通过自主预习，在学案的引导下学生去了解背景、发现问题、分析问题、解决问题、提出问题；教师教学过程中以学案为载体和辅助工具，围绕五个维度，精心设计课堂问题和一系列教学活动，为学生提供探究的空间和平台，让学生充分体验探究知识的过程及收获提高的快乐，从而科学有效地培养和提高学生的交流展示能力、自主学习能力、合作探究能力、高阶思维能力，切实促进学生学科素养的提升和发展。

在课上进行时教师多角度、全方位落实"五维"高效课堂。

（四）"五维"高效课堂的教学基本原则

目标引领，问题导向，情境贯穿，文化融入，以学定教，教学平衡。要求教师围绕教学目标和学科素养目标，以问题为线索，在知识情境和学科文化中进行教学。教学设计要以学生的学为依据，先学后教，以学定教，从而达到教与学的平衡。

（五）"五维"高效课堂的"六个环节"教学设计

六个环节指的是"自主探究、交流分享、互动研讨、精讲点拨、多元评价、提升迁移"。六个环节具有普遍性，顺序可以调整，是每节课的必备环节，可

根据不同学科、不同课型、不同班级、不同教师灵活运用，有机结合。

（六）"五维"高效课堂的具体体现

"五维"指"自主、思维、情感、文化、开放"五个维度。其中自主是根本、思维是核心、情感是动力、文化是延伸、开放是保障。五个维度在课堂教学中的具体体现如下：

自主课堂：教学主旨是交流合作，以自主驱动为动力完成学生的自我内化。教学要求的核心在"动"，即学生自动、小组互动、师生联动。课堂体现应要求教师设计适当的教学留白，为学生创设足够的思考与活动的时间与空间，使学生能够自主思考、自主推理、自我反思、主动内化，继而实现高阶思维能力的提高。

思维课堂：教学主旨是聚焦问题设计，形成有效思维。教学要求的核心是以问题作为思维的引导线和动力，课堂以问题开始来引发思维，按问题展开来驱动思维，以问题解决来深化和提高思维。课堂体现是从问题开始，围绕问题展开，以问题结束。要求教师要充分了解学情，准确了解学生的思维起点，将思维目标与学科核心素养的培养目标相结合，以真实的生活问题情境设计为载体，在知识技能的综合运用和现实问题的解决过程中，培养学生的表达力、思考力、判断力、辨析力，培养学生的学科核心素养。

情感课堂：课堂教学活动实际上是一项多极主体间的多向交往活动，在这种交往活动中，师生之间、生生之间产生着频繁密切而又复杂的多边联系。整个过程中学生的学习情感集中表现在学习兴趣上，学习兴趣是学习的原动力，是学生积极学习、享受学习的催化剂。教学主旨是教师饱含情感地教，学生饱含情感地学。教学要求是教师要通过语言、神态、行为以及实际演示等过程中蕴藏的情感，以"情"激"情"，动之以情，达到以情感人、以理服人、情理交融的效果。课堂体现是要处理好学生自主、小组合作、师生联动三者之间的关系，确保师生融洽和谐。

文化课堂：教学主旨是打破课堂的壁垒，将学科知识与社会文化生活联系起来，培养学生核心素养和核心价值观。教学要求是努力将与学科知识相关联的生活情境有机融入课堂，进行精巧而自然的设计，引导学生走进生活，融入社会。课堂体现是要求教师要有一双慧眼，善于挖掘教材内容中的文化内涵和生活底蕴，灵活地将相关学科进行融合，找准知识与文化的结合点，引领学生开阔视野，提升学生的文化底蕴。

开放课堂：教学主旨是体现"源于教材，宽于教材，高于教材"。教学要求是对标学科核心素养，站位大单元、立足小单元，倡导知识的融合、深化、综合和提升，提高学生综合运用知识和解决实际问题的能力。课堂体现的是变"教授"为"引导"，引导学生独立进行思考，积极努力探索，多角度、多方面探求和运用知识，以便挖掘学生的深层次潜能，发挥学生的天赋及聪明才智，提升学生的学习品质。

通过科学、全面的课后评价落实"五维"高效课堂。

（七）"五维"高效课堂的"六度"教学评价

"六度"指的是学习目标的达成度、探究指导的明晰度、合作交流的有效度、展示提升的精彩度、拓展延伸的广深度、当堂反馈的扎实度。评价指向课堂教学体现的五个维度，深化了"五维"高效课堂的理论和实践，并成为"五维"高效课堂执行程度的依据。研制了涵盖全部高考学科的《基于落实学科核心素养要求的"五维"高效课堂评价量表》和《四维教师评价量表》等，从日常"五维"高效课堂的教学规范、教学大赛、教学成绩、学生和家长的满意度四个维度评价教师的教学工作，定期进行满意度测评，将"五维"高效课堂不断深入发展。

同时，为强化以学定教、以教促学，我们加强了对课堂教学评价的研究，建立起比较完整的教学质量管理系统。本研究提出教学质量管理分为：以校长和分管教学副校长为首的决策指挥系统；以教学管理处为核心的指导、协调、监控系统；以年级主任和班主任组成的横向协调系统以及以教研组长和备课组长为主的纵向控制系统。形成了与"五维"高效课堂教学策略相适应的横向到边、纵向到底的教学管理调控体系。

四、成果取得的效果与反思

（一）取得的效果

1. 提升了教师的课堂教学研究与设计能力

自2022年3月开始"五维"高效课堂教学策略实践探索以来，教师的教学观、学生的学生观发生了根本性转变，教育思想全面提升，教学行为进一步优化，从课前备课，到课堂教学，再到课后作业辅导，全体教师自觉围绕五个维度开展工作，教学效率极大提高。

2. 提升了学生的自主学习和分析解决问题的能力

实施"五维"高效课堂教学以来，课堂教学中学习真正发生，学生的学习习惯和品质有了极大改观。自主探究、合作学习的意识极大提高，学习质量和效率也大幅提升，学生的学科素养、自主分析和解决问题的能力有了长足发展。2022年在全市质量监测各项指标评比中，我校均位于前三名；学业水平考试优秀率和合格率在全市名列前茅；高考重本线上线率达70%，2名学生考入北京大学。学校被评为长春市普通高中特色示范校，学校社会影响力快速跃升。

3. 发挥了示范辐射作用

我校"五维"高效课堂教学策略的研究取得了丰硕成果，得到了全体老师的广泛认可。经过近两年的努力，初步建立起了卓越人才培养的课堂教学体系。省教科院的徐向东副院长和市人民政府督学等专家到我校听课、座谈，指导"五维"高效课堂教学策略的研究与实践。

近两年来，学校围绕"五维"高效课堂教学策略的建设工作，开展一系列校际间的教学交流研讨活动。开展了"颜圻杰出校长工作室"成员校课堂教学交流活动，学校的"五维"高效课堂教学策略得到成员校领导和教师的称赞，成为学习借鉴的一项重要内容。长春市普通高中第七联盟体，在线上线下进行了课堂教学研讨活动，我校的"五维"高效课堂教学策略为联盟体学校课堂教学改革的开展提供了借鉴。市基础教育研究中心为指导全市推进教学改革，有效落实学科核心素养，举办了生物学科基于落实学科核心素养要求的高三复习教学研讨会，我校高三复习备考中采取的"五维"高效课堂教学方式，得到与会专家和教师的一致认可。

（二）反思与展望

在两年多的实践与研究中，我们深刻认识到，要推进学校高质量发展，重中之重是提高学校教育教学质量，而教育质量的核心和主阵地是课堂教学。课堂教学几乎浓缩了基础教育的全部要素、全部荣光和困惑。

未来，我们将从三个方面继续深化教育教学改革：一是研究建立与"三新"改革相适应的"五维"课堂学科模式群；二是完善以"五维"高效课堂教学策略为核心的教学管理制度和工作机制；三是把教学过程的各个环节、各个部门的工作与职能合理联系起来,形成一个任务明晰、职责明朗、权限明确,能够相互合作、相互促进的有机整体,构建学校教育教学质量监控的长效运行机制。

学校的发展不会停步,教育教学改革研究的步伐始终向前。我们将守正创新,追求卓越,为把学校建设成高质量、研究型高中而努力。

[参考文献]

[1]马国霞.核心素养视域下高中政治高效课堂构建探究[J].学周刊,2022(10):17-19.

[2]李宝莲."六步教学法"打造高中思想政治高效课堂[J].黑河教育,2021(10):29-30.

[3]戴红梅.新时代背景下高中政治高效课堂情境创设法的应用[J].学苑教育,2021(05):13-14.

[4]陈重国.新课改背景下高中政治高效课堂构建策略[J].学周刊,2020(29):69-70.

[5]李永萍.新高考背景下打造高中政治高效课堂的策略[J].学苑教育,2022(14):22-23+26.

[6]李秀芹.新课改下高中政治优质高效课堂的构建初探[J].试题与研究,2023(04):69-71.

[7]钱晓培.新课改下高中物理高效课堂的构建策略[J].数理天地(高中版),2023(06):32-34.

[8]刘珂弟.基于核心素养下的高中化学高效课堂教学实践探究[D].重庆:西南大学,2022:21-22.

[9]杨春霞."双减"下的高效课堂实践探究[J].河南教育(教师教育),2023(02):32.

主要成员:颜圻 彭景茹 姜华 王丹 赵明原 杨春哲(长春市第二中学)

执 笔 人:颜圻 王丹

坚持改革创新,以"五有"工作模式推动学校教育高质量发展

一、问题的提出

中共十九大明确提出高质量发展是全面建设社会主义现代化的首要任务。教育要优先发展,更要高质量发展。什么是高质量的教育,是能够让学生形成良好思维品质的教育;是能够让学生形成优良政治思想和道德品质的教育;是能够培养学生自主性、独立性、创造性,具有创新精神和实践能力的教育;是能够培养德、智、体、美、劳全面发展的社会主义建设者和接班人的教育;是能够让学生升入理想大学,发展为堪当民族复兴大任的一代新人的教育。目前,学校教育高质量发展存在以下几个问题。

（一）学校领导者的教育观念缺乏创新

中共二十大把教育摆到了更加重要的位置,寄予了更高的希望。面对新课程、新课标、新高考的改革,学校领导者受传统教育观念的影响,对教育改革的重要性理解的不深刻,认识不到位,不能站在国家富强、民族复兴的高度去认识"三新"改革的重要性,对如何改革缺乏理性的思考和行动策略,不能及时地指导和培养教师。

（二）学科教师的教学方法需要更新

学科教师在大学期间所学知识已经不能满足新课程、新课标和新高考的需

要，新课程要求培养学生的核心素养，以往的课堂教学是以知识为本，而新课标要求的是以素养为本的课堂教学新模式。特别是新高考明确提出：试题要体现时代特征，要培养学生的关键能力和思维品质。要求教师要转变教学方法，在教学中创设情境，让学生通过学习去发现问题，掌握学习方法和规律，并运用方法和规律去解决实际中的问题。很多难点都需要用现代教育技术去解决。例如：用几何画板去解初中数学的动点问题、高中的多项式函数问题。这些都需要学科教师与时俱进，根据学生的需要和"三新"改革的需要去继续学习新知识、新技能，转变教学方法，否则在改革中将被淘汰。

（三）学生的学习方式必须转变

面对"三新"改革，学生传统的学习方式是过度依赖教师的教，就知识学知识。在学习中缺乏自主性、独立性和创造性，习惯了题海战术，习惯了被动接收，很难形成关键能力和思维品质，更做不到去把握时代的特征。面对高考感觉题太难了，其实不是题难了，而是考试的要求变了。如何在学习知识的过程中形成关键能力，掌握科学的规律，并能发现问题，用所学知识去解决实际中的问题，学生转变学习方式是亟待解决的问题。

二、解决问题的过程和方法

（一）有方向：牢记"五个坚持"，引领正确办学方向

二十大报告指出，办好人民满意的教育，全面贯彻党的教育方针，落实立德树人根本任务，培养德智体美劳全面发展的社会主义建设者和接班人，加快建设高质量教育体系，发展素质教育，促进教育公平。为了把这个根本任务落到实处，我们必须坚持高举习近平新时代中国特色社会主义伟大旗帜，坚持社会主义办学方向，坚持党对学校工作的全面领导，坚持贯彻党的教育方针，坚持"立德树人""五育"融合。

（二）有目标：把握时代精神，确立三个发展目标

目标是前行的方向和动力。长春市第二实验中学始终坚持社会主义办学方向，牢记为党育人、为国育才重大使命，明确三个发展目标，努力办好人民满意的教育。

1.学校的发展目标

学校全面践行"以人为本，自主发展"的办学理念，把学校建设成为"四

高""三特"的实验性、示范性、国际化、现代化的国家级素质教育示范校。

四高：即管理高效益、队伍高水准、学生高素质、学校高层次。

三特：即学校有特色、教师有特点、学生有特长。

2. 教师的培养目标

培养教师热爱党、热爱社会主义祖国、热爱教育事业，有强烈的责任感、使命感和高尚的道德品质，使教师具有终身从教的无私精神、认真执教的敬业精神、互相合作的团队精神、不甘落后的拼搏精神、不计得失的奉献精神；树立现代化教育理念，具有扎实的学科专业知识、娴熟的教学基本功、较强的教育科研能力；有自我发展目标与计划，并能在教育教学实践中自我反思、改进和提高。

3. 学生的培养目标

面对新时代的教育发展形势与教育诉求，学校紧紧围绕立德树人根本任务，重新修订学生培养目标，力求促进学生全面而有个性的发展，逐步成长为德智体美劳全面发展的社会主义建设者和接班人。

初中生达成"四学会"的目标，即学会做人、学会学习、学会创造、学会生存。高中生普通层面达到"五具有"目标：一是具有学习精神，励志成才；二是具有文明素养，诚信友善；三是具有创新精神，奉献爱国；四是具有实践能力，求真务实；五是具有健康心灵，公正无私。高中生精英层面达到"三具有"目标：一是具有良好的学习素养和优秀成绩；二是具有奉献国家和社会的公益之心；三是具有领袖的胸怀和气质。

（三）有规划：注重科学谋划，加强三大特色建设

有特色才有亮点，有亮点才有吸引力。长春市第二实验中学聚焦学生发展核心素养培育，大力开展特色创建活动，致力于培育"具有健康和谐、修身雅德之才，怀有科技创新、未来有为之才，富有国际情怀、全球视野之才"的新时代少年。

1. 建成国内一流国际知名的青少年心理健康教育中心

学校参加原长春市教育局局长黄宪昱直接领导的"护蕾行动"，参与国家级规划课题"青少年自我伤害的研究"，作为课题的主要成果，建成"长春市青少年心灵港湾"，由东北师范大学专家团队、东北师范大学研究生团队、长

春市第二实验中学优秀教师团队、长春市各校心理教师团队四个团队组成。同时团队做到四个面向：一是面向长春市线上咨询；二是面向全市培训心理教师和班主任；三是面向全市开办家长心理学校；四是面向全市对中学生进行培训和团队训练。

2. 建成国内一流的全国数字化校园示范校

《国家中长期教育改革和发展规划纲要（2010—2020年）》提出以信息技术的现代化促进教育的现代化。2019年，中共中央、国务院印发了《中国教育现代化2035》，突出改革创新，充分运用新机制、新模式、新技术激发教育发展活力，确保教育现代化目标的实现。学校建立万兆主干、千兆到桌面、三网合一的管理体系，为学生配备电子书包，建成学校行政管理平台和教学资源整合平台、师生互动平台、家校互动平台和教学联盟校互动平台，大力推进信息技术与教育教学融合发展。先后被国家教育部评为千所数字化校园建设示范校，被中央电教馆评为全国百所数字化校园项目建设基地校，曾在第七十七届中国教育装备展（青岛）上展示信息化建设优秀成果。目前，学校以数字孪生为理念，构建校园运营蓝图，跨部门整合学校各类资源信息，实现校园全息显示、综合调度、应急指挥等可视、可管、可控的运营模式，已成为国内一流的数字化校园示范校。

3. 建成联合国教科文组织教育国际化基地校

按照素质教育的要求，我们要在全球化的视野下运用现代管理手段，借鉴国际经验，培养出真正具有国际视野、民族灵魂，通晓国际规则，能够参与国际竞争和国际事务的高素质人才。

与美国、德国、韩国、日本、新加坡等7个国家的学校建立了姊妹学校关系，成为加拿大魁北克文化交流及中加国际化人才选拔基地学校、法国大学科技学院联盟生源基地校、国际夏令营基地校、托福（TOEFL JUNIOR）考试基地、联合国教科文组织俱乐部成员学校。与美国圣路易斯市普拉瑞中学合作，开设托福和SAT考试辅导课，并引入部分AP课程，学生毕业可获得长春市第二实验中学和普拉瑞中学双毕业证书，可直接升入美国不同层次的大学。达到国家英语四级水平的初中毕业学生占10%，出国留学率占3%。在美国威斯康星州奥科诺莫沃克建立的孔子学堂已挂牌成立，学校成为吉林省孔子学院（课堂）

联盟单位。利用假期，先后组织60名学生分别赴美国、新加坡、英国、日本参加夏令营游学活动，50%英语教师分批次到美国培训交流。田家炳教育基金会"共创成长路"研究团队来校开展青少年正面成长计划培训。李国荣校长、刘雪飞主任分别在第二届东北三省田家炳中学年会暨长春市田家炳教育共同体第二届年会论坛上发言。

（四）有方法：突出"五育"融合，实施"三新"改革

为落实立德树人根本任务，学校坚持以习近平新时代中国特色社会主义思想为指导，全面落实新课标、新课程、新教材的理念和要求，找准目标、统筹规划、科学施策、追求实效，全面提高学校的办学水平和教师队伍的整体素质。

1. 课堂教学模式改革

在"以人为本，自主发展"主体性教育理念下，课堂教学永远是落实教育目标的重要渠道，学校的课堂教学模式改革历经了四个阶段：第一阶段是构建主体性"12345"（确立一个思想，落实两个重点，进行三个转变，采取四种方法，体现五个特点）课堂教学模式；第二阶段是构建主体性课堂教学模组；第三阶段是构建主体性高效课堂教学模式；第四阶段是向主体性智慧课堂过渡。

2. 新课程改革

学校秉承"以学生发展为核心"的全课程理念，把学生在校期间所有的校内、校外、课上、课下的活动都纳入新课程范畴之中，开发出信息技术类、人文素养类、心理健康类、德育国学类、国际教育类、科技创新类、体育艺术类、社团活动类等八大类校本课程，力求所有活动课程化、国家课程校本化、校本课程生本化、课程开发课题化、课程建设精品化、教师成长专业化，逐步形成了课程、教材、课题、教师的四位一体的发展格局。

3. 新高考改革

自2014年上海、浙江实施新高考以来，学校密切关注新高考动向，深入研究新高考改革的发展与变化，并于2017年选派教师到浙江、上海考察学习，研究应对新高考改革的策略，结合学校实际情况，建立新高考组织机构，成立学校改革与发展学术委员会，聘请校内外专家指导新高考各项工作；成立课程研发中心，对接国家课程开发八大类168门校本课程，满足学生个性发展需求；成立教师专业发展指导中心，加强对教师新课标、新教材的培训，组织长春市

第六教学联盟并开展课标解读系列活动;成立学生自主发展指导中心,对学生综合素质评价、生涯规划指导、心理健康教育方面开展积极探索;成立大数据信息技术管理中心,对学生的学习过程进行质量分析与评价,开展基于课程标准的精准教学研究。

(五)有评价:坚持改革创新,打造三大提升工程

一所学校是否有可持续发展的潜力,是否能在教育改革的大潮中勇立潮头,校舍、生源固然重要,但关键还是要有一支德业双馨的高素质教师队伍。

1."二五七"蓝青工程

针对刚大学毕业入职的教师,学校提出了"二五七"蓝青工程,即两年成为合格教师,五年成为骨干教师,七年成为优秀教师。

2."八个一"教师素质提升工程

面向全体教师,学校提出了"八个一"教师素质提升工程,即制定一个《教师职业生涯发展规划》、上一节研讨课、参加一项课题研究、读一本与自身发展有关的书、写一篇与专业发展有关的论文、开一门选修课或指导一个学生社团、做一次教师论坛发言或给学生开一场讲座、编写一部导学案或制作一部课件。

3."星星之火"卓越教师提升工程

学校积极发挥骨干教师的核心引领作用,搭建促进教师可持续发展的成长平台,帮助教师科学规划职业生涯,协助教师实现职业成就感,培养学校的德业金星教师。德业金星教师培养德业明星教师,德业明星教师培养德业新星教师,高中骨干教师培养初中教师。经过三年的努力,学校的骨干教师总数翻了一番,达到在岗教师的60%。

三、成果的主要内容

(一)依据学校"以人为本,自主发展"的办学理念,形成了三大特色发展的格局

一是建成国内一流、国际知名的青少年心理健康教育中心;二是建成国内一流的全国数字化校园示范校;三是建成联合国教科文组织教育国际化基地校。

（二）新课程改革

学校确立"以学生发展为核心"的全课程理念，把学生在校期间所有的校内、校外、课上、课下的活动都纳入新课程范畴之中，坚持课程、教材、课题、教师的四位一体，实现"六化"发展，即所有活动课程化、国家课程校本化、校本课程生本化、课程开发课题化、课程建设精品化、教师成长专业化。学校开发的信息技术类、人文素养类、心理健康类、德育国学类、国际教育类、科技创新类、体育艺术类、社团活动类八大类校本课程取得了丰硕成果。

（三）课堂教学模式改革

学校打造主体性智慧课堂，主体性智慧课堂的内容主要包括对学生核心素养的培养要落地生根、师生之间依靠信息技术解决重点和难点、使用大数据对教学的效率进行分析和现代信息技术成为师生学习的工具。目前可解决高中用几何画板解决多项式三角函数问题、初中用几何画板解决动点问题和初中用卡西欧电子辞典实现快速学习和记忆的问题。

（四）新高考改革

完成了新高考选课走班系统、学生综合素质评价信息采集、学生生涯规划指导与心理健康教育系统建设课程的建设，使资源得到了有效整合，构建了国家、地方、校本课程相融合的三级课程体系以及学校主体性课堂教学模式，形成学校课堂教学特色。

（五）心理健康教育课题研究工作

"加强中小学心理健康教育，办好长春市青少年心灵港湾"已写入长春市"十四五"发展规划。2022年9月，学校承担的全国教育科学"十三五"规划教育部重点课题之区域主导课题"高中生心理问题疏导实施途径探究"被评为"十三五"生命与安全教育优秀科研成果一等奖。

（六）坚持高素质教师队伍建设

我校面对新教师提出了"二五七"蓝青工程，面向全体教师提出了"八个一"教师素质提升工程，把教师业务能力提升放在新高考改革的重要位置，通过外聘专家，充分依托省、市卓越的教育科研力量，利用校内外优质师资资源，发挥骨干教师的核心引领作用，搭建促进教师可持续发展的成长平台。

四、成果取得的效果与反思

（一）吉林省全民阅读

学校向全校师生发出"校长读书,教师读书,学生读书,水滴石穿,积淀数年,共筑书香校园"的倡议,并与吉林省全民阅读协会共同合作,带领全省多所学校共同开展省级规划课题"以读写讲做成才计划推进未来新型学校建设"研究,不仅为本校学习型学校建设强基固本,也为莘莘学子搭建了实现梦想的金桥。语文组以阅读为核心,开展大单元教学设计研究,有16位教师参加"先生讲坛"活动;长白山文学社团开展48期"经典有约"师生读书推介活动,并组织"阅读经典,书香校园"读书报告会。在全民阅读活动的引领下,学生参加叶圣陶杯作文大赛,每届都有100多人荣获一等奖。

（二）校园文化建设

学校在长期的发展中,提炼并形成了符合自身发展和特色的校园文化体系:确立了"以人为本,自主发展"的办学理念;明确了"爱校如家的奉献精神、忠于职守的敬业精神、从严治校的负责精神、克己奉公的自律精神、勇于开拓的创新精神"五种精神;提出了"以主人之心爱学校,以父母之心爱学生,以手足之情爱同事,以祖国之需育英才"的员工职业操守;形成了"求实、创新、修德、博学"的校风校训;"敬业、务实、严谨、求新"的教风;"励志、刻苦、勤思、博学"的学风。

（三）青年业余党校

多年来,学校坚持党的教育方针,实施"铸魂育人固本"工程,在校党委的领导下,把高中青年党校建设成广大学生的政治摇篮、为党组织培养后备力量的红色基地,始终引领共青团员及全校师生树立崇高理想、坚定理想信念、厚植爱党爱国情怀,努力培育社会主义建设者和接班人。健全高中青年党校运作机制,成立管理部、教研部、宣传部三个部门,坚持以理想信念凝聚学员、以科学管理规范学员、以优质课程教育学员;建立一支以思政课教师为骨干力量的政治强、情怀深、思维新、视野广、自律严、人格正的高中青年党校和初中团校的辅导员队伍,要求他们旗帜鲜明上好党课、率先垂范彰显党性,做好政治启蒙、思想引领,激发引导党校学员知党史、明党情、听党话、跟党走;确立党建与立德树人根本任务深度融合、与实现"三早"育苗工程深度融合、与学生生涯发展规划深度融合、与开展一学一做活动深度融合的"四个深度融合"工作思路,开发并实施课堂教学、红色课堂、德育活动、社会实践、志愿服务、生涯指导、家校共育、宣讲社团八大类校本课程,努力培养一批担当民族复兴大任的时代新人。

(四)师德师风建设

学校依据"红烛先锋"活动要求,常态化开展"爱心与责任"主题教育活动,主要涵盖"爱心责任岗"活动、"爱心网站"建设、"万名教师访万家"活动、导师制、温暖助学、礼赞先进、师德承诺活动等内容。

(五)党政一体化领导

一是创建党政一体管理机制。校长、副校长同时担任党委委员,把党支部建在年级上,年级主任担任支部书记,两个副主任担任支部委员,年级助理担任小组长。这样,行政例会和党支部工作会一起开,既要部署教学工作,又要开展党组织活动,既节省工作时间,又提高工作效率。

二是创新民主廉政管理机制。班子成员坚持小事多沟通、大事集体决策的原则,实行民主管理,以保证决策的科学性。

(六)主体性大德育体系

学校围绕立德树人根本任务,遵循学生认知规律和教育教学规律,按照一体化、分学段、有序推进的原则,把中华优秀传统文化全方位融入思想道德教育、文化知识教育、艺术体育教育、社会实践教育各环节。

(七)成为吉林省基础教育的领头雁

由于办学质量突出,办学特色彰显,学校成为长春市田家炳教育共同体理事长单位、长春市教育第六联盟龙头学校、吉林省"BEST合作体"理事长学校、"两学一做"学习教育联合体理事长学校。

学校先后获得全国安全和谐先进校、全国加强未成年人思想道德建设先进单位、全国中小学思想道德建设活动先进单位、全国中小学科研兴校示范基地、全国中小学心理健康教育特色学校、全国千所数字化校园示范校、中央电教馆全国百所数字校园示范校、建设项目学校、东北师范大学研究生心理健康教育实践基地、世界联合国教科文组织俱乐部学校、吉林省科研兴校核心示范基地、长春市人民满意学校等百余项荣誉称号。

学校成为清华大学、北京大学、中国人民大学、中国科技大学、复旦大学、上海交通大学、北京师范大学等 50 多所全国著名大学生源基地。

雄关漫道真如铁，而今迈步从头越。站在新的历史起点上，我们将继续瞄准办人民满意学校的目标，以习近平新时代中国特色社会主义思想为指导，坚持"为党育人，为国育才"，以新的担当展现新的作为，以新的举措创造新的业绩，为教育的高质量发展奋楫再出发。

[参考文献]

[1] 李国荣. 革故鼎新，推动学校高质量特色化发展 [N]. 语言文字报，2022-10-19（008）.

[2] 李国荣. 坚持改革创新推动学校高质量特色发展 [J]. 教育家，2022（22）：41-42.

[3] 毕晓阳. 全面学习贯彻党的二十大精神 推动学校高质量特色发展 [J]. 河南教育（高教版），2023（04）：8.

主要成员： 李国荣（长春市第二实验中学）

执 笔 人： 李国荣

普通高中文化理解与传承"一体三维五径"实践模型构建与探究

2020年伊始，长春吉大附中实验学校在李海军校长的带领下，全面贯彻党的教育方针，深耕科研，积极面向未来，培养具有全面发展能力的人才，争取办好人民满意的教育。针对21世纪人才的核心素养——"文化理解与传承"，李校长亲自组织研究组，认真开展普通高中文化理解与传承实践模型构建与研究。整体而言，课题立足高中教学主阵地，以学生"文化理解与传承"素养落地为本，以"实践模型构建"为核心，力图构建跨领域、跨地域、跨学段的文化理解与传承教育新样态。时至今日，研究组在理论研究、积极实践、总结归纳和交流探讨的基础上，提出了"普通高中文化理解与传承'一体三维五径'的实践模型"，取得了一定的成果。

一、问题的提出

教育是国之大计、党之大计。习近平总书记在二十大报告中，明确提出了"育人的根本在于立德。全面贯彻党的教育方针，落实立德树人根本任务，培养德智体美劳全面发展的社会主义建设者和接班人""加快建设高质量教育体系"。而文化作为一个国家的软实力，作为人民的灵魂家园，对教育的重要性不言而喻。北京师范大学中国教育创新研究院与美国21世纪学习联盟开展合作，构建了 21 世纪核心素养 5C 模型。其中"文化理解与传承"作为价值枢纽，是贯通其他四要素的核心。因此要建设"高质量教育体系"势必要以普通高中教育的高质量发展和现代化发展为基石。这需要普通高中进一步加大对"文化理解与传承"素养落地的实践与探究，基于此，学校组建了专项研究组，以期能有一定的创新和突破。

在研究的伊始，研究组通过大量的调研发现，"文化理解与传承"教育存在一些较难突破的问题，主要体现在以下四个方面。

第一，教学目标较为功利，文化理解与传承难以落实。教学中常常存在心有余而力不足的情况，教师对文化理解更多的是词语翻译、题型解答、高考备考等方面，对具体的文本和教学的深度挖掘较难实现。

第二，教学资源尚未有效融通，文化理解与传承创新不够。教学活动的质量和数量都有待提高，多以课堂为主，多样的教学资源并未有效融通，学生的积极性和创造性有效激发的程度不够。

第三，教学方法较为单一，学生文化理解与传承参与不足。教学中多以口头讲授的方法为主，与学生渴望的多元化、趣味性的教学方式存在矛盾。

第四，教师文化素养存在一定欠缺，教师文化引导能力不强。教师对文化挖掘多停留在表面，更多的是从形式上下功夫，缺少对文本的深度挖掘，自身素养欠缺，或不重视文化素养的提升，试问这样又能如何真正引导与培养学生的"文化理解与传承"素养呢？

围绕上述问题，研究组进行了深入的理论学习与研究，发现相关研究具有宏观性、多维性和丰富性。但不可否认的是，大多研究仍停留在文化的介绍或传承方面，理论层面的多，实践方面的较少，宏观性的特别多，针对性的很少。对于将文化理解与传承单独提出来作为未来人才核心素养的重要维度并详加论证的研究也相对较少，且不成体系，建构文化理解与传承素养尚无法从已有研究中获得直接可借鉴的成熟框架。基于此，研究组将"普通高中'文化理解与传承'实践模型构建与探究"确定为研究主题。

二、解决问题的过程与方法

在研究伊始，研究组研讨制作了研究计划图（见图1），并按照四个步骤进行系统且深入的研究。

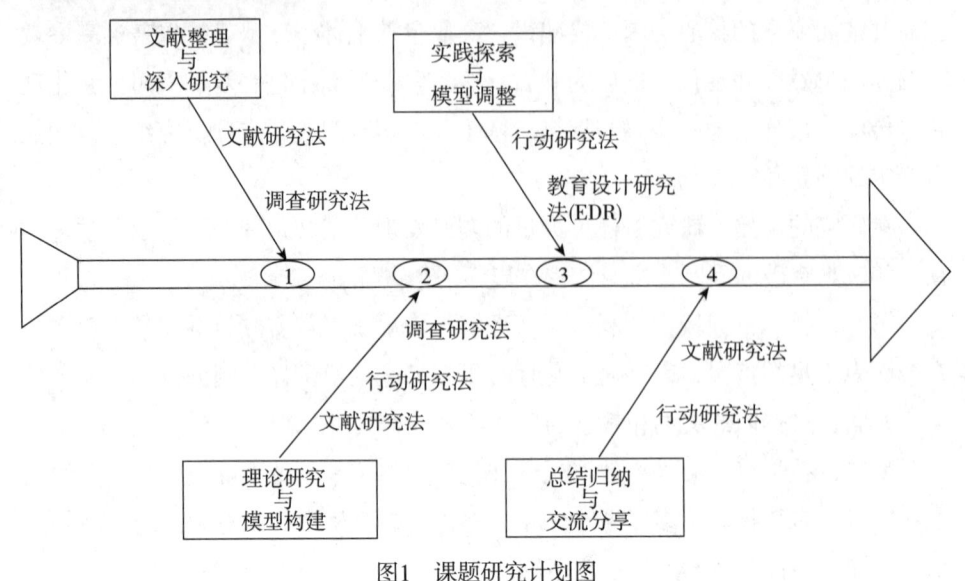

图1 课题研究计划图

（一）文献整理与深入研究，探寻文化理解与传承的内涵和载体

研究组充分运用了文献研究法，通过数据库、图书馆等资源查阅文献，研究相关政策，广泛收集国内外已有的研究成果和成功做法，以期能够拓展视野，启迪智慧，提高研究的科学性。

具体而言，研究组成员首先共同解读文化理解与传承的丰富内涵和逻辑关系，并进一步绘制了文化理解与传承素养图。其次，研究组从促进学生个人全面发展的需要、国家发展战略及全面落实立德树人的需要和高中学科得天独厚的学科优势的视角分析了高中文化理解与传承教育的必要性。紧接着研究组分析了文化理解与传承教育的特征，最后从教育主体、教学资源、课程建设、实践活动、校园环境等方面创新了高中文化理解与传承教育载体。这一切都将为高中文化理解与传承实践模型构建提供坚实的基础。

（二）理论研究与模型构建，构建高中文化理解与传承"一体三维五径"实践模型

研究组主要将文献研究法和调查研究法有机结合。其中调查研究法，我们主要采用了访谈法、课堂观察法，了解和落实学校文化理解与传承实践，为进一步深化落实文化理解与传承教育工作实践，寻找切入点。

最终，研究组在解读了"文化理解与传承"素养的理论内涵和逻辑关系，阐述、创新了文化理解与传承教育载体的基础上，依循教育规律，依托教育实践，创造性地构建了高中文化理解与传承"一体三维五径"实践模型图，并进行了细致的分析，初步完成了研究组研究的重要工作，为下一步的实践检验和方略总结奠定基础。

（三）实践探索与模型调整，优化高中文化理解与传承"一体三维五径"实践模型

在"一体三维五径"实践模型构建后，研究组充分运用了内容分析法、行动研究法和教育设计研究法（EDR）对教师及学生的相关文本进行深入而细致的分析，力求策略的全面性和有效性。通过多层次联动培养的行动研究和教育设计研究，调整优化"一体三维五径"实践模型图，进一步推动"文化理解与传承"素养的有效落实和持久推进。

在教育主体方面，研究组通过自主学习、培训提升与研讨交流相互结合的方式，经多方收集和研讨，筛选出几本对本研究有重要价值的著作。研究组成员每人至少认领一本进行阅读，定时分享交流。通过这种自主学习与研讨交流的方式，不断开阔其视野，加强其理论功底，为实践打下了坚实的基础、提供了强有力的理论保障。

在自主学习的同时，研究组还通过参与多种培训来加强自身的专业涵养。如参加省、市和校内、校际教育教学培训。值得一提的是，研究组以教研组会为依托，积极进行教研组课题培训，先后进行了"传承适变 精思从教 专业涵养""国脉传承 多样包容——源远流长的中华文化"等培训，收获颇丰。

在教学资源方面，研究组成员分析整合了新教材中关于文化理解与传承的教育资源，形成了文字资源群、图片资源群，对于教材之外更为丰富的课程资源，比如历史学科的地方史、图书馆、文献、文物史料等，研究组形成了丰富的视频资源。

在课堂教学上，研究组依托各学科，不断深耕课堂，加大对课堂教学中文化元素的开发和建设。对于常规教学的探讨，我们采用公开课的形式进行展示、研讨、交流、反思和跟进。研究组公开课不单指上一节课，还包括课程的学案、课件和教学设计的开发，以及公开课后的说课部分。

在实践活动上，研究组依托学科优势，积极开展针对文化理解与传承的学科活动，将课堂教学与课下实践相结合。为此，研究组依托历史学科教学，积极开发第二课堂，设计开展独具特色的学科活动。在研究期间，开展了2项关于传统文化主题的学科活动，学生们在活动中学习、成长和发展。对于学科活动，研究组也进行了深入的研究。

在文化环境上，研究组依托学校独有的校园文化氛围，如"培养具有家国情怀、科学规范、探索精神的身心健康的人"的办学理念，积极以知识和实践为载体，关注人文精神和意志品质，深入落实立德树人根本任务。

（四）总结归纳与交流分享，分析高中文化理解与传承实践模型收获与反思

在获得相应成果的基础上，研究组进一步反思总结与优化普通高中文化理解与传承育人模型以及实践方略，积累教学设计案例和活动设计案例，撰写论文，不断梳理过程性材料，撰写报告。此外，研究组也积极分享优质教学资源，通过参加校内交流研讨、校际合作交流、积极承担各级各类的培训工作等方式辐射传播、引领示范，最终服务于立德树人根本任务的实现，不断助力学校和地区教育的高质量发展。

三、成果的主要内容

基于系统的理论研究和实践总结，研究组创造性地构建了高中文化理解与传承素养"一体三维五径"实践模型图（见图2）。

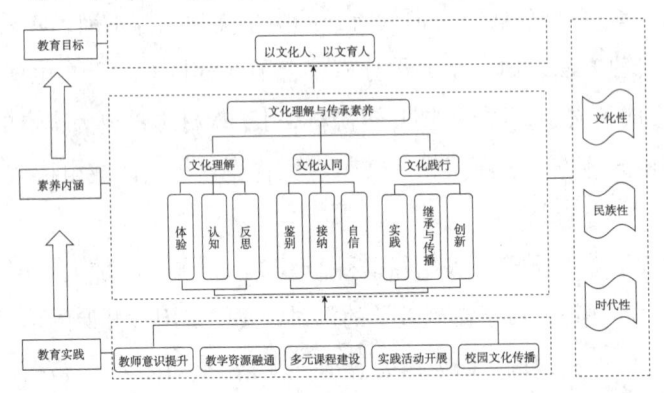

图2 高中文化理解与传承素养"一体三维五径"实践模型图

（一）教育目标的一体：以文化人、以文育人

高中文化理解与传承"一体"主要指教育目标，即实现"以文化人、以文育人"，最终指向人的全面且自由的发展。研究组希望通过对学生文化理解与传承素养进行主线鲜明、层次清晰、体系完善的开发、研究和实践，助力学生自我认知、融入社会。与此同时引导学生从历史的角度和广阔视野上加深对民族文化的认识和理解，认真践行文化中有利于人类发展的价值观，奠定成长成才教育的基础。

（二）素养内涵的三维：文化理解、文化认同、文化践行

研究组通过大量的文献对比和分析，结合教学实践可知，文化传承是指"人们将其在生活实践中所创造的物质和精神成果以及所形成的生活方式在代与代之间进行传递和承接的过程"。它主要包含文化理解、文化认同和文化践行三个维度，为此研究组构建了文化理解与传承素养图（见图3）。

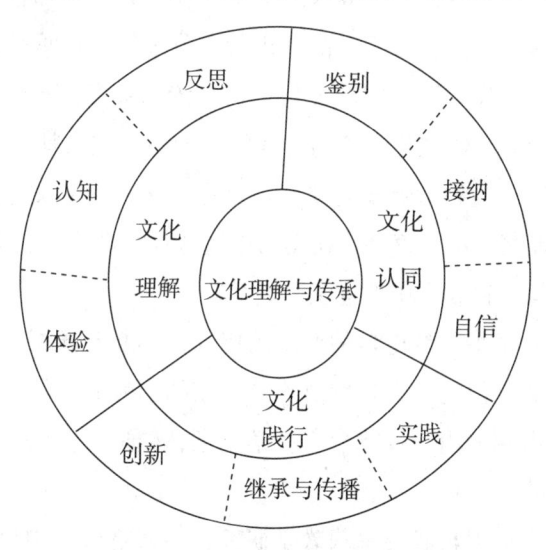

图3 文化理解与传承素养图

文化理解主要包含体验、认知和反思。文化体验，指个体对本族和陌生文化的认识。文化认知是个体通过学习了解后形成的知识性或分析性认知。在此基础上进行较深层次的思考，就是文化反思。

文化认同是个体受群体文化影响的体现，它主要指个体对文化进行合理的比较和辨别之后，进行文化接纳，不断形成对本民族文化的认同感和归属感。

文化践行是指通过不断进行的自觉的文化实践，对有价值的文化进行继承和传播，对已有的价值理念进行积极改造，以满足新时代发展的需要，推动人类文明的向前发展。

文化理解是基础，文化认同是桥梁和精神纽带，是文化践行的保障。文化践行是文化理解和文化认同的最终目的，三者依次递进，共同促进了文化理解与传承。

（三）实践方式的五径：教师意识提升、教学资源融通、多元课程建设、实践活动开展、校园文化传播

在研究的过程中，我们总结了五种"文化理解与传承"素养落地的实践路径，并提出了相应的实践策略。

1. 教师意识提升

教师是教学的主导者，是培养人才的主要承担者。教师自身更是人类文化的传递者和引领者。因此，教师是高中进行文化理解与传承教育的一大载体。所谓"观念是行为的先导"，实施文化理解与传承教育，研究组认为教师需要转变观念，勇立潮头，做文化理解与传承教育的高素质教师。

为此，研究组认为教师首先需要坚持自主学习，提升文化理论素养。自主学习更多的是多读书、反复读书，在读书中加强理论功底，在读书中发展思维，在读书中积累素材，在读书中树立文化自信。

其次，教师需要积极参与多种形式的培训，不断开阔视野。"万里行船，始于罗盘"，教师意识的提升自然离不开专家的引领和思维的碰撞。因此，教师积极参与省、市和校内、校际教育教学培训，能进一步深化认知，提升教师文化理解与传承的责任意识。

最后，教师要加强自我反思与教学研究，在知行合一中提升自我认识。反思是促进教师专业发展的有效途径。教师在实践中对教学及其背后的理论进行主动的、不断的审视、研究与分析，将会不断提升自我认识，不断改进自身的教学行为，进而提高文化理解与传承教育的合理性。

2. 教学资源融通

关于教学资源，广义上是指在教学过程中被教学者利用的一切要素。狭义上主要包括教学材料、教学环境及教学后援系统。高中教学资源中有关文化的

内容十分丰富,它包括显性和隐形的知识。对此,研究组认为在融媒时代的当下,需要充分借助智能技术积极整合多种教学资源,构建多种形式的资源群,实现多维度相互交织的综合,充分展现教学资源的浸润作用。

一方面,教师要认真分析教材内容,整合新教材中关于文化理解与传承的教学资源,形成诸如文字、图片等资源群,以此合理实施文化理解与传承教育,培养学生的价值观与历史观。另一方面,教师要合理挑选、充分挖掘如文献、文物等教材之外更为丰富的课程资源,以一个崭新的视角切入,进而掌握学习的基本方法。最后,学校将所有学科整合的文化资源有机统整,积极建设智慧校园。

3. 多元课程建设

课程是教学工作的中心环节,是高中进行传统文化理解与传承教育的前提和重要载体。对此,研究组认为应遵循科学规律,紧紧抓住主动性学习和发展性学习两大理念,通过构建多元课程实施文化理解与传承教育。

第一,深耕学科课堂,加大对课堂教学中文化元素的开发和建设。为此,教师要加大情境创设的力度。如对距今年代久远的传统文化,通过诸如生活展现、实物演示、音乐渲染、表演体会等情境创设将学生带入历史中,拉近与现实的距离,提高学生的积极性,促进知识的内化和深化,不断实现情感的共鸣。此外,教师还要与时俱进,改革教学方法,开展多样化教学,活跃课堂气氛,焕发学生主体意识。如研究组创造性地将微课和公开课展示交流有机结合,取得了较好的效果。

第二,充分打造开放、多样的特色课程体系,深化对文化的理解与传承。学校在常规课程之外,还以贯通培养的形式,打造特色课程。如语文学科传统文化文本阅读课、英语学科的东西文化理解与传播课、历史学科中华文化系列解读课等。通过开放、多样的特色课程,让学生深化对文化的认识,增强理解与运用能力,在时代中传承并弘扬优秀思想文化,能在正确是非观下审视美、创造美。

4. 实践活动开展

所谓"行是知之始,知是行之成"。在实践中,学生可以掌握自身所学的知识;还可以锻炼实际运用与动手能力;更可以磨砺自身的意志品质,增强社会责任感。因此,研究组认为实施文化理解与传承教育需要积极进行文化践行,需要设计有效的活动,将知识讲授与实践活动相结合、课堂教学与课下实践相结合,从而实现知行合一。

为此,教师首先需要厚植理论、立足实际、深度挖掘。所有教学实践的开展都需要深耕理论内涵,深入了解教育规律,并依循教育规律培养人才。对此,教师可以系统学习相关理论,立足教学实际,尝试建构活动原型,策划学科活动,进行深度挖掘。

其次,需要教师明确主题、优化设计、制定方案。"凡事预则立,不预则废",有了设计方案才能更好地协调行动。对此,教师可以经过讨论总结,确定相应活动主题,并制定活动方案。

再次,教师需要聚焦细节、精诚合作、积极推进。老子曾说:"天下难事,必做于易;天下大事,必做于细。"在推进活动的过程中,教师要认真规划、关注细节、通力合作、积极推进。

最后,教师需要定格精彩、理解传承、反思跟进。教师可以叮嘱学生积极进行风采捕捉,定格活动精彩瞬间。活动落幕后,教师还可以在整理活动成果的基础上,积极反思记录,修改活动原型和设计理念,将文字内容付诸实践。

研究组将开展的部分实践活动方案和图片(见附件1、见图4)展示如下,仅供参考。

附件1

承千年之精粹,续文化之精华
——高一年级传承历史、弘扬传统文化系列活动方案

一、活动目的

泱泱华夏,五千年文明源远流长,堂堂中华,优秀文化薪火相传,在世界文明的殿堂中,中华民族占据前列。大风泱泱,大潮滂滂。站在新世界的浪尖,站在党的二十大开局之年,我们更应乘着时代的东风,让传承恒久远,文化永流传。基于此,高一历史备课组在学校"良心"与"智慧"理念的指引下,开展长春吉大附中实验学校高一年级"承千年之精粹,续文化之精华"传承优秀传统文化系列活动,深入落实立德树人根本任务,丰富学校教学活动,助力教

育高质量发展,用多种方式"赓续文化基因、坚定文化自信",培养"承千年之精粹,续文化之精华"的时代新人!

二、活动主题

"承千年之精粹,续文化之精华"传承优秀传统文化,本学期开展"寻根之旅、姓氏溯源"和"仪倾四方、雅行少年"主题活动。

三、活动时间

3月13日至4月14日。

四、活动对象

高一全体学生。(物理类同学自愿参加)

五、活动内容(同学们二选一,每项活动每班限报25人)

(一)"寻根之旅、姓氏溯源"主题活动

1. 姓氏知识收集整理

班级内部组成研究小组进行姓氏调查,主要涉及:

(1)姓与氏:姓与氏的区别,姓氏的来源。中国有多少姓氏?姓氏的家谱是什么?主要内容有哪些?

(2)百家姓:你了解百家姓吗?数一数你的姓排在第几位?百家姓的成书背景是什么?百家姓为什么这么排?

(3)家谱:家谱知识。

2. 家谱绘制、寻根问祖

绘制或展示自己家族五代以内的家谱,进行展板展示。

3. 成果交流和展示

(1)班级举行研究小组成果交流会:制作PPT展示姓氏文化,并介绍组内或班级同学姓氏的起源与发展演变。(展示时间暂定8分钟/组)

(2)展板展示:家谱和全家福。

(3)成果展示:编写《长春吉大附中实验学校高一年级姓氏调查报告》,中厅展示,必要时参加相关课题研究或者比赛。

(二)"仪倾四方、雅行少年"主题活动

1. 学生分组前学习"中华传统礼仪"。

2. 班级展演:展演小组服装:着汉服;讲解同学和演示同学配合展示(展

示时间暂定8分钟/组）。

3. 年级展演：视频直播：利用班会时间直播展示。

4. 展板展示：展板展示活动精彩瞬间照片。

六、活动流程

1. 3月13日—19日：自愿组队报名，每组需有小组长、风采捕捉人（需要有较专业的设备和较专业的技术）并填写报名表；小组研讨练习。

2. 3月20日—3月25日：成果展示交流，班级课堂展示。

3. 4月10日—4月14日：班会直播展示。

七、活动奖励

一等奖3组，二等奖5组，三等奖16组。

图4 高一年级传承历史、弘扬传统文化系列活动

5. 校园文化传播

课程改革强调要"以文化人、以文育人"。因此，高中推进文化理解与传承工作，要坚持充分发挥文化的力量。它具有独特的渗透性，属于隐性载体。它主要涉及校园精神文化、制度文化和物质文化。其中精神文化是校园文化的核心与灵魂。需要指出的是，校园的精神文化包括学校发展的理论支撑和顶层设计，如校风、校训、学校发展愿景、教风和学风等，它的养成并非自发，而是具有极强的自觉性。

对此，研究组认为学校一方面要充分挖掘和利用优秀文化，锻炼学生相关能力，培养良好品德以报效祖国、服务社会。另一方面要立足光荣校史，深入挖掘资源，积淀文化底蕴，营造文化内核，增强师生对学校的认同感与归属感。

（四）高中文化理解与传承素养"一体三维五径"实践具有文化性、时代性和民族性

高中开展文化理解与传承教育体现了文化性。文化无所不含，教育本身即是文化的组成部分，教育就是不断推进从"自然人"到"社会人"的文化传承活动。新时代的教育要深耕中国大地和优秀文化，以深厚的根基、高远的站位，不断培养社会主义的建设者和接班人。在普通高中开展文化理解与传承教育，不仅满足立德树人的需要，更源于新时代下中国社会政治、经济、文化全面发展的需要。

高中进行文化理解与传承教育体现了鲜明的时代性。教育随时代的变化而不断调整和转变，而文化的发展是衡量社会进步的重要目标。从中华文明发展历程可见，历史悠久的中华文明孕育了优秀的传统文化，为文化发展提供了源泉和动力，为中华民族的伟大复兴提供了雨露和优势。可见，普通高中进行文化理解和传承教育，对传承中华文明、推动人类向前发展具有重要作用。

高中进行文化理解与传承教育体现了鲜明的民族性。教育对中华民族发展有着重要作用。相信通过文化理解与传承教育，会在深入挖掘中华文化核心思想、精神内核、价值精髓的基础上，不断在深入培养社会主义建设者、接班人的过程中展现文化的历史积淀和独特魅力，使优秀文化的核心基因得以代代相传、发扬光大。

四、成果取得的效果与反思

（一）成果取得的效果

1. 成效初显，师生共成长

研究组通过聚焦文化理解与传承素养，以知识和实践为载体，构建"一体三维五径"实践模型，不断推动学生崇德励志，富有责任担当，德智体美劳全面发展。比如我校学子在举办的"激情冰雪，燃动青春"同跳冰雪健身操快闪活动中，吸引了当地媒体前来报道，许多市民围观，产生了较好的社会影响，带动了冰雪文化的发展，传播了健康向上的体育精神。再比如，我校毕业生邵同学，积极参与在全国各地筹建公益性图书馆的活动。可见，在文化理解与传

承实践体系下培养的学生不仅学业品质好,更具有责任担当,懂得感恩,善于合作。我们也相信在逐渐完善的文化理解与传承实践体系下,我校将会有更骄人的成绩。

研究组成员在自我提升的同时,不断推进教师队伍建设,逐渐打造出一支有理想信念、道德情操、扎实学识和仁爱之心的优秀教师团队。目前已形成了一支以正高级、高级、省市骨干教师和高学历人才为主体的教师团队。在施教中,我们始终坚持立德树人,厚植家国情怀,洞悉教育本质,培养担当民族复兴大任的时代新人。同时,全校教师勠力同心致力于课程改革,涵养教育智慧,以名校之担当引领基础教育之发展。

2. 辐射传播,引领示范

研究组进一步总结反思与优化高中文化理解与传承实践模型以及实践方略,撰写相关论文,不断梳理过程性材料,撰写研究报告,努力实现实践经验反思与理论提升、思想凝练与实践创新、自我成长与互帮互学的有机结合。可喜的是,研究组的成果已经获得了些许认可(见表1)。在此基础上,研究组积极分享优质教学资源,通过参加校内交流研讨、积极承担各省市级培训工作等方式辐射传播、引领示范。

表1 研究成果取得的效果总结表

类别	名称	主要内容	认可度
著作类	《高中立德树人教育体系的构建与实践》	本研究属于学校立德树人教育实践体系的组成部分,阐述了学校对立德树人的理解、体系的构建与实践优化	已公开出版
论文类	《传承适变、精思从教、专业涵养》	研究组培训的内容,从课堂和教学反思的视角总结分析了教学实践,培训之后总结升华成论文	发表在国家级期刊上
	《优效设计、精准路径、共筑效应》	分析了立德树人的路径,为立论提供依据	发表在国家级期刊上
	《普通高中历史文化理解与传承素养内涵及特征分析》	分析了文化理解与传承的内涵与特征	发表在国家级期刊上

续表

类别	名称	主要内容	认可度
论文类	《基于立德树人落地的高中历史传统文化理解与传承教育策略探究》	历史学科研究成果的集中体现，分析了文化理解与传承的内涵和必要性，并重点分析了实践策略	发表在省级期刊上
	《"文化理解与传承"视域下高质量学科活动实践探究》	对高质量学科活动进行了概念解读和实践策略探究，不断用良心与智慧，在授人以渔的同时授之以荃	在学校科研论文大赛中荣获一等奖，将会在进一步修改的基础上投稿
培训类	《如何培植学生数学核心素养》		省骨干教师培训专题讲座
	《依据标本、逻辑深研、探寻高中历史教学新样态》		长春市集体备课优质资源
	《传承适变、精思从教、专业涵养》		县中托管帮扶校穆棱一中教师培训

（二）研究反思

1.高中文化理解与传承教育模型图需要进一步完善

本次校内课题研究，研究组遇到最大的困难和挑战就是高中文化理解与传承教育模型图的构建与完善。幸运的是，在大家的共同努力和攻坚下，研究组进行了模型图的构建和优化，但其科学性、逻辑性和实践性等都需要深入研究和完善。

2.转变教学理念，积极进行课堂改革

教育不单单是教师和学生组成的简单的教学活动，它还需要教学理念的指导。为实现"立德树人"的目标，落实"文化理解与传承"素养，教师必须要树立全面发展的教学理念、素质教学理念、创造性教学理念、开放性教学理念、生活教学理念和家庭教学理念。在此基础上，革新教学内容、手段和方式方法，以灵活多变的方式开发实施文化理解与传承教育的教学。

3.全面提升专业知识，培养人文素养

高中教师仅仅转变教学理念还不足以成为一名合格的文化理解和传承教育的探究者。在新时代，要成为一名合格的教师，仅仅掌握教材是不够的，还需要拓宽专业知识、提高扩展教材的能力,以此来完善自己的知识体系,加深对文化的认识和学习,不断提高文化素养。

21世纪我们应以高度的文化自信参与到全球化进程中来。这种自信离不开我们以独特的生存方式学习文化、理解文化、传承文化、弘扬文化!这需要教育为其打底,需要基于立德树人的高中文化理解与传承教育的实施。当然,这并非一朝一夕就能见效。高中教师要不断坚持学习深造,以广阔的视野,扎实的专业素养,从挖掘与整合、感知与共情、转换与自主、实践与传承的角度入手,激发学生持久而强烈的学习动机,相信一定能促进学生文化理解与传承素养的落地,真正达成"立德树人"的目标。

[参考文献]

[1]习近平.高举中国特色社会主义伟大旗帜,为全面建设社会主义现代化国家而团结奋斗——在中国共产党第二十次全国代表大会上的报告[EB/OL].(2022-10-16)[2022-10-25]. https://www.gov.cn/gongbao/content/2022/content-5722378.htm.

[2]泰勒.原始文化[M].桂林:广西师范大学出版社,2005:46.

[3]刘妍,马晓英,刘坚,等.文化理解与传承素养:21世纪核心素养5C模型之一[J].华东师范大学学报(教育科学版),2020,38(2):29-44.

[4]何克抗,李文光.教育技术学[M].北京:北京师范大学出版社,2009:74.

[5]顾明远.中国教育的文化基础[M].太原:山西教育出版社,2018:32.

主要成员:周晶 李海军 刘春玲 李俊鹏 张瑞航(长春吉大附中实验学校)

执 笔 人:周晶

古诗文教学培育小学生文化自信的研究与实践

一、问题的提出

在实现中华民族伟大复兴的征程中,坚定文化自信成为国家、民族持续发展不竭的动力来源,是国家文化软实力的重要构成部分,在整个民族的发展过程中起着举足轻重的作用。作为中华优秀传统文化瑰宝的古诗文,蕴含着丰富的民族思想、情感、精神、智慧,其内容广泛,承载着中华民族的语言风格、文化习惯、审美情趣、思维品质、心理特征、人生信仰、民族追求等民族文化因素,是对学生进行家国情怀、社会关爱、人格修养培育的最佳载体,其文体具有高度的艺术性,有利于学生潜移默化地受到文化熏陶、传承民族精神。但是因古诗文文体属性、历史久远等特点,教师自身文化意识、修养等局限,当今古诗文教学存在诸多问题,课程体系构建、课堂教学实施都存在很多不足,特别是对涉及思想、精神等深层次领域的文化自信教育的研究不够,致使其无法充分发挥培育学生文化自信的教育功能。

(一)教师层面存在的问题

由于古诗文教学本身具有一定的难度,加之教师个人传统文化素养有缺失,对国家教育方针关注不够,对语文核心素养内涵理解不深入等问题,导致教师普遍缺乏在古诗文教学中培育学生文化自信的行动自觉与实践能力。

（二）课堂教学层面存在的问题

古诗文课堂教学中存在教学目标设定过于功利化，忽视优秀传统文化育人价值；教学内容重视知识掌握，压缩学生文化体验；教学过程脱离学生实际生活，缺少文化关怀和文化敏感性；教学方法机械陈旧，不注重学生文化学习心理与需求；教学评价标准单一，忽略学生文化自信培养等诸多问题。

（三）学科活动层面存在的问题

学科活动缺少系统构建，导向性不明确，在活动的设计、组织、实施过程中存在随机性大、重外在形式表现、轻活动育人功能的现象。此外，活动设计与课内学习缺少衔接、活动形式单一、音像资源储备不足等问题，也不利于学生从内心深处亲近、认同中华文化。

（四）在课程体系构建层面存在的问题

在如何不局限教材，构建在古诗文学习中培育小学生文化自信的系统性课程体系，创建特色语文学科活动，开发特色校本教程，拓宽培育学生文化自信的途径等系列问题上，教师仍存在很多困惑与期待。

本研究尝试通过构建"统编教材＋校本课程＋学科活动""一体两翼"古诗文校本课程体系、"悦读激趣、创境融情、品析明理、拓展笃行"古诗文四维教学策略，挖掘古诗文对学生精神培育、建立文化自信的作用，为一线教师提供直观的可借鉴、可参考的教学策略，扩展文化自信的研究领域，丰富小学古诗文教学实践研究成果，促进在古诗文教学中完成传承中华优秀传统文化、培育担当民族复兴大任的时代新人这一重大历史使命。

二、解决问题的过程与方法

（一）需求导向与实践探索

基于国家对语文课程传承中华优秀传统文化、落实立德树人根本任务的要求，针对统编版教材古诗文占比激增、教师急需相应教学指导的需求，结合学校自2005年以来自主研发《古诗文启蒙》校本教材的实践探索，确定研究课题。

（二）理论研究与系统设计

通过文献研究确立以古诗文校本化课程建设、教材解读、主题教研为框架的研究范式，设计以实施统编版教材为主体，以开发校本教材、学科活动为辅助的"一体两翼"校本化课程体系。

（三）持续改进与体系优化

开展文本分析与行动研究，梳理统编版教材古诗文篇目，按题材横向分类、按主题纵向贯通，开展主题统整式教材解读培训；完善校本教材建设，构建"5+4+3"《古诗文启蒙》校本教材编写与实施体系；提炼"悦读激趣、创境融情、品析明理、拓展笃行"四维教学策略；开发"立德为重、践行为要、育人为本"学科活动；运行"课例研学、骨干引路、分学段教研、互助诊断、成果发布"主题教研机制，形成"强化教师培养、实践创新、管理诊断、经验凝练"研究机制。

（四）辐射传播与示范引领

借助省市名师工作室平台、区域校际交流平台、国家省市赛课平台等进行成果推广30余次，惠及数万师生；与长春出版社签约，即将正式出版《小学生古诗文启蒙128堂课》（原校本教材全面修订版）；指导长春市三城区四所学校完成、发表《诗人的足迹》等古诗文单元开发方案4项；编写、出版《个性化教学大单元开发指导》3本。

三、成果的主要内容

（一）构建"统编版教材 + 校本教材 + 学科活动"的"一体两翼"古诗文校本课程体系

"一体两翼"即以统编版教材为主体，校本课程、学科活动"双翼护行"的校本课程体系。以梳理统编版教材古诗文选篇的人文目标、挖掘其精神内核、培育学生文化自信为基；以开发校本教材为补充，扩大古诗文诵读的"面"和"量"，满足学生扩展性、个性化阅读需求，并建立"5+4+3"《古诗文启蒙》校本教材编写及实施体系；以创设学科活动为辅助，开展"立德为重、践行为要、育人为本"的学科活动，搭建起学习与应用、文化与生活相沟通的桥梁，形成了立体化、序列化、螺旋上升的课程体系，为弘扬传统文化、培育学生文化自信提供有力支撑。

1. "一体两翼"的古诗文校本课程设置概况（见表1）

表1 校本课程表

"一体"	国家课程：统编版教材	按国家课时安排实施教学
"两翼"	校本课程1：《古诗文启蒙》	3—6年级每周一节纳入课时
	校本课程2：学科活动	集中安排在语文综合性学习或实践活动时间

2. 构建"教材解读培训+主题教学研究"模式，实施统编版教材教学

（1）梳理教材、归纳知识点、进行分类。通过汇总统编版教材中的129篇古诗文，按题材横向分类：分为写景诗、咏物诗、送别诗、军旅诗、行旅诗、讽喻诗、哲理诗、传统节日篇、惜时篇、劝学篇等；按主题纵向分类，分为三大类十余个小项，即传统美德（敬老爱亲、仁爱宽恕、敦厚守信、勤劳勇敢、惜时勤勉等）、人文精神（热爱自然、热爱生活、热爱和平、洁身自好、淡泊名利、志存高远、自强不息、忠于职守、忠贞爱国等）、基本思想理念（讲仁爱、重民本、守诚信、崇正义、尚和合、求大同等）。

（2）开展"主题统整式"教材解读培训。依据课题研究目标，设计"主题统整式"教材解读培训模式，即将12册教材中同一主题的古诗文整合在一起，每轮培训围绕同一主题的古诗文展开。优化以单篇或单元为主体的培训模式，解决两个主要矛盾：一是统编版教材中古诗文占比激增与教师古诗文教学经验、能力不足之间的矛盾，二是古诗文丰富的人文内涵与实际教学中淡化古诗文育人功能之间的矛盾，保证培训的辐射面与实效性。

（3）建立"学研一体、分步推进"主题教研机制。在教材解读培训基础上，建立"经典课例研学、骨干教师引路、分学段主题教研、课题组成员互助诊断、实验成果分级发布"的主题教研机制，逐步探索理论—实践、个体—团队、校内—校际、线上—线下相结合的培训方式，切实构建经验反思与理论提升、思想凝练与实践创新、自我成长与专家指导、互帮互学与引领辐射有机结合的教师培养模式。

3. 构建"5+4+3"的《古诗文启蒙》校本教材编写及实施体系

（1）校本教材开发框架的5个角度。教材编写的核心理念：明德、博学。意在从小学起，从开阔视野、丰富知识、陶冶情操、提高文学修养等方面给予学生以中国古典文学的启蒙教育。同时补充现行教材中德育、修身知识点的不足，熏陶濡染、潜移默化地为学生人文品质、道德品质、文学修养奠基，为培

育小学生文化自信奠定基础。

教材内容选择的三个维度五大方面：三个维度，即人与自我，人与他人，人与世界；五大方面，即"家国情怀""礼仪孝道""学会学习""生存共处""审美情趣"。以选择、整合、拓展的途径落实课程内容。

教材内容选择的出处：校本教材多出自《蒙学十三篇》和其他名家名篇。内容都是小故事、俗语、名言警句等，少则十几字，多则几十字，短小精悍、易读易懂、易于成诵。

两个关键点：即一课一个知识点，一个教育点。其中知识点主要根据文章内容，选择适合小学生理解能力的文言实词、虚词，贴近小学生实际进行注释，实用性、可接受性较强。教育点围绕编写核心价值观，着重在评（赏）析部分以时代精神为准，对相关内容进行推陈出新的评析。体现内容是"古"、精神是"今"，形式是"古"、价值观是"今"的价值追求，体现中华传统文化生生不息、与时俱进的生命力，增强学生的文化认同，坚定文化自信。

内容编写体例：每一课由原文、注释、译意、国学堂、学而思、日积月累六个方面构成。

（2）电子学习资源包的4个组成为学习指南、原创微课、学习检测卡、原创朗读录音（见表2）。以此实现线下与线上教学的融合，支撑集体学习与小组学习、个别学习的灵活切换，促进学习方式变革，强化课程评价的过程性、整体性，发挥评价的导向性作用。

表2　电子学习资源包目录（已完成开发）

	学习指南	学习要求	
		学习方法	
电子学习资源包	原创微课	四年级	名言类+故事类
		五年级	
		六年级	
	学习检测卡	朗读	
		课内重点知识	
		德育知识点落实	
		课外延伸	
		好词佳句积累	

（3）校本课程实施的3种策略。保证校本课程有效实施的策略为：纳入课时，3—6年级每周一节古诗文启蒙课纳入校本课程课时；采取过程性与终结性

相结合的评价方式，通过每节课的学习检测卡及课后"学而思"小练习，进行过程性评价，以纳入期末学科质量检测的形式，进行终结性评价；定期开展经典诵读活动，整合学习内容、情境、方法和资源等要素，突出不同学段学生核心素养发展的需求，体现课程的连贯性、适应性，促进课程实施，让古诗文学习培育学生文化自信的思想在实践层面得以落地。

学校课题研究团队在2005年编撰的《古诗文启蒙》教材（经吉林省中小学教材编定委员会审核发行）基础上，多次进行修订，并于2019年进行全面修订，共编入128篇，现与长春出版社签订出版合约，即将以《小学生古诗文启蒙128堂课》读本形式正式出版发行。

4. 创建"指向学生体认中华优秀传统文化"的学科活动体系

（1）基本思想："一个中心两个基本点"。针对语文学科活动存在导向不明确，活动设计、组织、实施随机性大，重外在形式表现、轻活动育人功能等问题，构建了"指向学生体认中华优秀传统文化"的学科活动体系，即以"树人为中心"，以"立德为重点"，以"践行为要素"，简称"一个中心两个基本点"。

（2）活动形式：融入学校主题活动，开展学年专题活动。为科学安排学科活动，保证其常态化、高质量开展，同时简化操作程序，不增添师生额外负担，将"指向学生体认中华优秀传统文化"的学科活动采取融入学校"诗书礼乐进校园"主题活动，并每学期开展学年专题活动。

（3）工作机制：自上而下统筹、自下而上计划、部门联动推进、指导评价护航。"指向学生体认中华优秀传统文化"的语文学科活动体系，是学校实施"德育工程"的一个重要组成部分，为保障活动的高质量开展，建立了"自上而下统筹、自下而上计划、部门联动推进、指导评价护航"的工作机制。

自上而下统筹、自下而上计划：在学校整体规划下，1—6学年在学期初结合本学期课内学习内容及当下时事热点、要点，制定本学年学科活动方案，教导处进行审核、指导，形成学校整体活动方案。

部门联动推进、指导评价护航：教导处对活动进行全过程指导、监督、评价；德育处辅助完成学校范围内优秀活动成果展示工作；课题组开发、建设活动资源库（电子音像库、经典诗文库、历年活动材料库等），负责学校品牌特色活动的常态化安排（每天清晨"美好晨光·诗韵绵长"诵读活动，每周三中午《中国诗词大会》《经典咏流传》大型文化类节目观影活动,每学年年度经典诵读大赛、诗词大会展示活动)。

成果创新:常态化落实"三个一"活动。

每日一诵。每天清晨20分钟作为全校各年级诗词诵读活动时间,由学校教导处(课题组主要组成部分)按年级特点、《古诗文启蒙》校本教材内容,规划、制定诵读篇目,各班语文教师借助课题组资源库资源,组织学生诵读;在每日诵读基础上,学校德育处每周组织一个班级在学校正厅展示诵读成果,让同学们在形式多样、具有仪式感的诵读中感受诗文的魅力,体验文化传承的自豪。

每周一赏。每周三中午,学校"春天影院"会为学生按时播放《中国诗词大会》《经典咏流传》等经典文化类节目,积淀学生的文化底蕴,培育学生的审美情趣,同时通过聆听名家点评,提升认知、开阔视野、充分感受中华经典诗文的不朽魅力,增强对民族文化的认同感与自信心。

每学期一赛。每学期,学校通过举行诗词大会、经典诵读大赛,激发学生学习古诗文的热情,并通过大赛活动,展示青少年在学习古诗文过程中濡养出的中华少年的气质与风骨,使中华优秀传统文化内化于心、外显于形。

(二)构建培育小学生文化自信的"悦读激趣、创境融情、品析明理、拓展笃行"古诗文教学策略

通过课堂观察、调查访谈,课题组归纳出一线教师在古诗文教学中存在目标设定、内容选定、流程设计、方法选用、评价标准等方面千篇一律、模式固化的问题。此类问题的出现,与教师对古诗文的教育价值判断不足、对不同篇(类)诗文培育学生文化自信的落脚点缺少研究有关。针对存在的问题,构建了满足学生情感需要、丰富学生情感体验、引导学生知行合一、培育学生审美情趣、道德情操、家国情怀等心理认知的教学策略,即以"悦读激趣、创境融情、品析明理、拓展笃行"为目标和路径的古诗文教学策略。

1.以读激趣,唤醒学习热情,感受文字之美

针对文本题材及学生年段特点,综合运用"听读、诵读、画读、演读、唱读、读写、配画外音读"等方法,让简约、静止的文字活起来。听读,让学生在课堂中听到名家经典诵读,激发模仿的欲望;诵读,让学生在朗读中感受古诗词的节奏之美、韵律之美,激发学生对祖国语言文字的热爱;画读,让学生在简

约的文字中看到鲜活的画面，体会古诗文"诗中有画"的艺术特色，提升学生审美情趣；演读，通过穿越历史时空，走进诗人生活，想象诗人当时当事的所做、所言、所思，体会作者情感，产生情感共鸣，提升思想认知；唱读，通过将谷建芬老师创作的《新学堂歌》、大型文化类节目《经典咏流传》等引进课堂，让学生在多种形式的学习中，提高学习兴趣，提升文化品位；读写，通过将古诗词改写为现代文或仿写等形式，提升学生综合运用祖国语言文字的能力；配画外音读，借助"剪映""短视频"等多媒介手段，为古诗文配音，激发学生学习热情。

2. 关注诗歌意境，运用联想与想象策略，体会文化之韵

联想与想象阅读策略尊重学生独特的感受、体验，同时兼顾对学生表达能力的训练，古诗文因其语言简练、跳跃性大，同时意象鲜明，给读者以自由想象的空间大，适选用联想与想象阅读策略。一是找准切入点，这是实施策略的先决条件。联想训练的3个切入点：生活体验接通处、新旧知识连接处、与其他文本关联处。想象训练的4个切入点：描摹细致生动处、情节跌宕跳跃处、行文留白处、深化文章主旨处。二是精心设问，这是实施策略的关键。7个设问点：与生活体验接通处、新旧知识连接处、与其他文本关联处、描摹细致生动处、情节跌宕跳跃处、行文留白处、深化文章主旨处。设问内容的选择：应是学生通过联系上下文、生活经验、先备知识形成自己独特认识的问题，一般应遵循"最近发展区"原则。设问表述方式的要求：亲切自然，具有发散性。设问时间的掌控要求：留给学生充分思考、收集、整合、转换信息的时间。三是创设情境，这是实施策略的有效保障。常用方式有语言渲染、音乐背景烘托、呈现画面、引入影像资料等。

3. 拓展阅读，贯通课堂内外，理解文化内涵

在教学教材内容时，适当围绕同一主题或同一作者的作品进行拓展性阅读，也称之为古诗文中的群文阅读，有利于贯通课堂内外，形成学生的文化认同。根据教学需要，从题材、主题等维度，对同一册、同一年级、不同年级的古诗文进行整合，按专题开展古诗文教学，积极引导学生把课内学到的古诗文阅读方法，运用于大量的课外自主阅读中。

4. 融合实践，语文综合学习，凸显文化自信

文化自信是隐性的，需要在教学中"润物无声"式地渗透培养。通过丰富多彩的古诗文实践活动，让学生的文化自信得以凸显。可开展诗词大会及古诗文中的人物探寻、古诗文中的中国历史、中国地理等综合实践活动。

四、成果取得的效果与反思

（一）学生层面：夯实文化底蕴、坚定文化自信

"一体两翼"课程体系、四维教学策略的构建与实施，使学生对祖国语言文字、对词约意丰的古诗文中所蕴含的民族核心思想理念、人文精神、传统美德等价值追求有了丰富的感知、正确的价值判断、坚实的文化积淀，以及笃行实践的文化自信，学生语文核心素养得以形成和发展。小学六年学生人均积累古诗文300—500首（篇），2020年教育部第二届中华经典诵写讲大赛中我校37名学生获奖，2021年度"诗词咏流传"青少年国学盛典中我校16名学生进入决赛；学生内化于心、外显于形的精神风貌成为我校获得"全国文明校园"称号的显著标识。

（二）教师层面：强化使命担当、提升实践能力

教师通过全方位参与新课标、新教材解读培训、主题教研、教学实践、课程开发、教材建设、体认式活动等，提升了在语文教学中传承中华优秀传统文化、落实立德树人根本任务的意识，明晰了古诗文教学的育人价值，强化了以文化人、培育时代新人的使命感。教师在古诗文教学培育小学生文化自信的教学目标设计框架、关照现实生活二次优化教学内容、关注学生情感体验优化教学策略、完善评价机制促进学生内化笃行、开发校本课程形成系统育人体系等方面获得经验性成果，其中包括18节古诗文教学课例获奖，15项科研成果获奖，22位教师参与校本教材编写，46个自主开发的古诗文校本教材学习资源包深受学生喜爱，25人次获全国优秀教育工作者、吉林省优秀教师等称号。

（三）区域辐射：推广典型经验、提供"以文化人"样本

课题组一边研究，一边总结、推广成果。赴新疆、厦门等地及本省域各县（市）区做专项成果发布、推广30余次，惠及数万师生；5篇研究论文发表于全国核心期刊及长春市思政成果汇编等刊物；指导长春市三城区四所学校开发、出版

古诗文单元开发方案4项；受长春出版社委托，于2019年全面修订校本教材，并以《小学生古诗文启蒙128堂课》读本形式签订图书出版合同，即将发行，将惠及更多学校、师生。

[参考文献]

[1] 卜春艳. 古诗文阅读与优秀传统文化传承的实践路径分析[J]. 语文建设，2018（29）：78-80.

[2] 陈萍. 让古诗文教学意蕴悠远[J]. 新教师，2016（10）：37-38.

[3] 陈其泰. 关于"民族精神"内涵的理论思考[J]. 社会科学战线，2010（11）：74-77.

[4] 冯铁山. 小学古诗文演绎教学：内涵、价值与课型[J]. 课程·教材·教法，2019，39（10）：104-110.

[5] 方洁. 小学语文古诗词教学现存问题及策略研究——以B小学为例[D]. 扬州：扬州大学，2014.

[6] 胡虹丽. 坚守与创新：百年中小学文言诗文教学研究[D]. 长沙：湖南师范大学，2010.

[7] 张艺帆. 小学语文古诗词教学探究[D]. 武汉：华中师范大学，2008.

[8] 钟启泉，编译. 现代学科教育学论析[M]. 西安：陕西人民教育出版社，1993：55.

[9] 王国维. 人间词话译注[M]. 施议对，译注. 上海：上海古籍出版社，2016：23.

主要成员：王建勋　任洲仪　肖利敏　田璐　黄凤　管颖（长春市第一实验小学）

执 笔 人：王建勋　任洲仪

培养学生核心素养的"两维双模"实践创新

2014年以来，国家出台了关于"核心素养"发展的系列改革文件，探索核心素养落地路径成为教育实践者的迫切诉求。2016年至今，长春市持续探索区域推进核心素养发展的大单元教学综合改革路径，形成培养学生核心素养的"两维双模"研究成果，推进了市域小学大单元教学研究进程和优质资源共享。

一、问题的提出

在全球化、信息化与知识社会的背景下，各国综合国力的竞争从过去表层的生产力水平竞争转化为深层次的人才竞争，21世纪培养学生哪些核心素养，从而使他们成功地融入未来社会，成为各国教育发展的共同主题。2014年以来，我国相继发布系列文件，将"中国学生发展核心素养"置于深化课程改革、落实立德树人根本任务的基础地位。教育教学是培养学生核心素养的主渠道，当前仍存在对学生的学习态度、学习方法、学习能力和学习差异等诸多方面关注不足的问题，不利于学生核心素养发展，具体表现如下：

（一）"有单元教材，无单元教学"导致的学生知识碎片化、思维浅表化问题

传统教学还没有实现从"教教材"到"用教材教"的转变。教师们习惯于

一课一课地割裂式推进，将关注点落在了每一课每一个分散的知识点的习得上，而忽视了教材单元的整体编排意图，缺乏教材统整意识和课程资源开发能力，死抠教材，过度依赖教师用书，教学单薄、狭窄、封闭，不能站在学生立场，依据核心素养培养目标，对教材单元进行统整和重组，开发符合学生认知规律的、与学生生活联系紧密的丰富的课程资源，导致学生接受的是碎片化的知识，无法形成结构化知识，无法达成能力迁移，记忆、理解运用较多，思维浅表化，应用、分析、评价运用较少，难以创造性地解决复杂情境中的真实问题，不能形成高阶思维。

（二）"重学习任务，轻方法指导"导致的学生学习被动，缺乏合作能力、反思能力的问题

传统教学还没有实现从"教为中心"到"学为中心"的转变。教师们依据自身的教学理解和主观期望，布置教学任务，关注教学进度，而忽略了学生的学习兴趣、学习速度、认知方式和已有经验等差异，没有基于真实的学情和学生的核心素养发展开展教学活动。布置了学习任务后，虽然教师也会以提出各种问题、开展小组讨论等方式调动学生的参与意识，培养学生积极发言的勇气，发展他们的思维能力，但课堂上很少为学生留出充足的自主学习时间、提供自主学习的工具、方法和路径，导致学生认识肤浅，在小组讨论中难以形成思维碰撞，自主学习能力、合作探究能力无法得到深度发展；对学生的学习进程缺乏评估调控，学生不清楚自己为什么学、怎么学，学到了什么程度，问题何在，如何解决，因此学习被动茫然，目标模糊不清，缺乏自主学习方法，不善于反思改进。

（三）"重单点突破，轻团队协同"导致的研究深度不足、优质资源不能共享、区域发展不均衡的问题

目前，市域内的教育改革现状是：中小学研究积极性很高，却受限于研究主体单一，单兵作战，单点突破，个体研究力量薄弱，缺少学校间的多层级、多角度、系统化的融合探索；中小学实践经验丰富，但理论探索能力偏弱，科研与教研分离，缺乏智库专家指导，掣肘了研究的深入；能够形成一定的优质研究成果，但只"研"不"推"、重"研"轻"推"的现象比较严重，个别研究主体自身影响力不足，市域内又缺乏有效的成果推广转化检验

机制与模式，不能及时、广泛地推广和转化优质成果，打破优质资源"画地为牢"，无法实现以强带弱、共研共进，提升区域薄弱校的研究能力和教学质量。

本成果从根本上改变了"教为中心""知识本位""思维浅表"的教学现状，探索出了"学为中心""尊重差异""思维高阶"的区域推进核心素养发展的大单元教学综合改革路径；同时，形成了区域集优集群、共研共进的新发展模式。这些理论和实践成果，为国家、省、市核心素养落地研究提供了长春样本。

二、解决问题的过程与方法

（一）探索大单元开发，促进高阶思维发展

2016年，课题组开展多方多维调查，了解了市域内核心素养培养现状，确立了以核心素养培养为旨归、以大单元开发为载体的教学综合改革研究方向，开展了吉林省教育科学重点规划课题"核心素养与个性化教学综合改革行动研究"。采取"行政推动、项目带动、三级联动、智库驱动"的研究策略，双向多边的研究模式，以龙头校长春市第一实验小学为项目引领校，东北师范大学等域内高校、吉林省教育科学院等科研院所作为智库支撑，带领长春南湖实验中海小学、朝阳区安达小学等20所区域引领校、100所市域试验校，制定逐级分项的研究方案，协同攻关，分步有序地推进研究，形成了市域协同探索核心素养培养的大单元教学改革试验新局面。

从个性化教学的课程建设、课堂教学、师生评价、师资培养等多方面，确立专项课题104项，针对同类课题组建多个研究共同体，逐项解决大单元设计、工具开发、评价方式等问题，在研究重点上不断取得突破性进展。构建"专家+骨干+研究教师+家长""教研室+科研工作+教导处+教学工作""科研部门+专家+龙头校+试验校"的校内、校际共同体研究模式，基于"中国学生发展核心素养"框架、学生个性化学习需求和认知规律，全面分析传统教学的问题成因，按照"单元选定—单元方案撰写—单元计划实施—单元评价—反思完善—资料汇编"的行动研究路径，从课程结构、单元内容到教学组织形式进行顶层设计；从单元目标的精准确定、单元内容的统整分析、开发方案的撰写发布进行聚焦细化；从学习板块的划分，学习方式、时间空间的选择，学习工具的研发进行打磨，帮助学生形成结构化知识体系，促进高阶思维发展。

（二）实施大单元教学，关注核心素养提升

开发团队根据大单元开发设计，同学年的平行实验班级采取不同的教学设计和学习活动设计，选择不同的单元教学方式，实施课堂教学对比实验。在大单元教学班级，以任务驱动激发学生学习动力，对不同特质的学生进行异质分组、目标分层、问题分层、练习分层、作业分层、评价分层，借助层级式学习资源，对不同特质的学生给予学习支持，指引自主学习路径，实现学生个性化成长。通过"因学而导·独立自主"的个别学习、"生生交流·共享差异"的小组学习、"师生交流·教学相长"的全班学习，提供多样化合作交流体验，促进学生社会化发展。在教学进程中尝试使用嵌入式评价，明确学习方向，描摹学习现状，诊断学习问题，促进学生自我反思与调控，实现学生自主发展。开发团队每节课进行课堂观察记录，对多样化量表进行评估分析，把握学习过程中学生的思考、判断、合作、调控、表达等能力水平和发展状况；通过课堂前测与后测数据对比，检验参照班与实验班的同一教学目标达成情况，对实验班学习指南、学习工具等学习资源的效度以及学生核心素养发展的关键要素进行评估，定期反思与调整改进大单元教学策略。

开发团队在实践中将教学工作与科研工作有机整合，科研工作统领教学研究工作；科研工作计划指导教研工作计划；单元方案发布会取代集体备课展示会；组内实验课取代组内教研课；优秀试验汇报课取代校内优秀教研汇报课；对外课题发布会取代对外公开教学；研究纪要、日志、论文取代优秀教学设计、教学反思。通过教研一体的行动研究，针对发现的问题，及时改进方案，使课堂成为"三学"课堂，即学生课堂、学习课堂、学科课堂，使科研成果能够反哺教学。

课题组组织所有试验校建立了基于校际协作的学习研究共同体，边研边学，研培共进。采用"走出去、请进来"方式，依托线上与线下学习平台，以龙头学校领学与各校自学结合的方式，不断获取个性化教学的相关最新成果。针对各校的研究问题、困惑进行重点击破，带领由教科研专家和长春市第一实验小学10余名骨干教师组成的展示、研讨、指导三支团队，采取学校汇报、课堂展示、专家与教师互动、专题讲座等方式，深入所有试验校进行"把脉式"示范指导，解决了各试验校存在的困惑问题，提升了各试验校的研究能力。

（三）形成辐射性推广，推动区域优质均衡

以龙头校引领、示范校带动、试验校互动的"1+N+N^2"模式着力做好创新操作和专项突破。本着"边研发、边实验、边反思、边总结"的研究思路，及时梳理研究成果，以专题讲座、研讨会、课堂展示、论文发表等形式予以交流推广。试验校根据校情、学情，对现有的成果进行吸收、改造，形成校本化实施方案、教科研一体化管理模式及操作策略，共享优质成果；开展教学实践和深化研究，定期进行成果评选和分享活动，使已有成果进一步完善和发展。在"反思—总结—再实践"的螺旋式上升的研究中收获新成果。

2016年以来，课题组每年召开一次课题发表会，不定期组织分科培训会，不断进行阶段成果的梳理和展示，规范《开发纪要》的撰写体例，明晰三维目标的核心作用和"三个优化"的目标指向。同时，定期进行课题阶段总结，对下一阶段的研究提出具体的要求。2021年，在长春市第二实验小学召开"大单元开发"专题研讨会，聚焦大单元开发模式和学科主题教学策略，进行小学数学、语文两个学科大单元开发和主题教学研究，进一步引领试验校的实践探索。会议借助"互联网+"信息化教育技术，结对联盟试验校天津实验小学同步参与线上直播研讨，打造出信息化背景下教科研集优发展、共同提升的全新样态。研究至今，课题组举行了6次发表会，面向100余所试验校进行成果发表，持续促进了研究成果在区域校际的同步推广。课题组已成功召开了百余场核心素养线上线下专题培训会，交流了核心素养的理论知识、教科研一体化管理模式及学科操作方法策略，促进了区域内教科研工作跨越式的发展。向上级行政部门定向报送优秀成果，使研究成果转化为教育决策参考，形成良好的社会效益。2018年至2022年，课题成果在实践中得到了应用检验，教育教学效果显著，发挥了课题研究成果促进区域优质均衡发展的辐射带动作用。

三、成果的主要内容

课题组探索出了培养核心素养的"两维双模"研究成果（见图1）。

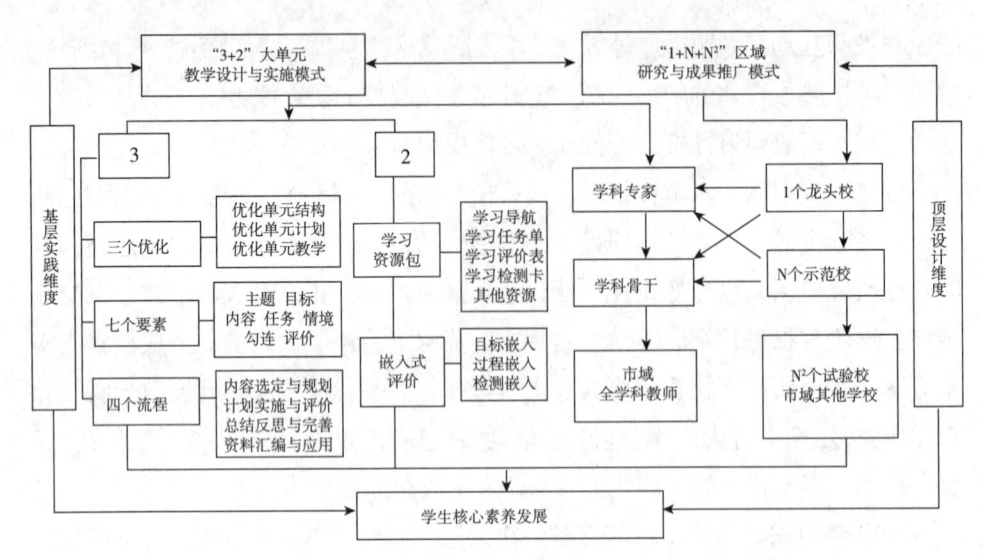

图1 培养学生核心素养的"两维双模"实践创新构架图

（一）构建了基层实践维度的"3+2"大单元教学设计与实施模式

1."3"是采取"三七四"策略设计大单元教学

三个优化：优化单元结构、优化单元计划、优化课堂教学。

优化单元结构，包括两方面：一是优化自然单元，以培养学科核心素养为中心，从学习目标的确立、学习内容的选择、教学顺序的调整和课时的安排等方面优化自然单元，构成"范例性""自主性""检测性"的全新学习版块——突出"范例性"文本的指导作用，发挥"自主性"文本的迁移作用，强调"检测性"文本的评价作用；二是重新组合单元，打破教材原有的单元结构，按照一定的逻辑（如大概念、大领域、大主题、大任务、大情境），将原本不同单元的内容组织在一起，形成新的单元，甚至突破学科进行跨学科重组。

优化单元计划：包含单元教学时间的弹性分配、单元结构的调整或重建，综合考虑单元结构中各阶段内容的权重，安排出更合适的教学进度，对教学所涉及的教学目标、教学内容、教学资源进行详细的规划和布局，将目标、任务分解落实到单元每个课时，使课时之间具有整体性、衔接性、递进性，促进核心素养目标在大单元教学中逐步落地。

优化课堂教学：打破时空限制，根据学习需求调整课堂时长，改变了传统40分钟一节课的僵化的时间管理制度，根据教学内容、学生的个性差异、学科特点、活动规律，灵活、弹性地分配教学与活动时间。课堂时间调整为30分钟至60分钟，甚至更长。冲破传统教室的桎梏，采用线上线下混合、校内校外融通的教学组织形式。综合运用个人学习、小组学习、集体学习等多样化学习方式，构建灵活、开放、尊重个体差异的课堂，全面促进学生的自主性、持续性、综合性发展。

七个要素，大单元方案的设计要关注七个关键要素，即主题、目标、内容、任务、情境、勾连、评价。

主题，作为单元统整，要体现人文性和学科性，以现实问题为背景，以课程标准和教材的核心内容为线索，着眼于学科的核心内容，体现学科属性特点和学习者情感态度、经验体验等人文特征。目标，是大单元设计的核心，要定位准确，体现课程标准、学段和学情三方面的要求，还要体现递进性和能动性，激发学生主动学习。内容，是单元学习的主体，要体现学科性和融合性，主要是依托目标，深入挖掘教材，灵活选择和整合内容，将孤立的知识要素连接起来。任务，要紧紧围绕单元主题展开，符合学生的心理需求，体现趣味性和驱动性。情境，是单元要素的连接点，要具有真实性和体验性，让学生在真实的情境中体验、感知、提升。勾连，要具有一定的连接性，不但全面丰富，而且在设计中体现出内容、方式等多方面的上挂下联，有助于学生更加充分、深刻地理解学习内容，不断完善知识结构。评价，要体现操作性和层级性，关注学生的水平、状态、结果、态度，以"改进与发展"为评价导向，嵌入学习全过程。七个要素之间紧密相连，互为促进，共同为学生学习提供自然、丰富、和谐、安全的学习场域。

四个流程，纵览大单元设计的全过程，即内容选定与规划、计划实施与评价、总结反思与完善、资料汇编与应用。

内容选定与规划，包括开发单元选定、主题与核心目标确定、单元开发方案初拟、单元整体教学设计，集体审议、修改完善并发布。计划实施与评价，通过单元全过程教学试验、教师同步课堂观察，依据评价标准实时评估教与学的效果。总结反思与完善，依据课堂观察结果和评价数据，反思、改进方案设计。资料汇编与应用，积累、整理过程性材料，建立课题研究电子档案袋，编辑《研究纪要》和《研究成果集》，为下一阶段的研究提供经验参考，形成反思性实践的良性循环。

2."2"是依托学习资源包、嵌入式评价两方面促进大单元教学有效实施

学习资源包,是学生开展个性化学习、学会自主学习、合作学习的重要依托,包括学习导航、学习任务单、学习评价表、学习检测卡、其他资源。学习导航指明学习路径;学习任务单进行任务驱动;学习评价表进行学习监督;学习检测卡能把握学情;其他资源可补充教材资源的不足。

嵌入式评价,作为课堂实施的保障,贯穿于教学实施全过程。教学目标中嵌入学习标准,让学生了解目标愿景,并能够根据自己的学习基础,科学规划学习路径,调整学习进程,引领学习方向。过程中嵌入学习标准,在学习资源包的工具中内置标准,通过测量、观察、交流等方式,搜集学生独立学习、合作学习和集体学习中的表现性信息,帮助学生诊断学习现状,让学生知道"我"在哪里,学得怎样,哪里有欠缺,原因是什么,并有针对性地改进学习路径、方法及进程。检测中嵌入学习标准,通过单元作业、单元测试、期末测试等,让学生了解自己的阶段学习结果,从结果中反观学习态度、方法、能力的欠缺,有针对性地改进。

(二)构建了顶层设计维度的"1+N+N^2"区域研究与成果推广模式

以1个龙头校为核心、N个示范校为辐射点、面向全市N^2个试验校扩展辐射范围的层层带动策略,构建"1+N+N^2"区域研究与成果推广模式,全面推进市域小学大单元教学研究进程和优质资源共享。

构建各类学校内部"1+N+N^2"的研究和推广模式:研究模式,1个核心团队+N个学科+N^2个试验班,1个学校行动研究整体规划+N个学科整体研究目标+N^2个教材单元研究方案;推广模式,1个核心团队+N个骨干教师+N^2个试验教师,1个学科+N个学科+全学科,1个试验班+N个试验班+全校班级。

构建市域内"1+N+N^2"的立体研究和推广模式:1个龙头校专家+N个示范校骨干+N^2个试验校教师;1个龙头校发表会+N个示范校成果发表+N^2个试验校成果发表。

1个龙头校:从市域内所有学校中选取研究氛围浓,师资水平高,教学理念新,研究力、创新力强的学校为龙头学校。龙头校率先试验,大胆探索研究

路径、方法、策略,并以行动带动,做好成果总结、推广和对其他试验校的指导培训。

N个示范校:从大学区中选取学习劲头足、创新意识强、跟进速度快的学校作为区域试验校,紧跟龙头校的脚步,学习、实践,并实现跨校、跨域的示范带动。

N^2个试验校:大学区内其他有意愿参与改革的学校,参与项目研发,实现校际互动。

形成龙头校引领、示范校带动、试验校互动、全市各校牵动的全息全程全覆盖、指向核心素养培养的大单元教学实践新局面。

四、成果取得的效果与反思

(一)取得的效果

1. 发展了学生的核心素养

一是提升了学生自主、合作的学习能力。学生能够借助学习工具,在充足的时间内,自主选择适合自己的学习任务,按照"学习导航"提供的路径,开展个别学习、小组对话及成果发表,形成了积极的学习态度,掌握了学习方法,乐学善学,自主、合作学习能力显著提高(见图2)。

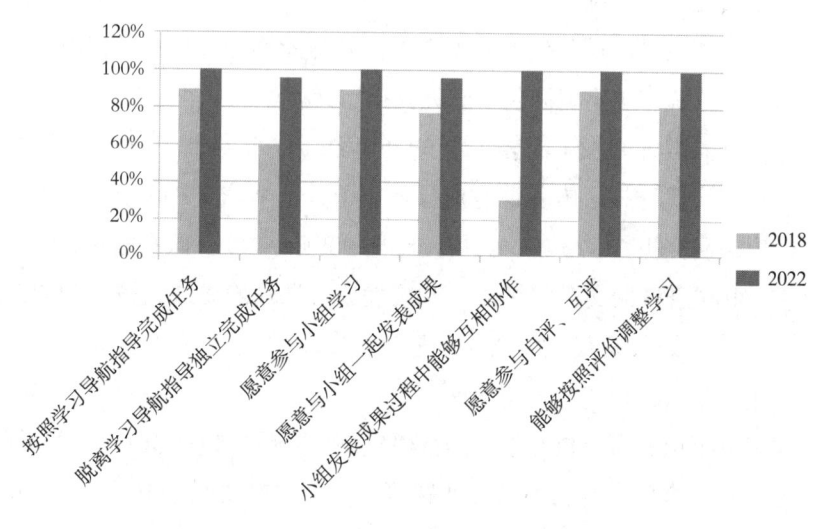

图2 学生自主、合作学习评估反馈

二是发展了学生创造性、批判性、反思性等思维。学生在学习统整后的过程中，实现了对单元整体知识的个性化建构，发挥了自主性与创造性，由浅层学习走向深度学习。在嵌入式的多元评价中，多角度、辩证地看待评价结果，在获得自信的同时，能够反思不足，从而调整学习策略和学习进程，在反思中自主成长。经过4年实践检验，试验班95%的学生能够脱离学习导航等学习工具的支撑独立学习；99%的学生能够主动合作，乐于沟通；100%的学生愿意参与评价，珍视评价机会。

三是提高了学生解决问题的实践能力。学生在"习得—理解—应用—评价"过程中，能够将知识内化，并综合运用内化的知识来解决真实情境中的复杂问题，解决问题的实践能力不断提升。

2. 提升了教师的课程开发能力

一是树立了教师教材统整意识。教师突破了以往"课程就是教材，教材就是'金科玉律'不可变更"的狭义理解，深刻认识到整合与重构单元教学内容的重要意义。

二是形成了教师单元设计与实施能力。教师能够依据核心素养目标，优化自然单元，重新组合单元，在教材统整的基础上进行单元教学设计，结构化处理单元课程内容，合理开发和使用学习导航、学习卡、检测卡等单元学习工具，使单元学习成为一个系统的学程。

三是提高了教师的课程资源开发能力。教师能够围绕单元课程内容，主动引入外部教学资源，丰富资源包，有力支撑单元教学。

近年，试验教师开发了涵盖小学3—5年级9个学科的1000多个单元教学内容。在长春市优秀核心素养课题成果征集中，获奖论文318项，大单元教学设计254项，研究报告113项，大单元纪要90项。120节课在国家、省、市大赛中获奖，100余篇论文在省级以上刊物发表。课题组162人被评为"课题研究先进个人"，25人荣获"特殊贡献先进个人"。

3. 推进了市域教育优质均衡发展

一是形成了市域研究核心素养的浓厚氛围。长春市17个县(市)区教科所、教研中心、小学全面参与核心素养课题研究，确立专项课题100多项，总课题组召开了面向全省的6次发表会，组织百余场区、校大单元教学专项研讨会，邀请台湾嘉义大学、北京师范大学、东北师范大学、吉林省教科院等高校、科研院所15位专家与会指导。

二是实现了核心素养成果的全面推广与转化应用。组织示范引领校编辑出版了指向学生核心素养发展的《个性化教学大单元开发指导》丛书10册，《聚焦核心素养 关注个性发展》成果集2册，编辑《课程开发纪要》近百本，各学科优秀试验课例在国家、省、市各级平台示范展示，市域学校结合自身实际对单元教学成果进行创造性应用。同时，课题组为长春市教育局提供了专项决策咨询服务，使研究成果从行政层面进行了推广，此咨询报告成果在吉林省第十二届教育科学研究优秀成果评选中荣获二等奖。

三是促进了长春市教育优质均衡发展。2019年、2020年在长春市教育局组织的两次全市基础教育综合质量监测评估中，二道、朝阳、绿园等区学生思维发展水平有明显提高，二道、南关等区学生自我发展能力有大幅提升，长春市各县（市）区学校的核心素养培养方面的教学质量显著提升，促进了市域教育的优质均衡发展。

（二）反思与展望

回顾几年来的研究与实践，在取得成果的同时，还存在一些困惑，以下三个方面还需要在深化研究中不断探索。

1. 单元目标的优化

如何找到实现单元核心目标的恰当的过程与方法、确定解决"核心"问题的策略，需要更深入地研讨、修正。

2. 单元教学内容的优化

如何围绕"核心"目标进行内容的取舍、把握非核心课时和核心目标之间的关系，还需要从理论和专业视角上进一步学习、实践。

3. 小组合作学习的优化

如何优化小组合作使学生的个性化学习更有效、提升学生的学习热情，也需要在后续研究中推敲、试验。

今天的结束是明天的开启。在下一步成果推广中，我们期待"两维双模"研究成果转化为培养核心素养的再生力量，萌根发芽、再结硕果！

[参考文献]

[1] 林崇德. 21世纪学生发展核心素养研究[M]. 北京：北京师范大学出版社，2016.

[2] 王淑琴，黄娟. 大单元视角下发展学生核心素养的三个路径[J]. 吉林教育，2021（33）：33-35.

主要成员：张月柱（长春市基础教育研究中心）
　　　　　王淑琴（长春市基础教育研究中心）
　　　　　刘彦平（长春市基础教育研究中心）
　　　　　黄娟（长春市基础教育研究中心）
　　　　　任洲仪（长春市第一实验小学）
　　　　　杨波（长春南湖实验中海小学）

执 笔 人：刘彦平　黄娟

科研赋能区域基础教育高质量发展"三维+"实施策略

一、问题的提出

（一）教育改革发展任务艰巨

我国教育体系规模庞大，结构也正在逐步发生格局性变化。区域教育实现高质量发展，已成为新时代基础教育改革发展中的核心战略性任务。近几年来，区域教育改革发展速度不断加快，成效日渐显著，模式不断优化，教育新生态层出不穷，教育质量提升出现了希望与生机。但同时我们要清醒地认识到，我国教育同经济社会发展要求还不够契合，同人民群众对公平优质教育的期盼还有差距；科学的教育理念尚未在全社会牢固树立；教育科研服务支撑能力亟待提高。对于这些问题，既需要区域教育行政部门高度重视，也需要我们提高对发展中出现困难的科学认识。

（二）高质量发展研究任重道远

当下，国内的很多专家学者对教育高质量发展进行了研究，提出了很多的经验与方法，但我国幅员辽阔，各地教育发展现状不同，高质量发展不可能在同一个模式下进行，可复制、能推广、成体系的成果很少，在高质量观念下，探索学校办学、教师提高、学生成长的精细化、专业化策略研究明显不足。同时，我市基础教育高质量发展科学研究也刚刚起步，这就需要准确把握时代大势，积极回应高质量发展现实需求，善于从战略上看问题想问题，善于从策略上寻出路找办法，加快研究建设制度更加完备、结构更加优化、保障更加全面、服务更加高效的高质量教育体系。这是摆在教育工作者面前的时代命题，使命光荣，我们义不容辞。

二、解决问题的过程与方法

教育的高质发展离不开质量的支撑，没有质量的教育，不是真正的教育，没有质量的教育发展，更不可能达成教育的高质量发展。教育科研的使命是服务教育决策、关注教育民生和引领教育发展。教育科研不仅要"站位高"，还要"接地气"，更要"贴地行"。我市聚焦学校、教师和学生三方面发展的研究，探索出符合地域特点的科研引领的高质量发展体系，形成了"三维+"的科研推动基础教育高质量发展的实施策略。

（一）探索引领学校内涵发展的实施路径

教育高质量发展的基础是学校的内涵式发展。如何让学校获得内涵式发展，让学校成为师生向往的地方，让学校深厚的内涵助力教育的高质量发展，这既是时代的命题，也是教育科研的使命。

1. 科研联盟带动学校内涵发展

长春市是全国新样态联盟实验区，拥有几十所联盟校。我市依托新样态理念，借助各类课题研究，探索了学校内涵发展之路。从 2016 年中国教科院专家团队首次提出"新样态"理念，到 2017 年 1 月首批新样态全国实验区和实验校陆续开展实验工作；从 2018 年 4 月新样态学校联盟推出 1000 所新样态学校，到长春市成为全国核心示范实验区；从刚开始组织县区、学校代表去各地参会，到我市多次在学术年会或高峰论坛上介绍经验、主持论坛、现场送课、大会点评，向外展示了长春风采，推介了长春成果，向内引领了区域发展，塑造了学校新样态。经过这几年的研究和实践，把目标锁定在城乡教育共同发展上，全力打通城乡一体化的"最后一公里"，我市学校内涵式发展呈现良好态势，特别是县域小规模学校创建成绩显著，老百姓家门口小而美的新样态学校层出不穷。在新样态联盟的带动下，主要采取两种做法：第一，推行输血补钙的倾斜政策。针对村小办学条件差、教学质量低、留不住好老师等问题，在教育行政部门的助力下，经过科研员多轮基层调研后，撰写了《长春市义务教育特色均衡发展情况调研报告》，农安县又出台了《加快推进教育资源整合工作意见》，多项倾斜政策的落地实施，让村小师资力量不断加强，教师留得下、教得好，学生留下来、上好学，村小的综合能力进一步提升。第二，创建区域特色的运行模式。加强温馨村小的顶层设计，本着"补齐短板"原则，把创建温馨村小作为精准扶贫和幸福工程，构建了"8+42"运行模式，聚焦温馨班级、课程、课堂、宿舍、菜园等8个温馨要素和42个"温馨村小"创建考核评价标准，温馨化程度普及每个村屯、普惠每名师生，温馨村小成为沃野乡村的一道风景。

2.课题研究促进学校内涵发展

近年来，我市高位谋划教育科研整体布局，聚焦教育领域重大战略需求，以"教育智库 质量引擎"为导向，依托教育局、研究中心领导的重大主导课题、名校长名师的重点规划课题、基层教师的各类专项课题，围绕重点热点难点问题开展研究，强化担当新使命，主动科研新作为，用课题研究引领发展，用科研成果促进发展。2020年，省级重点规划课题"新时代基础教育改革发展背景下中小学新样态建设策略研究"，形成了具有推广价值的立足新时代基础教育改革发展背景下中小学校构建新样态学校的有效途径和科研策略。一是借助课题研究，在课程建设、教学实践、评价体系、学校发展等方面的改革，探索出一条构建长春市中小学新样态学校的有效途径，进而推广长春经验，打造全国先进实验区，申请全国第三批实验区、校，为我市教育决策提供咨询服务；二是扩大对"新样态学校"建设的理念宣传，形成良好的舆论氛围，用新理念来支撑我市教育改革的发展，结合我市办学特色，走好内涵式发展之路，真正使新样态学校建设理论在长春市落地生根。以新样态学校建设为契机，结合我市"八大主题校园课程建设"工程，多层面、多视角推进课程体系的整体构建，切实将理论转化成实际行动。2020年，在全市征集"温馨校园"专项课题，经过严格评审把关，确立了206项。组织科研员深入基层进行温馨校园专项课题专项指导，通过课题开题会、中期发表会、结题指导会等方式，不断推出研究成果。其中农安县的典型经验，连续2年被中国教育学会评为全国创新案例二等奖；长春市"温馨村小"创建模式多次被新华社、人民日报、光明日报、中国教育报等全国70余家主流媒体报道。通过开展覆盖全域的专项研究，构建了新样态学校内涵发展的"新格局",即"有人性、有温度、有故事、有美感"的学校样态,不断涌现出具有新样态学校特征的本土性、内生性、原创性、科学性的联盟梯队。

(二)研究支撑教师专业成长的有效策略

时代是思想之母,实践是理论之源。新时代,教师队伍建设迈入高质量发展的新阶段,教师成为教育高质量发展的第一资源,教师队伍建设只有科学指引,方能有时代前瞻的思想和源源不断的精神力量指路,以过硬队伍推进质效提升。我们通过覆盖区域、学校的课题研究,引导广大教师提升高质量教育思想,不断提高自身专业素养,助力基础教育高质量发展。

1. 强顶层,构建市、县区、校三级联动管理机制

一方面,建立"市级统筹、县区贯彻、学校落实、教师自主"的教师成长管理机制,引导各地各校根据教师年龄、学历层次、业务水平等因素,自上而下对每一个层级教师明确培养定位,并制订培训计划,采用集中培训与分散培训、自主研修与专家指导、课程研究与教改实践相结合的方式,为教师建立电子档案,让教师接受个性化、针对性的培训的同时,实现培训管理的网络化、数据化,提高培训管理效率。另一方面,将教师培训管理工作纳入考核体系,突出导向、明确职责、细化举措,引导学校将教师专业化发展放到重要位置。

2. 强梯队,实现队伍建设提质增效五大转型升级

一是建设教育科研智库。从驻长高校、科研院所、基础学校聘任100位高端专家形成科研智库,专家在参与课题立项、结题、成果评选和热点问题调研等活动的同时,指导我市科研工作,促进我市科研工作质量整体提升。二是打造长春市教育专家。我们本着科研型教师是教师专业化发展趋势的理念,遵循"选、培、著、推"的工作路径,选拔培养我市基础教育领军人才,编辑出版《中国教育专家领航系列丛书》五辑共20部专著,打造了20位本土教育家。三是建设科研名校长、名教师和科研骨干队伍。目前正在组织评选新一轮名师骨干,对前几轮评选的700名市级科研名校长、名教师的课题研究进展情况、结题通过率、成果获奖率等进行年度考核,施行动态管理,提高骨干队伍的科研水平,发挥了对基层的引领作用。四是优化专兼职科研员队伍。按照"走出去学经验,带回来补短板"的思路,借助主持课题、开设专题培训、公开发表论文等方式,

组建260名专兼职科研员队伍,引导兼职科研员抓研究、担任务,扎根基层一线,协同指导教育科研工作,发挥了兼职科研员队伍的带动作用。五是构建了多维教师评价体系。改进结果评价,强化过程评价,探索增值评价,积极架构综合的、多维的、互动的评价方式。力求从教师的学术素养、职业精神、专业品质、教学业绩等层面对教师作出全面评价,充分发挥评价的导向性、发展性、激励性、参与性、显示性功能,最大限度彰显教师的个性,挖掘教师的自身潜能。

（三）形成促进学生全面发展的范式方法

教育高质量发展的根本是学生的个性化发展,教育高质量发展的最终取向和落脚点是人的发展,是学生的发展。没有学生的发展,就不可能有教育真正的高质量发展。新时代,教育肩负新使命。对教育工作者来说,我们既要回答培养什么人、怎样培养人、为谁培养人这一根本问题,还要给出为什么教、教什么、怎么教、教到什么程度的具体答案。我们着力研究探索以高质量教育促进学生全面发展,深化细化"五育并举",推动全面育人取得新进展。

让学生"乐"在德育。围绕培育社会主义核心价值观,推进大中小学思政课一体化建设研究,开展"信仰讲堂""英雄讲堂"及优秀传统文化教育等十项主题活动,培养学生家国情怀。

让学生"慧"在智育。探索完善义务教育课程体系建设,推进学校课程改革和教学改革,提升学生独立思考和自主学习能力。制定各学科课堂教学指导意见,积极构建"核心素养背景下深度学习课堂"。

让学生"壮"在体育。对标国家标准,对我市学生体质健康状况进行全面摸底排查,为科学研究提供精准数据。深化体教融合,开足开齐学生体育课程,持续开展"阳光体育"活动,推动文化学习和体育锻炼协调发展。

让学生"雅"在美育。不断研究开展"万名艺术家进校园、高雅艺术进校园、戏曲进校园"等新活动,研究构建绿化+美化+文化的美育体系。

让学生"强"在劳动教育。经过多轮调研,制定中小学劳动教育指导意见和实施细则,从课程体系、实践活动、评价制度等方面对学校提出明确要求。利用我市冰雪、农业资源优势,打造青少年实践教育基地和劳动研学基地,让学生在劳动中享受乐趣、增强体质、健全人格、锻炼意志。

（四）深化推动区域教育发展的评价改革

基础教育高质量发展围绕学校的发展、教师的成长和学生的成才三个维度，更离不开顶层设计和综合评价，在教育行政部门的推动下，我市探索了以综合评价撬动"三维"高质量发展的"三强"策略。

1. 强化"三维"共进，树立教育质量评价的整体观念

一是坚持以质量为核心做好教育评价改革。我市的教育评价改革，主要是坚持做好教育质量的综合评价改革，并将其作为基础教育质量提升工程的先手棋。二是建构学校、教师和学生三位一体评价格局。学生的高质量发展是最终落脚点，但不是高质量发展的唯一目的。我们破除单一向度，将学校、教师和学生三维有机统一，使三者互为支撑、互为依托，形成整体化、立体式的教育质量评价格局。三是健全完善"三评三促"教育质量评价体系。建立了基于学校、教师和学生的三维支点，促进基础教育质量提升，即实施教育综合质量监测评价，促进学校优质特色发展；实施教师核心能力评价，促进教师高阶专业发展；实施学生综合素质评价，促进学生全面而有个性发展。

2. 强化"五育并举"，确保教育质量评价的方向正确

一是坚持以立德树人为主线。着眼于全面贯彻党的教育方针，牢记为党育人、为国育才使命，无论是区域、学校还是学生，我市都将落实立德树人根本任务作为主线，贯穿于教育质量综合评价各项任务始终。二是坚持以破除"五唯"为导向。认真厘定教育质量评价的价值功能，确立教育评价"引领发展""促进发展"的价值导向，将教育评价转化为教育发展的内驱动力。出台了《长春市教育质量综合评价指导意见》，将发展素质教育、促进学生德智体美劳全面发展作为评价区域、学校和学生发展的重要指标。三是坚持以尊重差异为前提。无论学校、教师还是学生，都具有丰富的个性，并随之带来个体的差异性。在全面评价基础上，我们注重过程评价，坚持动态评价，制定"一区一案""一校一策"，做到"面向人人""因材施教"，促进学生德智体美劳全面发展。

3. 强化专家指导，实现教育质量评价的客观有效

一是探索推进管、办、评分离。我们初步建立了"政府宏观管教育、学校自主办教育、第三方科学评教育"的管、办、评分离工作机制，充分调动和发挥各行政部门、中小学校、专业团体、研究机构及社会各界力量的作用。二是搭建多方合作的评价主体架构。建立"行政＋高校＋技术"模式，即市教育局

出政策，高校出理念，平台出技术。在评价理念的引领、信息平台的建设、评价方法的指导、评价结果的指导与运用等方面，发挥专业学术团队和机构的指导、咨询功能，为政府决策提供参考，为学校改进工作提供依据。目前，长春市形成了行政出政策、科研出智慧、专家出引领、基层抓落实的科研推动区域教育发展的新生态。

三、成果的主要内容

研究是成果的开端，过程是成果的发展，成果是研究的结晶。要实现区域教育高质量发展，在从决策到实践的全链条、全程、全域中都要体现科研的思维。通过总结梳理各项工作和课题研究，构建了长春市教育科研推动基础教育高质量发展的"三维"的实施路径（见图1）。通过三个维面实现基础教育高质量立体发展，其中学校维面是先导，教师维面是动力，学生维面是检验，三个维面整体协调搭建并高速发展，"+"是综合评价，"三维+"是综合评价与学校、师生高质量发展的有机融合。

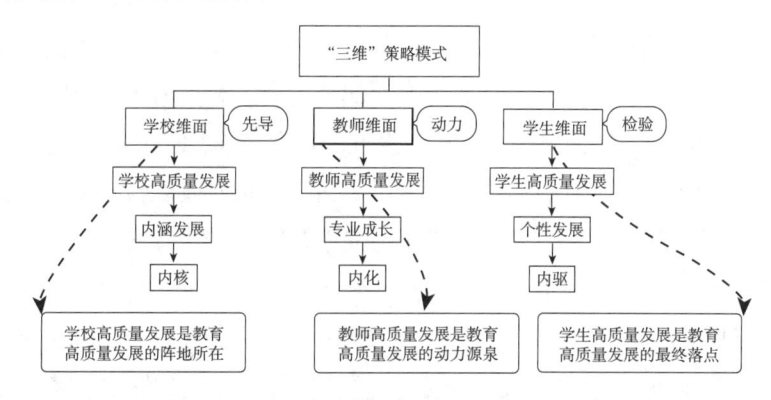

图1 区域教育高质量发展的"三维"模式

（一）形成学校高质量发展"项目带动+五步联动"的运行模式

高质量发展必须聚焦在学校内涵发展上，它是学校的内核，学校高质量发展是教育高质量发展的阵地所在，需要用科研引领发展。新时代的学校教育需要与时俱进，承担起新的历史使命，更清晰地理解并强化学校优质教育资源内生机制，让其发挥更大的作用，包括促进区域教育从基本均衡走向优质均衡，让每一所学校都创生出更多优质教育资源。我们依托全国新样态联盟，借助"温馨校园"创建和专项课题研究,实施基础教育质量提升工程。细研深耕学校项目式发展新动能,在学校建筑风格、信息技术、教学方式、课程体系、内部构造、校社关系等方面,形成项目式闭环发展路径。同时,通过系统研究,我们总结出学校发展的"五子"建构方式,即围绕内涵发展的根基、方向、构架、路径、品牌,确立了立根子、定调子、搭架子、探路子、亮牌子的发展策略(见图2)。

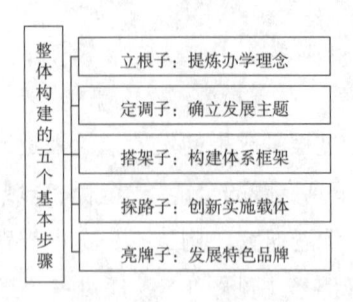

整体构建的五个基本步骤:
- 立根子:提炼办学理念
- 定调子:确立发展主题
- 搭架子:构建体系框架
- 探路子:创新实施载体
- 亮牌子:发展特色品牌

图2　学校发展的"五子"建构方式

(二)探索教师高质量发展"科研转型+落地举措"的提升路径

教师高质量发展是教育高质量发展的动力源泉。实现区域教育高质量发展,稳定、稳固并加强教师队伍已成为十分紧迫而重要的任务,为此我们研究探索了支撑教师发展的实施路径,让教师专业成长的方式方法内化为教师成长的动力。一是在科研引领方面实现了队伍建设五个转型升级,即建设教育科研智库、打造长春市教育专家、建设科研名师骨干队伍、优化专兼职科研员队伍、构建多维教师评价体系。二是在行政推动下落实了三大举措。首先加强了年轻干部队伍建设。起草制定了长春市教育系统年轻干部培养方案,持续开展中青年后备干部培训班、"90后"青干班等各项活动;其次实施了长春名校(园)长培养工程,稳步推进名校(园)长培养工程开展实施。已完成首批教育家型校(园)长培养对象,第二批杰出校(园)长、专家型校(园)长培养对象遴选工作。正在进一步推进"长春名校(园)长培养工程",以及新一轮骨干校(园)长培养对象遴选工作;最后创新了高端人才培养路径。按照市教育人才队伍整体培养计划,与东北师范大学合作,建立10个博士流动站,确定培养100名博士。我们围绕以点带线、以线带面的思路,力求进行菜单式培训,促进教师专业化成长。干部发展成长是学校高质量发展的中坚力量,名师、杰出青年成长是学校高质量发展的推动力量,学生个性成长是学校高质量发展的后生力量(见图3)。

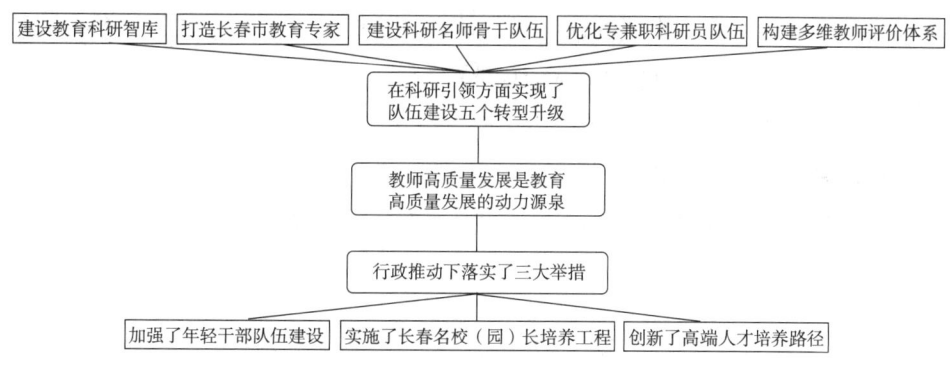

图3　教师高质量发展"科研转型+落地举措"的提升路径

（三）构建学生高质量发展"五育并举 + 活动拓展"的培养模式

2019年，中共中央、国务院印发了《关于深化教育教学改革全面提高义务教育质量的意见》，提出"五育并举"的指导方针，要求突出德育实效，提升智育水平，强化体育锻炼，增强美育熏陶，加强劳动教育。学生高质量发展是教育高质量发展的最终落点，教育的高质量发展归根结底要落在学生的高质量发展上，我们紧紧围绕"培养什么人、怎样培养人、为谁培养人"这一根本问题，着力研究培养青少年爱党爱国的情怀，使其生成个性发展的内驱动力，探索实施了"五育并举"、全面育人的新路径，形成了"德育+课堂""智育+智能""体育+项目""美育+活动""劳动教育+研学"的"五个+"的全程、全面、全方位的育人区域理论模型和育人策略，实现了文化育人、课程育人、实践育人（见图4）。

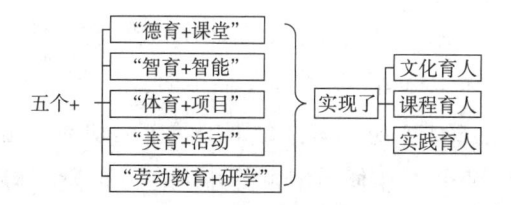

图4　学生高质量发展"五育并举+活动拓展"的培养模式

四、成果取得的效果与反思

长春市基础教育处于学生全面个性发展、教师优质专业发展、学校自主特色发展、区域优质均衡发展的新阶段，长春市教育科研工作也实现了历史性跨越，为全市教育改革发展提供了有力支撑。

（一）成效

1. 全面育人卓见成效

以德育、体育和美育为突破点，实施五育并进，我市全面育人取得了阶段性成果（见图5）。

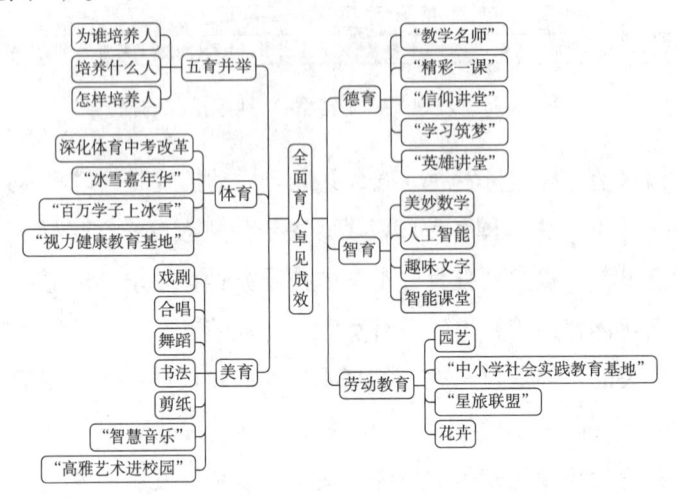

图5　全面育人卓见成效

一是德育工作见成效。举办"信仰讲堂""英雄讲堂"200余场，2.3万学生接受信仰洗礼。大力推进高校"学习筑梦"思政课向中小学延伸，"学习筑梦"选修课及教材在全市30所试点学校广泛使用。

二是体育工作出成果。依托《关于全面加强和改进学校体育工作行动方案》，高标准承办"百万学子上冰雪"和"冰雪嘉年华"活动，浇筑室外冰场93块，打造国家级冰雪特色校131所，举办全市中学生运动会，完成12所"视力健康教育基地"建设，开展学生体质健康提升行动，将学生体质健康纳入体育教学内容和考核指标，确保体育教育落地见效。

三是美育工作有成绩。持续开展"高雅艺术进校园"活动130余次，打造合唱、舞蹈、戏剧、书法、剪纸等艺术社团，帮助学生掌握1至2项艺术特长。

四是劳动教育工作扎根基。深度开发花卉、园艺等劳动教育课程。以实践教育学校和少年宫为龙头，建设25个"中小学社会实践教育基地"。开展战略合作，揭牌首个"星旅联盟"航空航天科普教育基地。

2.优质资源大幅增量

积极开展教学管理先进校、学区新优质学校、三星素质教育特色校、国家管理标准示范校、温馨村小"五创工程"，努力将每所学校打造成百姓身边的好学校。城区优质校覆盖率达80%以上，一大批新优质校脱颖而出，一大批薄弱校学区生大幅回流，有效遏制大校额、大班额问题，基本实现适龄儿童少年就近"上好学"目标。持续推进城镇大学区对口支持农村学校，促进城乡义务教育一体化发展，整体提升农村学校办学质量。持续开展特色学校创建行动，促进区域学校特色发展，推动形成"区区有特点、校校有特色、生生有特长"的优质均衡发展新格局。

3.队伍建设呈现新貌

不断健全引进机制，拓展教师招聘范围和渠道。近年来，通过强师计划、公开招聘、"采兰计划"等渠道，补充新教师6千余人，教师缺编问题得到有效改善。健全教师培训机制，实施师德师风建设三年行动计划，落实教研科研培训计划，年培训达6万人次。积极开展明星教师遴选、卓越教师培养、名师工作室成员菜单式培训，全面提升教师队伍综合素养。持续开展"我身边的好教师"评选工作，坚持榜样示范、典型带动，全面提高师德师风建设水平。健全交流机制，鼓励校长和骨干教师向农村学校、薄弱学校流动，促进城乡、校际教师资源均衡配置。落实教师激励政策，投入12亿元，彻底解决3.5万名教师的工资拖欠难题。以解决义务教育教师绩效工资为突破口，统筹考虑高中、中职、学前教育，落实教师工资不低于当地公务员收入水平政策。

高质量教育作为社会进步的重要标志，是长期的、动态的、相对的、辩证的，更是一个接续奋斗的过程。我们将不断增强自信，凝心聚力，以更加饱满的热情投入到质量提升的研究和实践中去，努力发展更加公平更高质量的基础教育，为长春全面振兴全方位振兴贡献智慧和力量。

（二）反思

没有科学理论指导的实践，是盲目的实践；不能解决现实问题的理论，也是空洞的理论。要实现教育本身的高质量发展，需要转变发展思路、发展模式和评价方式，更加重视内涵发展和整体质量提升。区域教育高质量发展要走在

"对"的路上，必须深刻把握区域教育高质量发展的必要性、基本内涵与基本要求，自觉把区域教育高质量发展置身于我国教育现代化发展的大局中去谋划和思考，以更加广阔的视野看待区域教育发展问题，系统分析内外部发展环境，科学评估区域教育发展能力与特征，找准区域高质量发展的核心优势，寻求区域教育实现最优化发展路径，才能走上区域教育高质量发展的正确轨道。

[参考文献]

[1] 王艳玲，胡惠闵. 从三级到五级：我国基础教育教研制度建设的进展与问题[J]. 全球教育展望，2020（12）：66-67.

[2] 刘宝存，顾高燕. 基础教育课程现代化的国际经验与中国道路[J]. 现代远程教育研究，2023（4）：3-13.

[3] 王晴. "互联网+"背景下基础教育科研的现实问题与对策[J]. 连云港师范高等专科学校学报，2022（3）：86-90.

[4] 赵敏，张绍清，黄明亮. 粤港澳大湾区基础教育协同发展的现实困境与未来进路[J]. 教育理论与实践，2022，42（34）：22-27.

[5] 胡扬洋. 推进基础教育高质量发展的教学政策构建：系统观点[J]. 中小学校长，2022（11）：45-48.

[6] 李迪. 泛在与突破：数字化时代基础教育课程资源研究[J]. 黑龙江教师发展学院学报，2023（1）：106-108.

主要成员：关爱民（长春市基础教育研究中心）
　　　　　　顾兵（长春市实践教育学校）
　　　　　　曲希山（德惠市教育局）
　　　　　　刘春艳（德惠市第二十三中学）
　　　　　　张仕明（德惠市第二十三中学）
　　　　　　马旭（德惠市教师进修学校）

执 笔 人：关爱民　曲希山

师资队伍建设篇

学术型教师培养的"12345"模式

百年大计,教育为本;教育大计,教师为本。教育是任何一个文明国家发展的主题,教师则是提高教育质量的关键。正如叶澜教授所说:"课程设计者是教师、课堂组织者是教师,班级管理者是教师,教育的行为可以简单归结为教师的行为。"教师发展模式的创新成为各个学校提高教师质量、培养高素质教师、促进教师专业化发展的重要研究课题。经过多年的探索,东北师范大学附属中学(以下简称"东师附中")走出了一条全新的教师发展道路——学术型教师培养的"12345"模式。

一、问题提出

学术型教师主要是指在课程开发、教学实施、课程评价和学科知识等方面能够进行积极地反思、探索、创新、开辟的一支教育理念先进、教学能力高超、学术能力强劲的教师队伍。东师附中提出学术型教师培养模式的主要依据:国家教师发展政策、当前教师发展困境和附中的学术文化三方面内容。

（一）解决骨干教师、卓越教师和教育家型教师的培养问题

学生的成长、教育的成效,教师是根本之根本。党和国家历来重视教师发展的顶层设计。2018年1月,中共中央、国务院在《全面深化新时代教师队伍建设改革的意见》中提出:"经过5年左右的努力,教师队伍规模、结构、

素质能力基本满足各级各类教育发展需要，到2035年则要实现培养造就数以百万计的骨干教师、数以十万计的卓越教师、数以万计的教育家型教师。"可见，各项文件从国家战略层面对教师的使命赋予了更为深远的价值，共同明确了教师专业水平发展的终极目标——教育家型教师。然而，教育家型教师的成长之路必然依赖于教师自身的反思、探索、创新、开辟之精神，这些特征正是教师学术性发展的重要体现。

（二）解决教师发展的职业倦怠和"研教"失衡问题

从当前基础教育发展的现状看，在教师发展领域普遍存在着两种困境：一是教师发展中的职业倦怠问题。心理学研究表明，重复、循环的工作是滋生职业倦怠的首要原因，而创造性的、开拓性的学术探索将会促使教师重新获得专业和职业的成就感，从而实现对自身教育价值的重新定位，从谋生走向发展，从奉献走向创造，从被动、执行、传递走向主动，从掌握教育教学的技能走向提高教育智慧。二是教师专业发展中普遍存在教学与研究的不平衡问题，即"重学科教学，轻教育研究"的现象。而学术型教师的主要表现就是进行深入的学科知识、教育理论、教学方法和学生成长规律的研究，从而实现教师教学和研究的平衡发展。

（三）解决学术型学生发展和学校的学术发展问题

一所学校教师发展模式的实践与探索一定要符合学校文化。第一，从历史传承上看，东师附中有着70多年的悠久历史，已经形成了特有的学术气质。第二，从现实需求看，无论是教师自身发展要求，还是学生的发展要求都需要附中拥有一支学术型教师队伍。第三，从未来发展看，学术型中学是附中明确的未来发展定位。这一发展定位对我校的教师发展提出了更高要求，即与普通中学的"知识型教师"，专业中学的"特长型教师"相区别，我校教师必须在优秀教师的基础上发展为学术型教师。

二、解决问题的过程与方法

建校之初首任校长陈元晖先生提出："附中教师要当教育家，不做教书匠"，要求教师既要有先进教育理论指导，又要有创造精神。这一教师发展理念是学术型教师培养的"12345"模式的思想起源。

（一）初步探索：构建校本教师分阶段培养体系（2000—2013）

从1950年开始，东师附中一直以陈元晖先生的教育思想作为教师专业成长的奋斗目标，把教师的专业化发展、学术性培养作为学校工作的重心。积累了师徒带教制、双基训练、青年教师岗位练功、教学百花奖等一系列促进教师专业发展的有益经验。

2000年以后，学校开始尝试把教师个人与学校的发展目标有机地结合起来，从而引导教师对教师专业生活进行阶段性规划。2013年，东师附中整合以往的教师专业培养理念和实践经验，开始制定校本教师分阶段评价标准，实施教师专业成长规划。规划的基本思想是：以陈元晖先生的教育思想为附中教师专业成长的奋斗目标，引导教师对教师专业生活进行阶段性规划，把教师个人与学校的发展目标有机地结合起来。以教师的教育自觉引领学生的自觉发展，实现教师学术性成长与学校持续发展的双赢。

教师专业发展规划的制定需要四个步骤：第一步是自我分析，教师需要全面充分地认识自己的优长和不足，明晰个人的发展意愿。第二步是环境分析，了解和把握教育教学发展的方向、学校整体发展目标、教研组发展目标。第三步是确立个人目标，明确个人发展愿景。第四步是设计行动方案。要保证教师的专业发展规划系统化、科学化，就要为教师的专业发展规划提供参照系。为此学校根据伯林纳（Berliner）的五阶段发展观结合学校的实际情况，把教师的专业发展划分为五个阶段：工作1年以内的为入门教师；2—5年为胜任教师；6—10年为成熟教师；11—20年为骨干教师；20年以上为专家教师。同时，参照国家的中小学教师专业标准，结合学校的具体工作目标和实际情况，为每一阶段的教师制定校本的专业评价标准。评价标准包括三个维度：即专业品质、专业知识和专业技能；涵盖六个方面的具体工作：常规教学、课例展示、校本课程、教学竞赛、教育科研、培训进修。

（二）深化进阶：构建多元教师培训和评价体系（2014—2017）

学校积极鼓励所有教龄三年以上教师攻读硕士或博士学位，为他们提供时间、政策和经费上的支持。同时，坚持学历教育与岗上培训相结合、校本培训与高校研修相结合的方式，不同形式的教师在职培训贯穿教师学术性成长的各个阶段。对于入门教师，学校采取了以培训为主的培养方式，新入职教师在一年内要接受学校有计划的系列专题培训，主要内容为学校办学理念与办学思想；学校常规教学基本要求；学生教育管理基本要求；新教师如何命制一份好试题；如何开好家长会；如何有效地进行考试成绩质量分析；等等。为了保证培训的针对性和实效性，学校在新教师培训需求调查的基础上，设计培训专题，并在全校范围内公开招聘培训教师，充分挖掘东师附中校内的宝贵教育资源，更好地传承附中的经验和理念。对于中青年教师，学校依托吉林大学、东北师范大学、华东师范大学，开展教师继续教育，并根据教师专业发展的需求，分批选派教师到高校进行短期业务研修，让教师对教育学、心理学的知识及课程中观层面技术理论有一个整体了解，促进一定教学经验的教师反思自己的教学实践，探索更有效的教育教学方式。为了促进校际交流，提高校际交流的实效，学校实施学科组名校考察培训项目，每学期期中考试前后五天教研组可以任选各省两三所名校进行考察，建立一个跨区域的教育联合体，拓展课堂教学的思路。

学校一直在进行教师评价制度的改革与探索，从学生的单纯评教，到全校教师的民主评议、学科组内教师的民主评议、教师自我评议与成果认定，努力建构多元化的发展性教师评价机制，以此促进教师德行的修为，学问的精深和发展的自觉。学校通过改进"名师工程"，增大对骨干教师的政策扶持力度，设立专业发展通道，设立校内荣誉教师系列，包括学科新秀、学科骨干、学科带头人和学科首席四个层次，前一个层次发展任务的顺利完成作为晋升下一层次的资格，并与省内教师专业发展挂钩，增加教师发展机会。每个级别评选都由学校学术评审委员会负责和审定，保证评选的公正与公开。荣誉教师序列和职级评价挂钩，实行学分制的教师学术成长。同时，把职称评聘和荣誉序列挂钩，把职称评价变为过程性评价，提前一年公布评聘指数，公布达到这个分数的人数，符合条件的自主申报，变被动评选为主动参选，消除人为方面的评估因素，向能力本位倾斜，引领教师专业成长。

（三）创新模式：构建学术型教师培养的"12345"模式（2017—2023）

2017年以后，学校在总结以往教师阶段性发展规划、培训体系和评价体系建设经验的基础上，以"继承中发扬、传承中创新"为基本方法，开始凝练系统的教师发展模式。2017—2018年，对教育家概念以动态的形式进行了过程性理解，从理论上解决了"所有的一线教师都具备成为教育家型教师的可能性"这一发展目标问题,并以此为基础,规划了教师发展的教学学术路径和专业学术路径,制定了以"常规教学、校本教研、校本培训"为基本维度的教学学术发展路径和以"三级四类"专业学术分级管理平台为支撑的专业学术发展路径。

2019年,学校将原有的评价体系制度化,制定了包含常规考核、中端培养和高端引领的三级评价制度,以实现学术型教师培养的制度化。2020年,学校对学术型教师成长的具体内容和具体目标做了更加细致的规划和设计,将学术型教师的成长划分为学习型教师、反思型教师、研究型教师和教育家型教师四个阶段。学习型教师成长阶段是我校教师由大学毕业生成长为合格的教师的过程,也是学术型教师发展的基础阶段,这一阶段为入职1—5年。反思型教师成长阶段是我校教师由合格教师向优秀教师转变的过程,也是教师学术性提升阶段,入职时间为6—10年。研究型教师成长阶段是我校教师由优秀教师向学术成熟型教师发展的过程,入职时间在11—20年之间。教育家型教师是我校教师由具有研究能力的教师向具有一定学术影响力的教师发展的过程,入职时间为20年以上。2021年,学校又进一步提出了学术型教师培养的五个标准,并将上述理论和实践体系结合起来,构成了学术型教师培养的"12345"模式。

三、成果的主要内容

(一)首创了学术型教师培养的"12345"模式

一所学校教师发展的思考与实践一定要符合学校文化,而培养学术型教师是东师附中基于校情、结合时代、面向未来设计的教师发展系统模式。东师附中学术型教师培养的"12345"模式的具体内涵可以概括为:"一个理念,两条路径,三级评价,四个阶段,五项成果"(见图1)。教育家办学理念是学术型教师培养模式的理论出发点。教师教学学术发展和专业学术发展路径是学术型教师培养模式实施方向。常规考核、中端培养和高端引领的三级评价制度是学术型教师培养模式的实施保障。学习型教师、反思型教师、研究型教师和教育家型教师是学术型教师培养模式的行动方案。五项成果是学术型教师培养模式教师发展成果产出的参照框架。

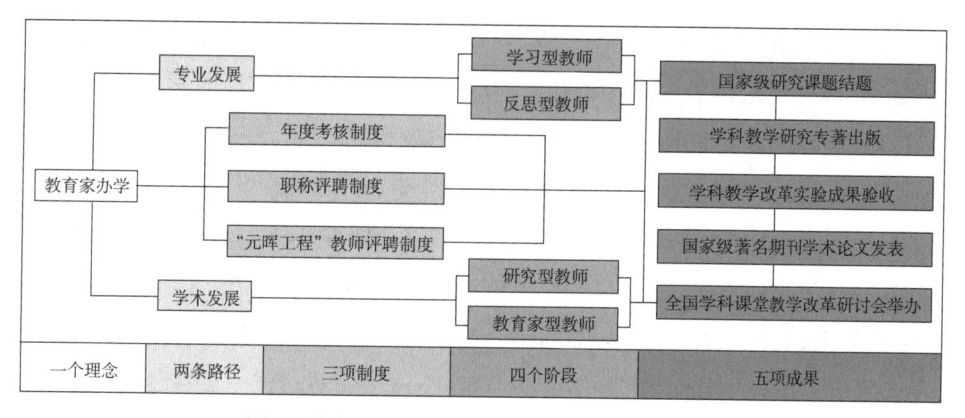

图1 学术型教师培养的"12345"模式结构图

（二）构建了教师培养的"教学+专业"双螺旋学术性成长路径

东师附中在教师发展路径上构建了教师教学学术发展和专业学术发展两条路径，积极从教学研究能力和学术研究能力两个方面助力教师学术性成长。

1. 学术型教师培养的教学学术发展路径

所谓教学学术是指教师在教学和学习的理论和实践知识的基础上发展教学专业，培养目标是能够以教学实践为基础，以教学研究为手段，最终达至教学学术的成长。我校教师的教学学术成长培养路径可以概括为"常规教学、校本教研、校本培训"的三位一体模式。在常规教学方面：要求教师精心备课、用心上课、细心批改，提高各教学环节的有效性；在校本教研方面：实施备课组级、学科组级、校级教研三级管理模式，通过教研活动、课题研究等逐步提高教师的教研水平；在校本培训方面：通过学科培训、学术交流等方式帮助教师提高教师技能、学术研究水平。以三位一体的教学学术成长模式为依托，逐步打造一支具有高超教学研究能力的教师队伍，为教师的专业学术发展奠定基础。

2. 学术型教师培养的专业学术发展路径

教师的专业学术成长，是指教师在学科教学、教育理论、教育教学管理、教育创新等方面形成的系统化的思想和成果。东师附中以"三级四类"的学术分级方式作为教师专业学术发展的路径。所谓的"三级"是指教师专业学术发展的基础级、中级、高级三个层级。所谓的"四类"是指教师专业发展的课题、论文、学术组织和著作的四个平台。在课题方面：以学科核心课题、学校重点课题、省级和国家级教课题为依托，为附中教师的学术研究提供学术研究平台。在论文撰写方面：创办了校内初级、校内中级和校内高级三级期刊平台，鼓励教师撰写和发表学术文章，激发教师进行学术成果梳理的积极性。在学术组织方面：创办备课组、学科教研室、名师工作室三级学术平台。在著作方面，以校本级、省市级和国家级教材和专著的撰写平台为依托，激励教师积累和整理多年教师理论和实践经验，逐渐形成个性化、系统化教学思想。

（三）完善了学术型教师培养的"常规—发展—荣誉"三级评价体系

制度是贯彻教育方针，实现现代学校治理的有力保障，也是学校形成公平、公正的教师发展观，推进教师发展的各项工作，实现教师发展目标的有力保障。因此，学校制定了包含常规考核、发展培养和荣誉引领的三级制度，以实现学术型教师培养的制度化。为建立以岗位责任制为基础的评价机制，激励教师认真履行岗位职责，提高学校教学、科研整体水平，学校根据各级教育法规制定了《东北师范大学附属中学教师年度考核暂行办法》。为了引导教师确定学术发展目标，制定阶段性专业规划，并设计相应的行动计划，学校从制度层面和实践层面创造条件，根据教师职业发展阶段理论，制定了《教师学术性成长专业规划方案》。为了点燃教师成为教育家的梦想，学校制定了以首任校长陈元晖先生命名的《"元晖工程"教师评聘方案》，设立"元晖学者""元晖教学名师""元晖德育名师"和"元晖青年骨干教师"岗位，并规定具体学术职责，引领学术型教师高端成长。

（四）优化了"学习型、反思型、研究型、教育家型"教师四阶段发展任务

学习型教师的培养目标分为两个阶段：入职一年内的教师，培养目标是学会分析教材，初步了解学生，初步掌握科学的教学方法和有效的教学技能；入职2—5年的教师，培养目标是能够系统把握学科知识体系，深入了解学生身心发展规律，全面掌握科学的教育方法和教学技能。反思型教师，培养目标是能够科学分析和优化组合学科知识体系，能够动态性理解学生身心特点，能够熟练运用科学的教育方法和教学技能。研究型教师的培养目标是能够以教学实践为基础，以教学研究为手段，最终达至教学学术的成长。教育家型教师的培

养目标为开展教育教学研究、改革、实验，总结、反思教学经验、思想和风格，并努力使之系统化，形成一定的教育影响力（见表1）。

表1 教师学术性成长四个阶段的具体要求

培养方向	常规教学	课例展示	校本培训	科研论文	课题立项
学习型教师	掌握规范练习技能	入门课	岗前培训岗上培训	学习积累	参与校级课题
	独立工作灵活行动	观摩课	跨区域交流	形成问题意识尝试撰写论文	主持校级课题
反思型教师	突出重点稳定成熟	展示课	高校"学术之旅"	掌握研究方法论文发表交流	参与市、省级课题
研究型教师	问题意识研究状态	研究课	海外研修	在中文核心期刊发表论文	主持市、省级以上课题
教育家型教师	批判思维，自我实现	精品示范课	国际交流	形成独特的教育教学思想出版学术专著	参与或主持国家级课题

四、成果取得的效果与反思

学术型教师培养的"12345"模式具有很强的针对性和系统性，在取得了重大的教师培养效益的同时，在学生培养、学校发展、教育辐射等方面也收到了良好效果，但也存在一些值得反思的问题。

（一）学术型教师培养模式的实施效果

1. 形成了优秀的师资队伍

自基于教育家办学的学术型教师培养模式实施以来，东师附中逐渐形成了一支教育理念先进、实践能力强、理论水平高的学术型教师队伍。仅东师附中现高中部教师中，就有博士研究生56名，硕士研究生372名；特级教师10名，省级学科带头人27名，省市级骨干73名。从2018年开始至今，我校教师完成国家、省、市、校级著作40部，其中专著9部，编著5部；课题360余项，其中国家级课题6项，省级课题80项，其中CSSCI论文30余篇。这些成果均以不同形式对学校和我国的基础教育产生了重大影响。2022年吉林省教学成果奖拟获奖成果中，东师附中获评2项特等奖，2项一等奖，3项二等奖，2项三等奖的突出成绩。在2022年国家教学成果奖评选中获得一等奖1项。

2. 培养了大量的优秀人才

自基于教育家办学的学术型教师培养模式实施以来，我校毕业生的综合素质获得了进一步提升。仅在2022年，53位学生升入北京大学、清华大学，55名学生被世界排名前50的国外高校录取；升入香港知名高校、中外合作高校、国外世界排名前一百的大学及"双一流"建设高校总人数达到1227人，在数学、物理、化学、生物、信息五大学科竞赛，全国中学生作文大赛，丘成桐中学科学奖等国家级赛事中均获得了优异的团体和个人佳绩。

3. 获得了大量的学校荣誉

自基于教育家办学的学术型教师培养模式实施以来，我校的整体实力不断提升，获得了全国中小学心理健康教育特色学校、全国中小学知识产权教育试点学校、社会主义核心价值观·筑梦小主人示范校、全国英语作文教学先进单位、全国奥林匹克英语作文大赛优秀组织奖、中国陶行知研究会中学教育专家委员会理事单位、中国教育学会科创教育联盟理事单位、全国中小学（幼）先进后勤学校等30项国家、省市级奖项。

4. 产生了巨大的辐射作用

自基于教育家办学的学术型教师培养模式实施以来，学校积极推动以东师附中优质的教育资源辐射、带动地方学校的重点工作。深耕长春、扎根吉林、辐射全国，开展精准的教育帮扶，开展"元晖工程"乡村教师培训计划、名校义培、开放日活动、名师工作室送课下乡、县域高中教师专业发展扶持计划、教育部直属学校帮扶，累计帮助4000余名基层学校教师发展、带动50余所区域内学校向高端发展，使地方相关学校的教育品质获得了有效提升。

（二）关于学术型教师培养模式的反思

东师附中在学术型教师培养模式的实践与探索过程中取得了一定的成绩，但是也存在一些值得反思和改进的地方。

1. 要妥善处理好教师学术和教学发展的协调问题

基础教育一线教师的发展应该是一个教学能力和学术能力协调发展、相辅相成的过程。基于教育家办学的学术型教师培养模式改变了原有基础教育教师发展"重教学，轻研究"观念，但是在实施的过程中要善于引导教师教学和科研的相互转化，两者不可偏废，这一点是东师附中在学术型教师发展道路上需要进一步完善的问题。

2. 要注意学术型教师发展与校情的适切程度

从事基础教育的教师要提升教研能力毋庸置疑，但这是一个漫长的过程，一定要从教师的基础能力、学校文化、现实和未来发展需要出发。因此，在该培养模式的推广和借鉴过程中一定要注意学术型教师发展与校情的适切程度，不能急于求成或照搬照抄。

东北师大附中通过学术型教师的培养，促进了教师队伍的现代化建设，营造了学校良好的学术研究氛围，使学术型教师真正成长为引领学校发展的核心发展力，为把东师附中在新世纪办成一个学习型、研究型、创新型组织奠定了基础，也为全国基础教育领域的教师发展模式提供了范例，具有很强的推广价值。

［参考文献］

［1］习近平向全国广大教师致慰问信［N］. 人民日报，2013-09-10（01）.

［2］习近平在全国教育大会上强调：坚持中国特色社会主义教育发展道路 培养德智体美劳全面发展的社会主义建设者和接班人［N］. 人民日报，2018-09-11（1）.

［3］中共中央国务院关于全面深化新时代教师队伍建设改革的意见［N］. 人民日报，2018-02-01（12）.

［4］邵志豪. 新时期师德建设本质意涵论析［J］. 课程教材教法，2016，36（09）：102-106.

［5］杨晓慧.习近平关于教育重要论述的思想定位、逻辑体系、理论特质［J］.思想理论教育导刊,2018（12）：38-42.

［6］中国共产党第十九次全国代表大会文件汇编［M］.北京：人民出版社,2017：1-58.

［7］钟贞山,赵晓芳.建设教育强国之"道"与加快教育现代化之"理"［J］.南昌大学学报（人文社会科学版）,2018,49（06）：123-129.

［8］史亮,邵志豪,解庆福.基于教育家办学的学校品质提升的思考与实践［J］.中国教育学刊,2018（02）：53-56.

［9］史亮.学术型中学建设的实践与思考［J］.现代教育科学（中学教）,2015（05）：5-7.

［10］邵志豪,解庆福.学术型教师培养：学术型中学发展的核心要务［J］.中小学管理,2017（06）：12-14.

主要成员：刘玉新　解庆福　宫海静　田雪玲（东北师范大学附属中学）

执 笔 人：解庆福

"润"文化引领教师专业素养课程体系建设的探索实践

2022年《新时代基础教育强师计划》的发布标志国家着力培养造就高素质、专业化、创新型中小学教师队伍。时代发展，"双减"政策落地，新标准、新教材、中高考改革对教师的学科素养、教研能力、教学水平、创新思维提出了更高的要求。

一、问题的提出

长春市第八十七中学始终贯彻"以人为本"的教育发展观，坚持在"润"文化下构建教师专业发展体系。"十四五"以来，学校规模不断扩大，教师队伍壮大的同时产生了巨大的结构变化，不同梯队的教师专业发展呈现出新的问题。

入职10年以上的普通教师职业倦怠明显，亟须提升发展内驱力；骨干教师专业发展到了瓶颈期，亟须提升专业发展力；近三年入职青年教师占比高达41.6%，教师专业素养欠缺，亟须提升教育教学实践能力。学校原有教师培养目标、课程模式和培养路径已满足不了国家、社会、学校、教师自身和学生发展的需求。

二、解决问题的过程与方法

（一）立足校情，确定研究目标

1. 梳理过往，总结教师培训经验

学校"十二五"期间以"人文素养拓展计划"为框架，在原有的教师继续教育、自主学习的基础上聘请专家进行专题培训、校内教师主题式研讨等活动。"十三五"以来，学校结合教师队伍结构、学校发展需求及社会对教师发展提出的新要求，初步确立"教师人文素养提升工程"，以文化为内核思想驱动教师的专业发展。学校通过教研、科研、培训"三位一体化"的管理方式，采用组织域外培训学习、邀请专家到校培训、校本教研和个人研修这"四线并行"的培训模式，采取管理制度推动，培训项目带动，学校、部门、学年、学科"四级联动"的培训策略，开展早期研究，分步有序地推进了学校的教师队伍建设。

2. 开展调研，制定教师发展规划

"十四五"以来，学校的科研、师培部门面向不同层面的教师进行个人专业成长需求的调研，进行了数据分析并形成报告，先后为研究设计、调整丰富培训内容，尤其是为制定学校教师发展规划提供了数据支持。如针对新入职教师的培训需求，我们连续跟进调查（见图1，图2），明确青年教师对教学实践操作指导和课堂管理指导的渴求度较高，进而开展新入职教师的课程设计，以帮助其站稳课堂，使其成为合格型教师。

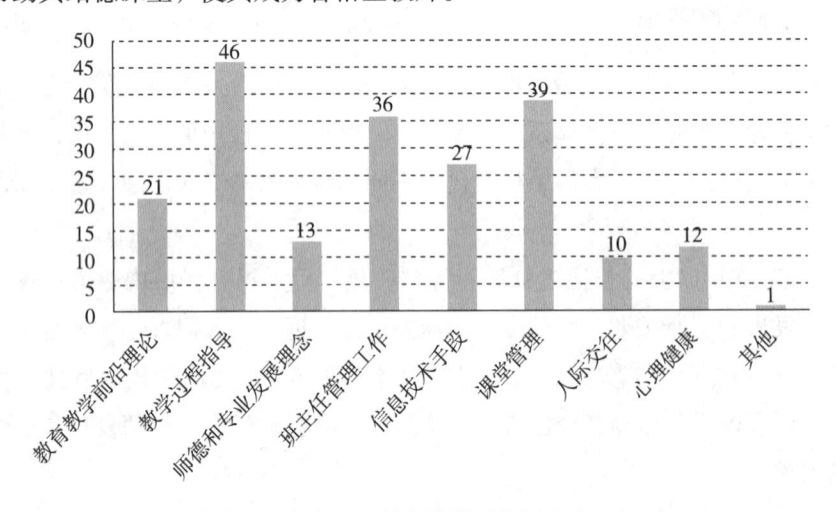

图1　2020年新入职教师培训需求调查（61人）

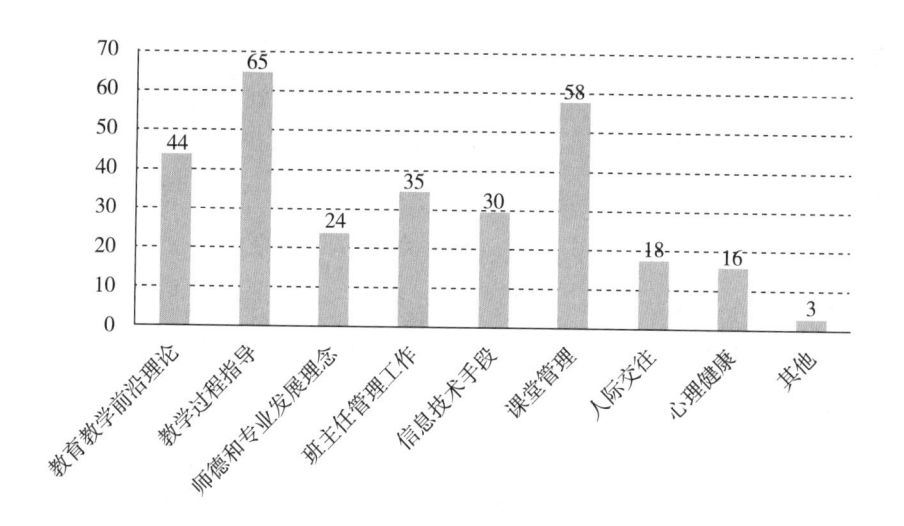

图2 2021年新入职教师培训需求调查（89人）

而在普通教师培训需求调研中，"学科教学针对性提升、教研及课题研究、班级管理"等需求占比较高，说明普通教师在专业发展中亟待消除职业倦怠，期待专业素养提升，成长为专业型教师。

骨干教师的培训需求主要体现在"前沿教育理念与教学技术、提升专业化研究水平、提炼教育教学经验和教学风格"这几方面，同时也希望学校给予展示、示范的机会与平台，可见骨干教师需要在提升专业化水平的同时，亟待突破瓶颈，成长为专家型教师。

结合不同发展阶段教师的需求，学校将继续开发和丰富课程内容，探索新的培养路径，并把构建教师专业素养课程体系、促进教师队伍专业化、创新型发展作为研究目标。

（二）顶层设计，开展行动研究

1.文化架构，制定愿景

长春市第八十七中学坚持文化的传承、发展与创新，在"润"文化下构建教师专业发展体系，学校旨在通过文化的涵养、愿景的联结，搭建平台，开发路径，造就一支师德高尚、业务精湛、结构合理、充满活力的专业化、创新型教师队伍。"润"文化下的"教师专业素养培养课程"是构建专业发展体系的重要路径，课程以"1+1+1"为培养目标，即新入职教师迅速融入职业角色，掌握专业技能；普通教师专业化发展，成为学校发展的中坚力量；骨干教师辐射引领，形成创新型教育研究团队。通过自主学习、分项培训、行动研究等课程实施途径，完成对教师政治、文化、教育、学科等全方位立体化培养。基于可持续发展理论，完善与课程相对应的发展性教师评价机制，注重教师现实的工作表现，更加关注教师未来的发展。根据教师个人发展的需求，通过多元性、增值性的评价，为教师自我发展提供机会，提高教师自我发展能动性，以良好的文化生态推进教师队伍向专业型、创新型发展。

2.行动研究，阶段反馈

坚持系统性思维，进行行动研究，对以往碎片化的培训内容和培训模式进行总结和归类，梳理出八大素养课程，即政治素养、文化素养、教育素养、学科素养、学术素养、数字素养、审美素养和身心素养课程，以此课程架构进行新的课程开发，以"选定课程—撰写方案—课程实施—反思完善—汇编课程"为行动研究路径，关注培训的实际效果，组织教师进行课程评价。2021年至今，学校围绕八大素养课程先后设计并开展了6期不同内容和形式的"新教师入职培训"，坚持开展"润涵杯"校本教研活动等常规培训，开展"慧"做班主任、名师讲坛等专项培训和"心理团训"等特色培训，不断破解新教师从"理论型"向"实践型"的转变与过渡、普通教师职业倦怠及骨干教师发展瓶颈等问题。

通过分析、观察、研究等环节的实践操作，以经验总结法有规律地总结成功方法和经验，改进某些教师培训课程或活动中出现的不恰当做法，甚至筛选去掉某些形式单一、效果较差的部分，最终形成以我校文化为引领的教师队伍建设方法与策略。具体来说，主要是对行动研究中观察记录材料及教师反馈情况进行分析，调整培训课程的细节并在下一周期的培训中及时落实，满足不同层面教师对培训的需求，形成有效推进学校教师队伍发展的培训体系，即"收集研究过程资料—汇总分析课程利弊—调整实践升级方案"。例如，学校邀请资深专家和具备较强教育研究能力的老师提出宝贵意见，听取参培参训教师的意见与建议，综合两方面的评价，完善课程体系及具体内容。最终我们在十余项课程内容中提炼形成了素养课程培训内容，以专项课程专人负责为基础，实现了三个层面教师培训同步化、素养课程培训全面化的专业型、创新型教师队伍建设目标，在不断实践中体现出教师队伍各层面不断推进成长的效果。

此外也以个案研究法对教师队伍建设中出现的个性化或代表性教师个体进行有目的、有计划、有步骤的记录与观察分析，寻求具有本校特色的引领教师发展之路，并且总结个案中教师成长经验点，继续投入到后续培训课程中。目前以陈坤、何忠华、张嬴今、姜珊等中青年骨干教师为代表的成长个案已经成为后续青年教师培训的资源；以吴金桥、尤月、沈莉等青年教师为代表的发展个案也已经成为新教师培训的资源。这些资源的开发最大限度地破解了空间、时间制约下教师培训资源渠道狭窄的难题，并且带动了普通教师对职业发展产生的新追求。

（三）提炼成果，进行实践推广

在实践研究后，依托梳理课题研究的过程材料，以分析、评分、筛选等环节再度量化评定教师专业素养培养课程的可操作性、有效性，形成学校可持续使用、兄弟学校可借鉴的教师队伍建设的课程内容与路径——教师专业素养培养课程体系。借助发表论文、成果报告和学校对外开放性活动，如长春市基础教育第四届高峰论坛现场会、影子校长培训、"润涵杯"校本教研等活动展示并推广研究成果，发挥课题研究的社会价值。

三、成果的主要内容

（一）确立高素质、专业化、创新型教师的培养理念和培养规格

党的二十大报告提出了"加快建设高质量教育体系"的要求，其中建设高素质、专业化创新型教师队伍是这个体系的重要一环。打造党和人民满意的高素质、专业化、创新型教师队伍，是新时代教育改革的目标。学校以此为培养理念，多维度、高标准凝练出了教师应具备的"八大素养"，依据教师专业发展规律，关注三支教师队伍专业发展的目标，确定了三阶培养规格：合格型—专业型—专家型，有效助推了教师队伍的可持续性发展（见图3）。

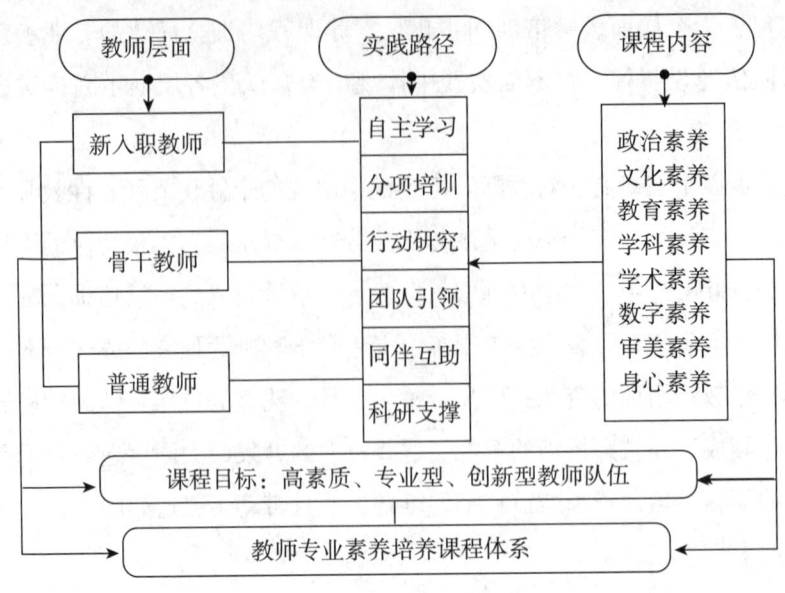

```
教师层面          实践路径          课程内容
   │                │                │
新入职教师        自主学习          政治素养
                  分项培训          文化素养
                                    教育素养
骨干教师          行动研究          学科素养
                  团队引领          学术素养
                                    数字素养
普通教师          同伴互助          审美素养
                  科研支撑          身心素养

课程目标：高素质、专业型、创新型教师队伍

教师专业素养培养课程体系
```

图3　教师专业素养培养课程体系架构图

（二）形成具有"润"文化底色的教师专业素养培养课程

基于教师职业发展需求及社会需求，学校主张以"润"文化引领教师内在发展需求，促进教师"融入式学习""主动性成长"，形成了升级版的教师职业素养培养课程，全方面提升教师专业素养。

1. 政治素养课程

政治素养是新时代教师的核心素养。依托党建和团建工作，以"润之锋"宣讲团、重走抗联路、观看红色电影、大国工匠演讲、主题党日等系列党建活动及团代会、青年团员教师主题演讲等团建活动为载体，提升教师思想政治意识，引导教师坚定理想信念，为教师的专业理想奠定深厚的思想基础。

2. 文化素养课程

文化素养是新时代教师的关键素养。依托教导处、学科组、教师发展中心、工会等部门，以"润之源"系列阅读（语文组的名著导读、英语组的读书活动、全体教师读名著、"我最喜欢的一本书"荐阅活动）、人文节、科技节等活动为载体，全面提升教师人文知识、科技知识、社会知识，从而增加教师文化底蕴。

3. 教育素养课程

教育素养是新时代教师的必备素养。以班主任微论坛、针对青年教师的"相约星期六""对话2022"等培训为载体,尤其是面向青年教师的这两项培训活动以"主题培训+研讨交流"为形式,实现了"一课一品,一谈一获"的课程价值。这些课程可以提升教师教育素养,帮助教师掌握教育规律,提高教师育人能力。

4. 学科素养课程

学科素养是新时代教师的基本素养。依托学科发展中心,以润涵杯、学科微论坛、岗位练功测试等活动为载体,培养教师对学科知识的整体建构意识,促进教师将技能提升与思维发展融入教育教学全过程,全面提升教师学科素养。

5. 学术素养课程

学术素养决定教师的教学观念。以专家到校培训、研讨交流等方式促进教师提出问题并进行深入研究,配合有效的教育科研激励等多种方式引导教师形成问题研究意识,教师"勤学、好问、善思、多写、常改",自觉探索教育教学规律,用学术精神筑牢师道基石,建立科研型、学者型教师队伍。

6. 数字素养课程

教师的数字素养是指教师应用数字信息和资源优化、创新教育教学活动的能力体现。以机器人大赛、创客空间等活动为载体,借力互联网智慧平台及国家对教师信息技术能力培训,培养教师数字技术与传统教育融合发展思想,突破传统教育方法的局限性。

7. 审美素养课程

教师的审美素养体现为对美的接收和欣赏能力,鉴别美与创造美的能力。以摄影展、教师书法大赛、礼仪分享等活动为载体,培养教师审美观,提升教师的美学素养,培养教师的审美情趣,引导教师自觉运用美学知识创造性地开展教育教学实践活动。

8. 身心素养课程

教师良好的身心素养是开展教育教学工作的前提条件。以教师趣味运动会、才艺坊、健身操大赛、教师心理团训等活动为载体,丰富教师在校生活,培养教师积极乐观的心态,提升教师的职业幸福感和归属感。

(三)探索"环环相扣"的教师专业素养课程实施路径

1. 自主学习

教师以自身专业发展为学习核心,依托专家、同行或有关理论的指导,结合自身条件，自主地确定学习目标、制定学习计划、选择学习内容、监控学习过程、评价学习结果等。教师自主学习的类型有教师个体及教师集体的理论学习、实践学习，如学期初学科组会给教师推荐一本与教育教学相关的书籍，分享学习的理论知识及与自身教学经历的融合反思，助力教师文化与学术素养的提升。

2. 分项培训

（1）全员培训。以提高教师综合素质为核心，教师全员培训与教学实践、课程改革、校本教研、教育科研相结合，落实上级部门的普适性培训、抓好专家引领的精准培训和应对校情的校本培训（见表1），如大单元教学的设计与实践的专家讲座、学科课程标准解读等活动，助力教师学科、数字、政治、审美等素养的提升。

表1　全员培训内容（部分）

分项培训名称	培训类别	课程载体	课程类别
全员培训	普适培训	绿园区继续教育	综合素养课程
		长春市继续教育	
		信息技术2.0	
		教育部署期培训	
	精准培训	培养学生自育自学能力——魏书生	教育素养课程/学科素养课程
		新课程背景下的有效教学——罗松	
		做阳光快乐的教师——耿喜玲	身心素养课程
		基于核心素养导向的教学改革与教育评价体系的建构——孔瑞	学科素养课程
	校本培训	教师岗位练功测试	学科素养课程
		学科组试题命制	
		润涵杯	

（2）骨干教师辐射引领培训。充分利用和挖掘省市骨干教师资源，为名师搭建平台，开展主题式培训（见表2），如以青年教师培训为契机，邀请专

业成长迅速的骨干教师在"对话2022"系列讲座上进行个人职业成长主题分享，展名师风采，促进名师在深研深思中自培的同时带动青年教师感悟、学习。以点带线，以线促面，以培促进，以培促学，促进骨干教师创新型发展及普通教师专业型发展。

表2　骨干教师培训内容（部分）

分项培训名称	围绕主题	课程载体	课程类别
骨干教师培训	家校合作	好孩子是培养出来的　好父母是锻炼出来的	教育素养课程
		阅读与习惯	文化素养课程
		今天，我们如何做父母	教育素养课程
	科学育人	小学阶段运算能力培养的思考	学科素养课程
		听吴老师说文讲史	文化素养课程
		青春期男生讲座	教育素养课程
		青春期女生讲座	
		青春期励志讲座	
		语文学习要做好的几件事	学科素养课程
		名著导读	学科素养课程
		毕业班专项学法指导	学科素养课程
		心理调适讲座	身心素养课程
	青蓝工程	"相约星期六"系列讲座	综合素养课程
		"对话2022"系列讲座	
	"走出去　引进来"	二次传导	教育素养课程/学科素养课程

（3）青师培训。培养好青年教师是为青年教师的终身发展负责，也是对学校的未来发展负责。推动以加强青师基本功为基础、党建引领下的综合培训为支撑、"润"文化引领下的专业培训为主体的青年教师培训和发展之路，持续助力青年教师向高素质、专业型教师转变（见表3）。

表3 青年教师培训内容

分项培训名称	围绕主题	课程载体	课程类别
青师培训	师徒结对	师徒相携 青蓝相接	学科素养课程
	两笔字	精进两笔字 夯实基本功	学科素养课程
	党建引领下的综合培训	明确教师职业定位 做87的"大先生"	政治素养课程
		学校制度与师德师风建设	
		教师的礼仪与着装	身心素养课程
		中学教学基本常规解读	学科素养课程
		有效沟通 家校共育	教育素养课程
		未雨绸缪话安全	
		深耕细作助成长	
		成专业人,做专业事——从规范走向精深	学术素养课程
	"润"文化引领下的专项培训	种好心田 开出幸福花	身心素养课程
		做一个快乐的班主任	教育素养课程
		用朴素的道理解决问题	
		演活班主任这个"角"	
		演绎数字背后的故事	学科素养课程
		名师是这样炼成的	学术素养课程
		坚守教育初心 开启87新篇章	学科素养课程
		我与八七共成长	身心素养课程

（4）班主任培训。通过加强岗前培训、举办经验交流会,定期召开班主任微论坛等畅通德育工作渠道,研讨改进班主任工作的措施和个别案例的应对策略;通过每周固定的班主任"备课",促进班主任工作的理论和实践;通过

情感交流、对班主任工作的保障支持、建立激励机制等有力促进班主任队伍建设。

3. 行动研究

行动研究是指教师在现实教育教学情境中自主的反思性研究，以解决特定的实际问题为主要目的，使教师从过程中学习、思考、尝试和解决问题。学校师培部门每学期两次组织教师对学科教学活动、研究活动展开反思分享会，协同教科研部门分析教学行为中的不足、差距，通过教育行动研究的"三个关注和三个反思"，即关注已有教学行为，找出不足——反思与他人差距，更新理念；关注新理念下的行为设计，依理改进——反思设计与现实差距，改善教育行为；关注学生获得的行为调整，收获研究成果——深度反思、综合提炼，有效落实教育、学科和学术素养课程。

4. 团队引领

在学校发展中，有效引领是建设优秀团队的关键。八十七中学依托"润"文化浸润教师，党建活动、团建活动、教研活动、德育活动中"明晰现状、目标明确、思考深入、措施扎实"，以学校文化引导思想，以团队活动统一思想，做到过程精细设计，环节精益求精。不仅引导教师认同学校价值观，并内化为教师的观念，使教师产生自觉行动，同时有效地促进新入职教师迅速融入学校环境、立足教学工作、转变教育观念，也促进中青年教师重新定位，建立小目标，开启职业发展新的规划期，提升骨干教师职责使命感，积极主动发展自身能力并增强辐射引领影响力。

5. 同伴互助

同伴互助是一种典型的依托群体支持的个体成长活动，同伴之间通过合作互助进行的协作性反思。学校内以一师一徒、一师多徒、备课组、学科组为互助单位，通过专业交流、协作、帮助等基本方法，以集体备课、听评课、学科微论坛等为载体，提高教师学科素养，营造合作性人际关系，形成相互协作、相互支持、相互促进的教学研讨氛围，形成"组内合作，组外竞争"的局面，有效地促进教师在互补共生中成长。

6. 科研支撑

教而不研则浅，研而不教则空。教学与科研，是教师专业成长的一体双翼。

以课堂、课题、培训为依托，以丰富的教育理论与深厚的学术素养为积淀，灵活运用各种教育教学研究的方法，关注广泛、多元和创新的研究内容，推进自主、开放和发展的研究过程。建立以备课组、教研组或更加宽泛的区域性的主题研究团队；开展"主题探索与微课题研究""校本教研与学区联动""现场研讨与网络研修"相结合的研究活动；以各种培训、研讨会、交流会为辅助，延伸研究领域和拓宽研究视野，更好地实现"在研究中启智新生，在研究中提高发展"，促进广大教师在实践与研究的循环往复中走向更高层次的发展。

四、成果取得的效果与反思

（一）研究效果

1. 实现了教师队伍的专业进阶

教师专业素养课程，唤醒了教师的文化自觉与专业自觉，实现了教师的生命价值与职业价值相统一，在教师专业发展之路上激情满怀，动力十足。教师队伍建设显性效果显著：在2023年区内学科骨干教师评选中新增92人，其中工作五年内的青年教师56人，占比高达60.85%；新增省、市学科骨干教师6人，比原有人数提升6.5%；2023年2名教师成为长春市名师工作室主持人；青年教师上官云凤以《"双减"背景下初中道德与法治落实学科核心素养》、李一鹤以《初中语文作文评改教学的优化策略研究》等论文阐述了自身教学中的经验与办法；近三年先后有10人次参与省、市中考命题工作，教师学科素养水平得到了各级教研部门的认可；参加工作三年内的青年教师先后有60余人次参与各级各类教学、教研评比，在吉林省首届作业设计大赛、长春市学科备课培训、绿园区"新星杯""知行杯"教学技能大赛等活动中共获奖80余项。学校初步实现了"新入职教师迅速融入职业角色，掌握专业技能；普通教师专业化发展，成为学校发展中坚力量；骨干教师辐射引领，形成创新型教育研究的团队"，初步达成教师队伍建设的目标，造就了一支师德高尚、业务精湛、结构合理、充满活力的教师队伍，并正朝着"高素质、专业化、创新型"的培养目标迈进。

2. 发挥了学校的辐射引领作用

学校作为吉林省教育学院"影子培训"基地校、长春市中韩合作交流示范校及绿园区大学区引领示范校,依托教师专业素养培养课程,为参培学校和兄弟学校提供了教师队伍建设与发展的新思路,发挥了辐射引领作用。2023年3月,学校承办了长春市基础教育质量提升工程课题开题会暨第四届教科研高峰论坛,会上分享了我校教师队伍建设的已有经验及后续研究设计。2023年7月,学校成为吉林省教育科研示范基地校。

(二)研究反思

教师队伍建设是一个持久、持续研究的课题,八十七中教师素养培养课程体系确立的时间较短,仍需完善。

第一,该课程的培养目标群体在发生改变,因此分层目标会随之动态调整,逐步清晰完善。

第二,可以继续丰富、充实课程内容,满足教师专业发展需求,课程的实施路径还将从时间、空间、参与群体等角度全面考虑,进一步调整。

第三,课程的有效推行需要一体化、贯通式的评价机制,需要多元化的评估指向、多样化的评估方式和专业化的评估工具,这将是我们下一步研究的内容。

发展是教师的终身课题,教师队伍建设是学校教育的永恒课题。未来,学校将继续以高质量的教师专业素养课程为教师的终身发展赋能,为学校的可持续发展助力,为长春教育的高质量发展贡献"八七"力量。

[参考文献]

[1]刘梅,Theo Wubbels.教师素养标准的"理想"与"现实"——以荷兰"七大素养标准"的研制与实施为例[J].外国教育研究,2022,49(01):32-46.

[2]蒋永贵,郭颖旦,赵博,徐王熠.初中综合科学教师专业素养模型的构建研究——基于对15位资深教师的深度访谈[J].教师教育研究,2022,34(02):69-74.

[3]宋磊.造就党和人民满意的高素质专业化创新型教师队伍[J].中国高等教育,2019(23):29-31.

［4］赵明仁. 新时代中国特色师范教育体系的内涵解读［J］. 华东师范大学学报（教育科学版），2018，36（04）：32-34.

［5］周洪宇. 中国教育现代化2035与高素质专业化创新型教师队伍建设［J］. 中国教师，2020（11）：20-23.

［6］刘志丹. 新媒体时代高校高素质专业化教师队伍的建设研究——评《建设高素质专业化教师队伍》［J］. 新闻爱好者，2019（01）：102.

［7］王定华. 新时代我国教师队伍建设的形势与任务［J］. 教育研究，2018，39（03）：4-11.

［8］王海波. 培养造就高素质专业化创新型教师队伍 着力建设教育强省 筑牢教育现代化的坚实基础［J］. 陕西教育（综合），2019（Z2）：24-32.

［9］李琼，裴丽. 建设高素质专业化创新型教师队伍——基于《中国教育现代化2035》的政策解读［J］. 中国电化教育，2020（01）：17-24.

［10］谭娟，饶从满. 英国基础教育教师队伍建设的现实困境与改革对策［J］. 外国中小学教育，2019（10）：64-72.

主要成员： 张苏　臧诗男　刘志超　李巧薇　许文伟　邓大永（长春市第八十七中学）

执笔人： 张苏　许文伟

新时代新型教师队伍建设实践与路径研究

基于国家关于新时代教师队伍的新要求，结合区域教师队伍结构性缺编、专业化水平不高、名优教师数量不足、青年教师育人动力不足的实际问题，项目组开展了新时代新型教师队伍建设实践与路径研究，旨在解决人民群众对优质师资迫切需求与教师队伍现状的矛盾，全面提升区域教师队伍整体水平，为区域教育向纵深发展提供优质的人力资源保障。

一、问题的提出

（一）新时代教师发展的新要求

教师承担着传播知识、传播思想、传播真理的历史使命，肩负着塑造灵魂、塑造生命、塑造人的时代重任，是教育发展的第一资源，是国家富强、民族振兴、人民幸福的重要基石。

1. 建设高质量教师队伍是实施教育强国战略的需要

我国已经建成了世界上最大规模的基础教育体系，成为公认的基础教育大国。但我国教师队伍的学历水平、整体素质和宏观结构还不适应基础教育高质量发展的需求。教师强则教育强，教育强则国家强。站在我国教育发展新的历史方位和历史起点上，必须加快推进高质量基础教育教师队伍建设。

2. 建设高质量教师队伍是推进教育现代化的必由之路

《中国教育现代化 2035》提出，建设高素质专业化创新型教师队伍，坚持把教师队伍建设作为基础工作，为教育现代化提供人才支撑。当前我国基础教育发展的主要矛盾已经发生根本转变，教师队伍质量成为影响我国持续推进教育现代化的根本影响因素。

3. 建设高质量教师队伍是办好人民满意教育的必然要求

教育发展进入新阶段，人民群众对公平、多样、特色、优质教育的需求更加强烈，对教师队伍素质提出了更高的要求。教师队伍建设的主要矛盾正在从数量不足向提高质量转变，全面加强教师队伍建设是不断满足人民群众对美好教育生活向往的必然选择。

（二）区域教师队伍建设的客观需求

区域现有教师 3812 人，平均年龄 33 岁。教师队伍具有学历高、信息技术能力强、学习能力强的优点，但也有一些亟待改进和加强的问题：一是思想政治站位不高、教书育人情怀不深的思想问题；二是年龄两极分化、中青年教师不足、名优教师占比不够的结构失衡问题；三是教学经验、执教能力不强等专业化水平不高问题；四是队伍建设、管理、培养、评价等制度不健全的问题。上述问题极大地制约和影响了区域教育质量的提升。

二、解决问题的过程与方法

（一）梳理现状清底码，确立研究方向

项目组综合运用战略性调研、对策性调研、前瞻性调研、跟踪性调研、解剖式调研、督察式调研六种调研方式，对区域教师队伍建设现状展开调研，经过数据统计和深入剖析，总结梳理出了区域教师队伍建设存在如下瓶颈问题。

1. 思想政治站位不高，教书育人情怀不深，导致育人动力不足

面对动态、复杂的社会大环境和微观组织环境，一些教师对繁忙工作产生抱怨，对自身发展缺乏目标预设，职业规划不明，理想追求不清，教育情怀不深。一些年轻老师对教师职业产生怀疑，中年教师滋生职业倦怠，教书育人的动力和积极性不高。

2.教师年龄两极分化，中青年教师不足，造成教师结构失衡

区域每年招聘400余名新教师，造成教师体量快速增长，教师队伍年轻化，35岁以下教师占比66.1%。名优骨干校长、教师占比低，且存在"外来多""本土少"问题，人才梯队断层，缺少在省市"叫得响"的"领头羊"。

3.专业度不高无法适应教育发展需求

教师教学基本功不扎实，课程标准钻研不够，教材体系梳理不清，知识联系理解不透，缺乏课堂教学组织能力、课堂驾驭能力。一些教师缺乏教育反思，不善总结，不会研究，缺乏科研意识和创新能力。

4.机制不健全导致教师队伍建设不强

由于区域成立时间短，还没有科学、系统地构架起教师队伍培养体系，各种管理、奖励、考核、保障制度还不健全，导致教师专业发展缺少保障，缺少引领，教师队伍建设速度不快，教育发展不均衡。

（二）顶层设计制方案，明确研究思路

基于对现状的摸底，围绕国家新时代教师队伍建设要求，结合区域教师队伍实际情况，项目组制定了教师队伍建设实践研究方案，明确目标、思路、路径、分工以及具体的实践和研究行动。

1.建设目标

教师队伍突出问题得到有效解决，建成一支同社会发展要求相适应、同人民群众期待相契合、同区域发展相匹配的高素质专业化创新型教师队伍。区域教师队伍总体上呈现思想政治素质过硬、教育情怀深厚、业务技能精湛、师表形象良好的样态，教师整体素质达到大幅度提升。

2.建设思路

加强思想引领，提升教师师德水平，强化理想信念；加强制度体系建设，全面深化教师管理综合改革；强化保障举措，提高教师地位待遇；探索队伍培养路径，整体提高教师专业化水平。

3.实施路径

以培根铸魂强师德为基本任务，破解教师动力不足问题；以"引培并举"双轮拉动教师队伍数量和质量双提升；以教师素养提升行动为抓手，提升教师专业化水平；以五大制度构建为保障，深化教师队伍建设改革。

（三）多线并行寻路径，开展行动研究

1. 打通单向发力壁垒，建立联动机制，构建队伍发展立体通道

区校两级纵向联动，人事、教研、师培、信息化等部门横向联动，教育局各部门主管局长和学校校长担任核心成员，作为教师的专业发展"规划师"与"导师"。项目组以"培根铸魂强师德，启智增慧强师能"为共同愿景，以带动区域全体教师的专业发展为宗旨，共同探索新时代新型教师队伍建设有效路径，形成教师队伍建设的新模式，为区域教师专业发展提供高端智力支持。

2. 基于问题导向，打好提升组合拳，补齐教师队伍建设短板

一是"管树"结合，强信念。印发《关于建立健全中小学校教师师德建设长效机制的实施办法》，规范从教行为，提高教师职业道德素养；全面启动"强化教师六项修为、做四有教师主题教育实践活动三年行动计划"，将"立德修身"理念贯穿到"入口""流动"和"考核"全过程；实施教师荣誉制度，选树表彰最美教师、优秀班主任、教坛耕耘奖、桃李芬芳奖等，引领树立严格自律、爱岗敬业的良好教师形象。

二是补足数量，调结构。拓宽人才引进渠道，选优补足教师队伍。通过与东北师范大学、吉林大学、长春市十一高中合作办学途径，为学校引进名师管理团队，助力区域教育发展；通过人才"绿色通道"，引进市级以上骨干优秀教师；采取走入东北师范大学、吉林师范大学定向招聘和面向社会招聘方式引进新教师，增加教师队伍数量，优化结构。

三是深化改革，建机制。全面推行中小学合作办学、岗位管理、公开招聘、聘用管理、校长教师交流轮岗、职称评审、考核评价、薪酬分配等制度改革。以教育质量提升为主线，建立师德师风建设、专业能力培训、师资人才引进、校长教师交流、人事统一管理、教师奖惩激励六项长效机制，持续壮大教师队伍，全面提高教师综合素质。

3. 发展导向，创新人才培养模式，为优质均衡发展提供有力支撑

一是重视培养，强素养。构建"以教师自主发展为本源、以校本培训为基础、以学校联盟为延伸、以高校协同培养为助力"的纵向成长机制和"教—研—训—信—赛"五位一体的横向培养模式相结合的能力提升新机制，聚焦教师核心素养，开展多层级、多模式、多主题的素养提升行动，带动教师队伍新发展。

二是建立梯队，强本领。建好校长队伍，采用理论提升、研学考察、工作复盘等方式促进校长学习与自省，培养一批富有情怀、业务精湛、锐意创新的杰出校长，提升领导力；建好骨干教师队伍，本着"培养一批，带动一批"的宗旨，组织多层次、多维度的培训研修，提升骨干教师的管理能力和业务水平，扩大影响力；建好新教师队伍，通过新教师培训、思政教师全员培训、教师信息新能力2.0培训等，激发学习力。为教师量身定制梯级培养体系，让每位教师都能找到自己的"坐标"，实现个性化、多元化成长。

三是依托联盟，强能力。推动区域内资源有效融合，组建"树蕙联盟""新创联盟""育英达才联盟""文化树人联盟"四个未来教育联盟，搭建起校际间"管理互促、研训联动、质量同进、文化共建、资源共享"平台，将多校力量联结贯通，共同参与教师队伍建设，共促教师专业成长。教师在师徒结对、影子培训、同课异构、课标解读等活动中，生长力、研究力、创新力都得到大幅提升。

三、成果的主要内容

区域成立教育教学研究中心，中心作为教师专业化发展的管理机构、服务机构、研修机构，笃定改变传统的"教师培训"思维，切实践行"教师发展"新理念，积极借鉴引进国内外先进教育理念和教育教学管理经验，提炼出了"一基双轮四维五制"新时代教师队伍建设新模式（见图1）。

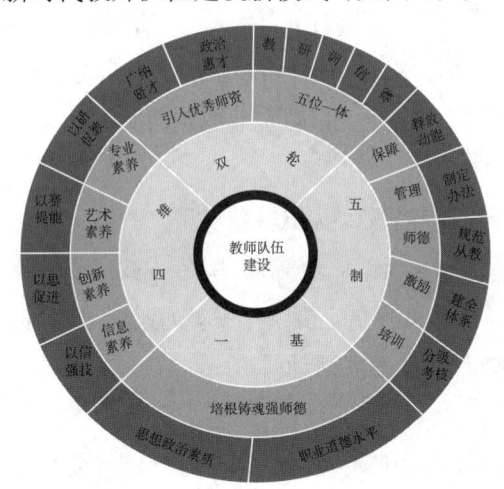

图1 "一基双轮四维五制"图谱

1. "一基"

"一基"是指以培根铸魂强师德为教师队伍建设的基本任务，即将提高教师思想政治素质和职业道德水平摆在首要位置，并融合于教师队伍建设的各环节，通过涵养师德行动和师德一票否决制，提高教师队伍建设的"政治含量"和"思想道德含量"，引导教师争当"四有好老师"，争做"四个引路人"，自觉践行"四个相统一"。

全面加强教师队伍思想政治工作，筑牢思想总开关；开展新区"身边的榜样教师"评选活动，用身边的榜样传递师德的力量；组织全区教师参加思想政治培训学习，提升政治敏锐力、政治方向辨别力、政治纪律约束力；开展新教师承诺践诺，读书评选、师德演讲、知识竞赛等师德学习活动，引导广大教师以德立身、以德立学、以德施教。真正使有德者备受尊重，失德者寸步难行，切实促进师德建设常态化、制度化、标准化。

2. "双轮"

"双轮"是指实施"引培并举"的人才建设措施。即通过带编招聘、强师计划、校园招聘等方式引进优质师资，高位嫁接植入"优质基因"，通过"教—研—训—信—赛"一体化培养，提升培养实效，增强"造血功能"。

一是引入优秀师资，扩充教师队伍数量，建好师资"蓄水池"。依据《长春新区管理委员会关于进一步加快长春新区教育发展的若干意见》（长新管发【2018】81号文件）精神，启动"强师计划"，通过名校定向招聘，广纳贤才；科学制定事业编制使用计划，打开合同制教师入编渠道，面向已有合同制教师、社会优秀人才、院校应届毕业生招聘事业编制教师，优化使用编制，通过完善编制管理，政策惠才。

二是一体化培养，提高教师队伍培养质量，打造人才"增长极"。对域内教师进行分层、分级、分类梯队式培养，坚持"教—研—训—信—赛"五位一体，全面推进教师队伍专业发展。围绕年度教育教学及教师队伍发展重点任务，统筹规划创设各类教师专业发展活动。

3. "四维"

"四维"是指围绕教师核心素养的四个维度即扎实过硬的专业素养、娴熟的教育艺术素养、与时俱进的创新素养、敏锐的信息素养开展"尔雅"行动，提升师能。

一维以研促教，提升专业素养。常态开展"星期四智慧教研"、同课异构、订单送课、蹲点教研等活动，建立"区—校—学科组"教研链条，搭建教研共同体，促进教师专业共进、资源共建、使命共担、成果共享，让集体教研活动由精英教研转向普惠教研，让高效的教研活动助推教师专业成长。

二维以思促进，培养创新素养。建立"区—校—学科—教师"四级科研网络，创设"人人有课题""人人在研究"的浓厚科研氛围，组织学校和个人依据发展需求立项研究，以课题研究推动教师探索教育规律、破解教学难题，着力提升教师科研意识和创新能力。

三维以赛提能，提升教育艺术素养。每年定期组织教师素养大赛、新课标过关测试、理科教师解题大赛、作业创新设计大赛、教学设计比赛等活动，搭建专业发展擂台，助推教师专业技能快速提升。

四维以信强技，提高信息素养。全面启动信息能力提升工程2.0行动，制定实施方案、建立教师工作坊、开展月报制度、组织案例分享活动，实现教师在多媒体学习环境和混合环境下熟练应用信息技术辅助教学，全面提升了教师队伍信息化素养。

4."五制"

"五制"是指建立教师师德考核制度、人才培养保障制度、教师管理制度、教师考核激励制度，教师培训制度，以制度保障教师准入与退出管理工作，保障教师绩效待遇，优化教师资源配置，提高研修和培训实效，进一步增强教师对教育的认同感、自豪感、归属感与使命感，促使教师全面、快速成长，提升整体育人水平。

一是建立人才保障制度。立足服务创新驱动发展战略，出台《长春新区绩效考核及绩效工资分配制度》《长春新区职称评聘制度》，最大限度释放人才创新创造动能，为教育高质量发展提供人才支撑。在依法足额保障教师合法权益基础上，提高中小学班主任津贴标准；对编制外合同制教师给予乡镇补贴；对新招聘的教师根据国家和省有关规定按时足额缴纳社会养老保险费；实行区聘与在编教师同工同酬、同晋职晋级制度。

二是建立人才管理制度。根据新时代教师队伍改革发展要求，立足区域教育实际，聚焦短板弱项，筑牢制度保障。先后出台《长春新区校级干部管理办法》《班主任管理制度》《长春新区中小学区级学科骨干教师管理办法》《长春新区校级后备干部管理办法》《长春新区学校中层干部管理办法》，加强教师队伍管理，夯实教育发展基石。

三是建立师德考核制度。以规范教师执教行为为重点，以提高教师队伍素质为目标，出台《师德师风管理考核制度》，进一步提高教师师德建设水平，努力打造一支有理想信念、有道德情操、有扎实学识、有仁爱之心、让党和人民满意的中小学教师队伍，形成优秀人才争相从教、教师人人尽展其才、好老师不断涌现的良好局面。

四是完善考核激励机制。坚持激励导向、分类考核、客观公正、稳中求进的原则，建立健全教师考核评价体系。以学校为主体，对教师开展平时考核和年度考核。每年评选一定数量的优秀教师、优秀班主任、师德标兵、教坛新秀等各类典型，通过各种媒体进行集中宣传，弘扬正能量，并召开教师节表彰大会，充分发挥先进典型示范引领作用。

五是建立教师培训制度。建立教师培训工作分级考核机制，将学校开展教师专业发展培训情况列入学校发展性评价考核指标，将教师参与专业发展培训情况列入教师年度绩效考核指标，并将考核结果作为教师聘用、聘任、晋级、评优、奖励的必要条件。

四、成果取得的效果与反思

（一）取得的效果

1. 重塑教师的理想信念，凝心聚魂，营造了风清气正的氛围

开展了形式多样的主题教育、理论学习活动，广大教师在学思践悟中坚定了理想信念。落实三级表彰制度，大力选树师德先进典型，先后有61名教师被评为省、市、区优秀教师、优秀教育工作者；3名援藏教师被评为"吉林好人·最美教师暨黄大年式好老师"，13名教师被评为长春市我身边的好教师。通过"我身边的榜样教师"典型事迹报告会、读书报告会、师德教育培训等方式，引领教师以德立身、以德立学、以德施教、以德育德。

2. 实施人事制度改革，内培外引，教师队伍数量质量双提升

通过校园招聘、"强师计划"、面向社会招聘等途径，解决教师短缺问题，教师总数由 2018 年的不足千人增长到 3812 人；目前，全区公办中小学本科以上学历占比 95.6%，硕士研究生占比 23.9%；985、211 重点院校毕业生占比 11.4%；按现有学生数增加编制总量，综合考虑合同制教师学历、职称、骨干、入区年限，与人社部门研究确定招聘条件、笔试面试方式，分批择优解决合同制教师进编问题；近几年，通过提高待遇，住房补贴、绩效等方式，引进名教师、名校长 50 余人。

3. 构建"一基双轮四维五制"模式，教师专业发展实现新突破

"一基双轮四维五制"教师队伍建设模式，全面推进了区域教师队伍的专业发展。每年一届的区校两级全员全科岗位练兵暨教师素养大赛，推动了教师综合素质和专业化水平的提升；"互联网＋教研"的"星期四智慧教研"，累计到 2022 年共开展 3383 期空中教研活动，参与教师超过 198 200 多人次，最大限度地放大优质教研成果的价值；高品质的国家、省、市、区级培训以及校本培训，让教师的教学和成长更有方向也更有深度。培育出省市杰出校长、专家型校长、骨干校长累计 40 人，省级学科带头人 25 人，省市骨干教师 343 人，104 位教师被评为省市教学精英、新秀。

4. 教师队伍素质整体优化，区域育人质量大幅度提升

近年来新区教育实现"从无到有、从小到大、从弱到强"跨越式发展，教育发展水平位居开发区前列，一些工作在省市"领跑"，教育体量、质量、影响力显著提升。新区成为全国青少年近视眼防控试点区、网络学习空间应用普及优秀区、市冰雪运动试验区、公办学前教育资源创新供给改革试点区、幼小衔接实验区、智慧教育平台试点区。新华社、央视等主流媒体给予多维度报道。群众对教育的满意度达到 99.13%。

（二）需要反思的问题

以提升教师队伍整体素质为目标，以保障需求、规范管理、提升能力为重点，还需持续深化人事管理制度改革的研究，扩大教育对外开放与合作。还需提高教师培训质量的研究，用足国家省市级资源，做精区级培训，做实校本培训，创新培训模式，建设培训课程，完善培训机制，提高培训工作的针对性和实效性。

另外，对加强教师队伍评价激励制度的研究也是十分重要的。撬动、引领教师专业发展的评价杠杆短缺，亟须创新教师评价工具。如何借助信息手段围绕教师的德、能、勤、绩、廉对教师的师德形象、敬业精神、教书育人、履行规范、工作业绩、专业发展等方面进行考核评价，还有待于进一步探究。

教师队伍建设是基础教育改革发展的重中之重，如何为新时代的教师队伍注入时代主色，是一个新命题，项目组将持续沿着打造高质量教师队伍的实践路径，不断健全和完善教育人才培养机制，筑牢教师发展的思想之基，凝聚奋进之力，强化教师核心素养培养，让更多教师成为可以信任和依靠的"大国良师"。

[参考文献]

[1]朱永新. 教师为立教之本和兴教之源——深入学习习近平总书记关于教师队伍建设的重要论述[J]. 人民教育，2019（17）：7-11.

[2]王定华. 新时代我国教师队伍建设的形势与任务[J]. 教育研究，2018（03）：4-11.

[3]程建平. 新时代"优师专项"的使命担当[J]. 教育研究，2021，42（06）：16-20.

[4]程建平，张志勇. 高质量基础教育教师队伍建设的任务和路径[J]. 教育研究，2022，43（04）：132-136.

[5]梅兵，唐玉光，荀渊. 世界教师教育发展模式的演变及我国的选择[J]. 教师教育研究，2021，33（05）：1-7.

主要成员： 杜晓明　李丽娜　董海侠　王欣欣　张守英　张涵（长春新区教育教学研究中心）

执 笔 人： 杜晓明　李丽娜

"三步五环"混合式校本研修流程设计与实践

互联网＋大背景下，混合式校本研修使教师专业成长更具张力。然而，在混合式校本研修开展的过程中，也存在模糊、依赖、粗放等现象。针对这些问题，课题组在实践中总结出"三步五环"混合式校本研修流程，通过重塑研修流程，转变研修方式，有效促进教师专业成长。

一、问题的提出

《国家中长期教育改革和发展规划纲要》《新时代基础教育强师计划》等文件的出台，将高水平教师队伍建设作为教育发展的重要保障，教师专业发展达到了空前重要的新高度。

快速发展的信息技术成为传统教学方法变革的催化剂。美国高等教育信息化协会（EDUCAUSE）从 2012 年至今，连续十年将"混合式学习设计"列为促进教育领域技术关键趋势，混合式学习在互联网＋背景下呈现出井喷式发展态势，很多区域和学校也都在着力摆脱模糊、依赖、粗放的校本研修状态。基于混合式学习理论的混合式校本研修，也让各级教育部门重新聚焦和重点关注，逐渐成为教师专业发展的新常态。然而，各校在开展混合式校本研修时还存在一些问题。

（一）重形式缺实质

部分学校将混合式校本研修定义为"线上学、线下练"，教师线上学习了相关的课程资源，线下实践浅尝辄止，也都按照要求完成了任务，但缺少实质性的规划设计与带动引领，教师的专业发展处于无效劳动状态。

（二）重结果少过程

部分学校将混合式校本研修变成任务或指令，要求老师保证在线学习时长，写回复、心得，要求听评课节数、反思节数、课件及微课个数等，这种任务式的研修，使一些教师为了完成任务而做表面文章，甚至弄虚作假，严重影响了校本研修的成效。

（三）重学习轻迁移

学习的目的是迁移，研修的本质是行动。很多研修停留在单纯的培训层面，转化力不足，学用脱节、学未致用现象普遍存在。强调了就等于学习了，学习了就等于研修了的现象屡见不鲜，没有改进教学的学习毫无意义。

2019年，全国中小学信息技术应用能力提升工程2.0实施以来，各省市调研时发现，普遍的问题是缺少高品质的微能力点，经研判，学校是否扎实开展了有实效的混合式校本研修是问题的主要原因。

以上情况表明，对于混合式校本研修，认识上还存在偏差、流程上还缺少设计、实施上还缺乏实效，深度研修并未形成。

二、解决问题的过程和方法

（一）针对问题，形成基本共识

针对混合式校本研修中出现的问题，课题组成员在认真学习"混合式学习"相关理论的基础上，围绕"如何开展有实效的校本研修"进行了多轮次的研讨，对混合式校本研修的各要素、各环节进行深入的剖析。

共识一：开展有实效的研修，主体是学校。

开展混合式校本研修是学校有目的、有组织地帮助和引导教师专业成长的行为。因此，学校是校本研修的策划主体，教师是研修主体。很多学校将教师专业成长交给教师个人或教研组，或用听评课等活动来代替校本研修，这是学校的缺位，有实效的校本研修要能充分发挥学校主体作用。

共识二：开展有实效的研修，关键是有效。

混合式校本研修是研修形式，形式要为实质服务，开展混合式校本研修的根本目的就是使研修更具有效性。这是衡量组织校本研修开展情况的唯一标准。

（二）集体攻关，突破重点难点

在共识基础上，混合式校本研修如何发挥主体作用，如何使混合式校本研修更有实效，就成了课题组要攻克的难点。

在对混合式校本研修研究中，重点对开展混合式校本研修时学习环境的营造、教师交互的深度、混合研修的方式，特别是学校的组织策略进行了反复的讨论，并得出了相关结论。

1.混合式校本研修的本质

混合式校本研修不是线上与线下的混合，其根本是通过研修方式的转变提升研修质量，不是为了混合而混合，其本质是深度学习。

2.混合式校本研修的重点

开展混合式校本研修要找准临界点，什么内容线下学、什么内容线上学，一般情况下，低阶线下自学、高阶线上讨论。

3.混合式校本研修的关键

开展有实效的校本研修，学校要发挥主体作用，而主体作用要通过流程的重塑来实现。

教育规律流程化是促进教育理念落地的关键。流程设计的追求是全局最优，有什么样的思想就有什么样的流程，流程是牵引学习、实践应用的关键环节，抓住了流程，就抓实了过程，就抓好了改进，就抓住了研修的牛鼻子，也就打通了理论与实践的障碍。

（三）理论支撑，实践验证改进

为了深入研究好本课题，课题组组织成员对"混合式学习"理论进行了深入的学习。混合式校本研修（Teacher's Blended Learning）是混合式学习的相关理论在教师培训中的应用,学界普遍认为加拿大学者兰迪·加里森(D.R.Garrison)和特里·安德森（Terry Anderson）等人共同创建的探究社区理论（Community of Inquiry, 简称COI）是混合式学习通用且重要的理论基础。乔治·西蒙斯(George Siemens）提出的联通主义理论指出：知识是一种"网络现象"，学习和知识应该建立于各种观点之上，知识的流通是所有联通主义学习活动的最终目的，联通主义学习以教学交互为核心。

根据这些理论框架，自 2019 年开始，课题组成员依托信息技术应用能力提升工程 2.0 项目，对混合式校本研修的内涵、要素、指向、流程等内容进行了反复论证，并在安徽、贵州、陕西、南宁、新疆等 14 个省、市、自治区 40 余个实验区开展了实践验证。正是在反复的校验与修订中，建立了以教学改进为导向，自学、互学、践学相结合的"三步五环"混合式校本研修基本流程，促进了教师有实效的学习。

课题组的一线教师在研究中，将此流程应用于课堂教学，促进学生自主学习、深度学习，实现教师专业成长和课堂教学的"双应用"。

三、成果的主要内容

教学的功能之一是促进有目的的学习，以便达成可能需要更长时间才能达成的目标。这就需要对学习的资源和程序进行安排，使之流程化，以提升研修效率。

（一）"三步五环"混合式校本研修流程的模式构建

混合式校本研修主要指线上和线下的混合，但不是简单的线上与线下的混合，将部分线下移到线上，而是为学生创造一种真正高度参与的个性化学习体验。其目的是通过线上与线下的混合，增强学习体验、实现教学改进，重点突出学习、交流、应用三者的一体设计（见图 1）。

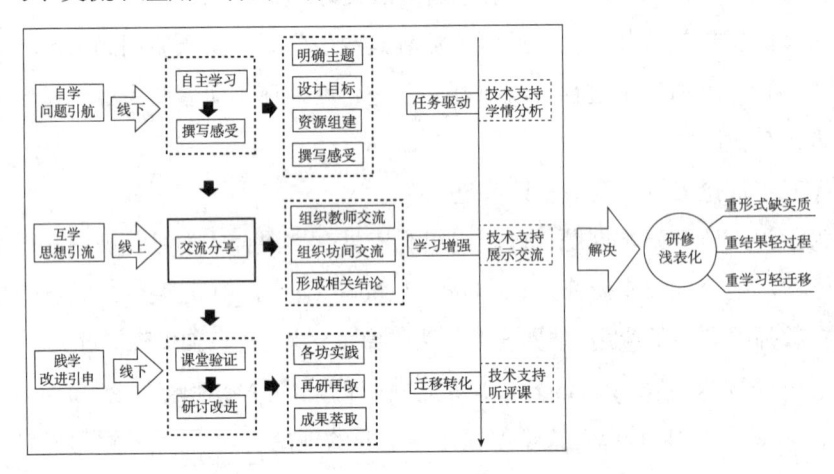

图1 "三步五环"混合式校本研修模式流程图

（二）"三步五环"混合式校本研修流程的内涵解读

"三步五环"混合式校本研修流程设计，指向教学改进，强调的是通过智慧众筹的方式，促进深度学习，进而实现教学的升级。该流程设计由三个版块五个环节组成，所以又称"三步五环"混合式校本研修流程。"三步"即自学、互学、践学，"五环"是指自主学习、撰写感受、交流分享、课堂验证、研讨改进。

第一版块：自主学习、问题引航

（1）明确主题。开展混合式校本研修，主题不明、目标不清是最大的症结，对于老师来说，"研究什么"是个重要问题。明确研修主题，或将实践问题转化为研修主题，不仅使校本研修具有方向性，还可聚焦研修行为，产生强大的"号召力"。

（2）设计目标。要精心设计研修需要达成的目标，重点回答好以下几个问题：教师通过这次研修，最需要掌握什么知识、能力和方法？并依据以下三个子问题对目标进行细化：①课堂教学要有怎样的改变？②面对这样的改变，教师最希望获得什么？③教师在学习与实践时的关键点在哪？这些问题为教师提供了明确的学习路径，使教师在学习时有章可循。三个问题的设计指向的是结果导向，以终为始。

（3）组建资源。围绕主题及目标组建多样的数字资源，包括相关书籍的自主阅读，特别是要加强精品案例资源的引入与剖析，借助案例使抽象的知识具体化，易引导教师共鸣，有助于知识的理解与建构，启迪教师智慧，激发参研热情。

（4）撰写感受。对于学习后的感受，引导教师整理成文字，一方面由所见所想到文字落实是学习梳理与强化的过程。另一方面，有助于下一步的交流与研讨。感受包括收获和问题两部分，收获为了交流分享，问题为了引发讨论。

开展有深度的自主学习是这个版块的核心。组织者，要加强问题的引领带动，以及教师学习问题的归纳汇总。自学不是看视频、看案例，真正的自学是提出问题，问题是教学的衍生物。提出问题才是深入学习，也是为下一步研讨与交流做准备。换言之，没有问题，也很难产生深度的交流，坊主或教研组长要将提出问题作为自学任务之一。

第二版块：相互学习、思想引流

这个版块是整个混合式校本研修的关键环节，充分交流是研修的核心。校本研修的重点在于将每一个学习者拥有的那部分知识呈现的同时，每个学习者又对其中的知识进行创造、完善、更新和批判，形成新的理解。组织者，要聚集目标，注重教师的合力涌现，加强对教师的思想引流，这也是校本研修的本质要义。

（1）组织教师交流。学科组、教研组是研修主体。每个研修主体都是一个研修工作坊。每个工作坊在坊主的带领下，依据学校的研修主题进行再次分解与细化，开展学习与交流。以工作坊为单位，会使每位教师都可以充分发表自己的意见。坊主对问题或意见进行汇总，并选派发言人代表本组发布学习成果。

（2）组织坊间交流。在各教师交流的基础上，学校组织全体教师参加工作坊层面的交流，包括各工作坊研修管理的经验分享，必要时可请专家参与讨论，以使交流更有深度。

不同层面的多次交流是混合式校本研修流程的重要环节，既对前一阶段自主学习予以深化，又为后一阶段的教学改进奠定基础，起到了桥梁纽带作用。教师通过交流讨论、观点碰撞让知识产生流动，知识在各主体间扩散和转移过程中，与教师自己内在的知识对接与重组，进而加深了教师对研修主题的理解与内化，形成了新的学习增值，促进了教师对知识资源的有效组合。

（3）形成相关结论。学校组织者要加强对交流内容的整理与总结，汇集问题，以便于课堂教学的应用与改进，同时还要对下一步工作提出要求，并布置任务。

第三版块：实践学习，改进引申

学习的最终目的是解决问题。学校教师开展校本研修，其最终目的是学以致用，改进课堂教学，在改进教学的同时，不断巩固、反思与深化所学，二者相互促进。

（1）各坊实践。各工作坊（教研组）依据研修共识，分学科进行教学实践。坊主负责组织本坊教师备课、试讲、改进，将学习到的理论运用到实践，对现有的课堂教学进行改进。

（2）再研再改。各教研组（工作坊）要对理论在实践中的应用认真进行反思，回答好以下几个问题：我的课堂改进了吗？改进了什么？改进的效果怎么样？老师们对这样的变化内心是怎样的态度？有怎样的收获？哪里还存在问题？

（3）成果萃取。校本研修是一个循环往复的过程，完成了一轮校本研修，重点从两个方面进行总结：一是要有成果意识，将成果萃取作为研修的重要目标，及时将成果在教师中转化，用以指导教学，并唤醒和加强教师的精神力量。二是要对研修过程进行复盘，总结利弊得失，使接续的研修更具实效，最终在学校形成浓郁的研修氛围。

"三步五环"研修流程，还可应用于课堂教学，教师按此流程使学生深度学习，改变课堂教学方式，提升教学质量。

（三）"三步五环"混合式校本研修流程的举例

在实践过程中，很多实验校进行了有益的探索，现选取两所学校的研修流程设计，为各校提供参考。

案例一：广西壮族自治区南宁市高新区某中学"三步五环"混合式校本研修方案

研修方式	三步五环	研修活动安排	完成时间	负责人
线下	确立主题	翻转课堂教学模式研究	12.1—12.4	校长
线上	目标任务	1.掌握翻转课堂理念。 2.以学科为单位，探索本学科翻转课堂教学模式，以及适用课型。 3.总结本学科翻转课堂应用利与弊。 4.每个教研组选派一名教师以课例方式展示汇报研修成果。 （以上内容线上发布，作好动员讲话。）	12.5	副校长
线上线下混合	自主学习	1.自主学习学校下发的资料。 2.线上观看翻转课堂案例。 3.自查查阅相关资料或阅读相关书籍。如《翻转课堂的可汗学院：互联时代的教育革命》《翻转课堂与混合式教学》。 4.研讨目标及任务，可细化、调整。	12.6—12.10	副校长

续表

研修方式	三步五环	研修活动安排	完成时间	负责人
线下	撰写感受	1.每位教师根据自己所学,写出5点收获。 2.每位教师提出2个问题或困惑。	12.11—2.12	教研组长
线上线下混合	交流分享	1.教研组组织本组教师研讨,形成研讨纪要。学校领导随机深入。 2.学校组织各教研组研讨,形成研讨纪要。 3.对于未能解决的问题,可请专家培训辅导。	12.13—2.15	主任
线下	课堂验证	1.各组选派实验教师在课堂上验证。 2.各组要通过研讨自行改进,并及时做好翻转课堂教学利弊、遇到问题的梳理。	12.15—12.20	教研组长
线上线下混合	交流改进	1.以教研组为单位,按课堂标准评课,重点围绕以下几个问题:翻转课堂与传统课堂相比,学生的学习是否发生?学生的学习效果是否有改变?翻转课堂对我的学科有怎样的影响或变化? 2.以学校为单位,线上各教研组长汇报各组研究的进展、取得的成绩、遇到的困难,以及需要解决的问题。 3.就相关问题进一步交流,各组教研组长与实验教师对本组的模式进行修改完善。	12.21—2.25	副校长
线下	总结反思	1.各教研组长反思目标及任务达成情况。 2.各教研组长反思本组教师课堂教学改进情况。 3.萃取研修成果,反思研修活动的实效性以及流程设计的科学性。 4.专家点评指导。 5.学校表彰在本次研修中表现突出的团队及个人。	12.26—2.30	副校长 校长

本案例特点是有效地呈现了"五环节"的紧密关联,以提出问题督促自学,以解决问题增强理解,以课例研讨践行理念,以专家引领改进教学,达成了本轮次的研修目标。

案例二：重庆市永川区某小学"三步五环"混合式校本研修方案

研修主题	通过信息技术手段优化课堂教学讲授环节
研修目标	1.掌握课堂教学讲授的原则与遵循，建立课堂教学讲授评价量规，每名教师通过教学片段的讲解展示比赛活动，提高课堂教学讲解能力。汇成"教师讲解能力视频集"。 2.能熟练掌握并使用思维导图、PPT、微课制作等软件工具，每个教研组还要至少再掌握两种以上学科类工具。汇成"技术工具应用集"。 3.以教学改进为标准，能制作出优化课堂教学讲授环节的能力点。汇成"能力点优质案例集"。 4.能结合一节课的具体环节，表达出技术支持的课堂教学优化方式、作用、效果、创新之处。汇成"优质教学成果集"。

混合式校本研修流程

时间	研修环节	研修内容	任务	预期成果	组织者
4.25		线上学习相关课程及学校补充相关材料（具体材料略）。	针对学习内容，提出困惑。	教师问题汇总	副校长
4.26	自学问题引航	发布自学问题，各工作坊组织研修： 1.课堂教学讲授应遵循哪些原则？有理论依据并举例说明。 2.有哪些技术支持课堂教学讲授？ 3.如何设计课堂讲授的评价量规？ 4.在学习过程中，你发现了哪些值得参考的案例？还有哪些问题？	根据问题结合自身教学实际，学习思考如何优化教学。	自学笔记、心得	教研组长

续表

研修主题		通过信息技术手段优化课堂教学讲授环节			
4.27—4.30	互学思想引流	围绕问题，工作坊内组织教师研讨，坊主汇集教师问题。	对问题形成部门解决建议，提出新问题2个。	工作坊学习共识，汇总研修问题	各坊主
		围绕问题，学校层面组织各坊学习分享，解决相关问题。	每个工作坊总结本坊学习与研讨结果。	分享汇报	主任
		对重点问题，请专家培训或组织骨干攻关，并形成实践依据。	撰写心得体会，每个教研组至少上传一篇体会。	反思集	副校长
5.5—5.9	践学改进引申	根据学习成果，各坊组织集体备课。	每坊提交一份教学设计。	优秀教学设计	坊主
5.10—5.17		开展听评课活动，进一步修订与完善。并回答：对比优化前后，效果怎样？有怎样的理论依据？	围绕教学改进目标，不断研讨改进。	听评课记录	坊主
5.20		以工作坊为单位，每个学科在全校范围内进行教学展示，请专家点评。各教师完成优化设计。	各坊选派1名教师，展示教研成果。	优秀案例集	副校长 坊主
5.25		各学科对研修成果进行总结，形成经验及模式，完成相关能力点。	各学科研修成果萃取。	研修经验集	副校长
5.30		全面总结本次研修的情况，表彰先进工作坊与先进个人。	对相关成果进行评选。	总结材料	校长

案例二的特点是以教研组为主体，以"三步"为版块，将"学习""研讨"放在线上，将"实践"放在线下，将环节、任务、成果一一对应，使研修目标落到实处。

（四）相关结论

"互联网+"阶段的混合式学习并不是简单的技术的混合，其目的是较之传统学习体验更深度，研修效果更明显。

1. 结论一：强调一体综合

混合式校本研修的三个环节中，要围绕一个主题，环环相扣，层层递进，每个阶段都是对上一阶段的深化与扩展，相互间不能脱节。混合式校本研修的形式是"线上"与"线下"的混合，但并不是简单的线上+线下，而是要突出线上与线下的相互关联、互为补充，线上线下共同为教师创造高度参与、指向研修目标达成的深度学习体验。

2. 结论二：强调方式转变

混合式校本研修与传统研修的本质不同是研修方式的转变。在研修过程中，教师是学习主体，学校是组织主体，学校要从命令型、指令式变为研修的设计者、促进者、伴随者，创建"以教师为中心"的学习环境下教学与辅导方式的混合模式，为不同教师提供高度参与、个性化学习体验。高度参与的标志就是对话交流，对话反思的深度就是研修深度。从"传递接受"走向"互动生成"是提高远程学习效果的重要途径。

3. 结论三：强调教学改进

教学改进是研修的本质与关键，没有学习的增强，就没有实践的改变。"三步五环"流程设计，就是通过互动交流，增强教师的学习体验，内化后不断改进教学。

4. 结论四：强调形成学习共同体

开展混合式校本研修最终目的是让学校教师形成一个学习共同体，让教师们在这个学习共同体中，形成一个学习、实践、成长的研修"场"。

四、成果取得的效果与反思

对于混合式校本研修，流程设计是学校管理者与组织者的有效抓手，通过对流程设计的理解与设计，使各校的研修工作真正落到实处。

（一）取得的效果

1. 为各校开展混合式校本研修提供了遵循

此成果不仅在本区基层学校广泛实施，在全国各地也有较深影响，安徽、贵州、陕西、南宁、新疆等多地教育局和进修学校，均采取此模式开展研修，效果显著，产生了优良的社会影响。从全国40余个实验区的反馈效果看，各省、市、自治区通过研修流程的重塑造，解决了校本研修长期存在的"假研修"问题，改变了各校对混合式校本研修的浅表认知，为各校开展混合式校本研修提供了可操作的具体方法。

2. 使教师深刻地理解了混合式学习的本质内涵

教师在混合式校本研修设计与实践过程中，更加深刻地理解了混合式学习的优势，为学生提供了更加丰富、自主、便捷、开放的学习体验，促进了学生合作交流，提升了学生的高阶思维，培养了学生的自主学习能力，为后续的课堂教学变革奠定了基础。

3. 形成了系列成果，有效促进了研究人员的专业成长

研究取得了较为丰硕的成果。2021年，撰写的《信息技术应用能力提升与校本研修》一书由东北师范大学出版社出版。2022年，在国家组织实施的案例评选中，撰写的"构建三步五环研修模式，推动微能力深度应用"案例成功入选。2022年，在吉林省提升工程2.0区域汇报会上，宽城区以"构建三步五环研修模式，增强校本研修"为题，面向全省做经验分享。同年，"学习体验增强的混合式校本研修设计"在"长春市教学成果"评选中获一等奖。

（二）创新之处

1. 实现校本研修由行政管理向流程管理转型

"三步五环"混合式校本研修模式的建立，将"行政管理"进化为"流程管理"。流程管理的核心是流程，流程是企业运作的基础，企业所有的业务都是需要流程来驱动，学习体验导向的混合式校本研修流程设计，即用"三步五环"流程来驱动混合式校本研修的有效实施。

2. 为开展混合式学习提供了理论基础与实践案例

基于联通主义、社区探究理论的混合式学习，正成为深度学习的标志。"三步五环"混合式校本研修模式可直接转变为"混合式课堂教学模式",应用于课堂教学,改变学习方式,变被动学习为主动学习,提高课堂教学品质。在吉林疫情期间,此成果为广大教师提供了实操路径,提升了教学质量。

3. 为教师提供高度参与的个性化学习体验

从传统研修走向混合式校本研修,将混合式学习理论应用于混合式校本研修,创建了"以教师为中心"的学习环境下研修与学习模式,使研修从"传递接受"走向"互动生成",以问题为主线,将教师资源与相关资源整合,在教师的互动中增强了学习体验,避免研修与教学的浅表运行。

(三)反思展望

1. 自主学习不深入

在学校内部开展校本研修,教师间缺少有效的研修,其关键在于自主学习不深入,就会出现无话可说、研修浅表等现象。因此,在研修时要注重加强教师的自主学习,树立终身学习意识。

2. 成果意识缺失

在校本研修中,对研修的教学设计、研修体会、相关问题未能及时梳理,不利于下一步的研修向纵深发展。

[参考文献]

[1]教育部等八部门关于印发《新时代基础教育强师计划》的通知,教师[2022]6号[EB/OL]. http://www.moe.gov.cn/srcsite/A10/s7034/202204/t20220413_616644.html,2022-04.

[2]《教育部关于实施全国中小学教师信息技术应用能力提升工程2.0的意见》[EB/OL]. http://www.moe.gov.cn/srcsite/A10/s7034/201904/t20190402_376493.html,2019-03.

[3]约翰·丹尼尔,翁朱华,顾凤佳,等. 理解教育技术——从慕课到混合学习,下一步走向何方?[J]. 开放教育研究,2015,21(6):10-15.

［4］加涅. 教学设计原理［M］. 王小明，庞维国，陈保华，等译. 上海：华东师范大学出版社. 2018：002.

［5］贾巍，黄兰芳，华俊昌. 互动生成的教师远程学习活动设计与实践研究——以宁夏"国培"远程培训为例［J］. 教师教育研究，2017（01）：102-108.

主要成员： 李明宇（长春市宽城区教师进修学校）
尹艳红（长春市宽城区实验小学）
崔瑜（长春市宽城区教师进修学校）
王卓（长春市宽城区教师进修学校）
何念桓（长春市宽城区实验小学）
李健（长春市宽城区教师进修学校）

执 笔 人： 李明宇　尹艳红

乡村教师队伍建设"一核两翼"改革路径的探索实践

一、问题的提出

多年来，乡村教师队伍建设迟缓、优秀人才短缺等问题，成为制约县域乡村教育持续健康发展的瓶颈，严重影响了教育水平的总体提升，以长春市农安县为例，突出表现在三个方面。

（一）在师资建设上"青黄不接"

农安县现有乡村学校276所，乡村专任教师5349人。其中：未入编特岗教师617人、"三支一扶"教师11人。从年龄结构上看，乡村教师年龄在34岁以下（含34岁）1073人，占比20%；35—44岁1473人，占比28%；45—54岁2176人，占比41%；55岁以上627人，占比11%。45岁以上教师占绝对比重，乡村学校教师队伍老龄化问题非常突出。这些承担教育教学主力的老教师，多为上世纪八九十年代民办教师转公办教师，到2020—2025年进入退休高峰期，平均每年退休310人左右，而每年新招聘教师200人左右，退的多补的少。从师生比、班师比上看，乡村教师总体数量暂时能够满足乡村学校教育教学需求，但从专业对口、学科结构上看，外语听力和口语、艺术常识、理化生实验操作、体育等学科教师严重短缺，每年补充新教师时，学校所设紧缺岗位常因报考人员不足，导致很难得到有效补充。

（二）在工作任务上"不堪重负"

很多乡村教师身兼数职，工作任务繁重且严重超时，有时还承担乡村政府摊派的非教学类事务，教师群体普遍感到付出的辛苦与所得不符。乡村学校，尤其乡村小规模学校，普遍存在生活设施不齐、后勤保障不强问题。同时，新补充教师跨地区跨省人员较多，需要住宿，农村学校用房比较紧张，无法为教师提供单人单间宿舍，食堂、厕所等其他生活条件也难以达到教师预期。受环境、交通、待遇、婚恋等因素影响，十年来90名新教师相继辞职或调离，流失率达5%。

（三）在教师发展上"闭门造车"

乡村学校教育科研工作相对缺乏足够的理论支撑，很多学校教研活动还停留在传统教学工作层面。一些乡村学校想通过教育科研提升办学品牌和质量，却又显得力不从心，找不准切入点。农村教师考虑选题时随意性过大，对课题实施步骤、操作过程、研究方法等关键内容的设计也过于简单、不易操作，不同程度影响了教育科研的时效性、针对性。

针对上述问题，国内已有大量相关研究与实验探索。但从实验效果来看，大多未能形成多维多元融合的乡村教师高质量发展体系。

二、解决问题的过程与方法

（一）深入基层开展"大调研"，绘制乡村教师发展新画像

2022年，本课题组通过教育督导、教学视导、走进课堂行动、线上调查问卷等多种途径，围绕教学硬件设施配备、乡村教师信息技术素养、乡村教师研训供给、乡村教师专业发展模式等问题，了解教师专业成长发展需求和制约原因，寻找能帮助农村中小学教师专业成长的最佳策略。并着眼农村中小学教师专业成长发展策略现状，确立以"一个核心、四类品牌、六大工程"为主要内容的乡村教育振兴"146"实践计划，重点抓好长春市基础教育质量提升工程（三期）专项课题"实施'146'实践计划 助推乡村教师队伍建设的实践研究"。"146"实践计划，即坚持以"构建新时代乡村教师高质量发展体系"为核心，从"教师党建、教学质量、民主管理、评价激励"等4个方面进行顶层设计，从"领军人才培养工程、骨干教师青蓝工程、省市名师带动工程、优秀人才引进工程、城乡教师交流工程、深度温馨关怀工程"等6个领域开展实践探索，

将研究重点落在"健全师资队伍建设的管理机构、评价体系和指导机制,完善师资队伍建设模式化运行的理论基础和实施路径,研究师资队伍建设常态化实施的管理手段和提升措施,建构师资队伍建设高质量发展体系和区域性发展品牌"上。采取"行政推动、模式驱动、教研带动、集优联动"的研究策略,坚持"科研为先导、教研促发展、培训强根基、信息化提升"的研究原则,完善"课题组+基地校+研究团队""市级课题+县级课题+校本课题"的研究模式,形成了以乡村教师高质量发展体系研究为同一主线的多元化课题研究格局。以基础条件好、教学改革意识强的农安县开安镇中心小学、农安县伏龙泉镇中学等15所乡村学校为课题基地校,遴选50名专兼职教研员、33个名师工作室成员,组建了8个大学区课题研究团队,对全县乡村学校教师队伍建设状况开展调查研究,提出改进建议和政策措施。

(二)走进课堂实施"大科研",积蓄乡村教师发展新动能

课题组主动面向新时代重大课题,围绕深度开展"146"实践计划,抢抓教育科研这个"关键变量",以县教科所、县教育学会为主体,构建全面覆盖、立体贯通、分工明确、优势互补的教育科研组织体系,重点建设引领型、服务型、孵化型、数字型科研组织,努力将科研组织机构打造成领航教学实践的信息库、指导教学研究的专家库、助推教师专业成长的资源库,为新时代县域乡村教师队伍建设提供专业支撑。在此基础上,创新运用"课题管理矩阵+师资提升矩阵+成果共享矩阵"教育科研范式,建设具有农安县域特色的乡村教师科研矩阵群。在打造课题管理矩阵上,完善"行政部门立标定向、科研部门规范指导、片区联盟合作推进、基层学校创新管理、科研团队主题探索、一线教师主动实践"六级科研网络体系,构建"向上管理、向下负责"的区域课题研究矩阵;在打造师资提升矩阵上,重点实施全员培训、融合培训、骨干培训三类培训,确定县级骨干教师培养对象1614名、市级骨干教师174名、省级学科骨干教师12名、第六批省级学科带头人2名,推动乡村教师队伍向"专、精、尖"优质化方向快速发展。在打造成果共享矩阵上,打造研究成长、学习交流、开放共享、展示提升、成果发布五个平台,开展课题研讨、课题联研、成果展示、比赛交流等活动,构建形成正向激励机制,促进乡村教师提高教育科研水平和教学技能,激发乡村教师参与教育科研的热情。目前累计立项省市县级"十四五"课

题 831 项，5000 多名乡村教师参与课题研究，教育科研蔚然成风。

（三）面向未来培育"大先生"，树立乡村教师发展新标杆

在"146"实践计划支撑下，按照"强师德—优结构—提素养—强管理"的行动研究路径，全力推进乡村教师专业化提升工作。每年集中开展 2 次师德师风教育活动，引领广大乡村教师正师风、强师德，从乡村教师中评选县级"我身边的好老师"和"优秀班主任"200 名，通过各类媒体平台广泛宣传师德标兵事迹，发挥典型引领作用，在全社会营造崇尚师德、尊师重教的良好风气。接收特岗教师后，根据户籍所在地，采取就近就地方式分配特岗教师工作，有效缓解学科教师结构性缺编和新高考改革所需师资压力；调整 7314 名农村教师乡补标准，发放资金 4656.5 万元，进一步提高乡村教师待遇。推进课堂教学、教育科研、教师培训一体化发展，以"国培计划""省培计划"为载体，组织乡村教师参加信息技术应用能力提升工程 2.0 项目等各级各类培训 2.9 万人次，合格率 100%；分学科开展中小学学科骨干教师线上研修活动，984 名县级以上乡村骨干教师顺利完成年度研修任务，持续增强乡村学校骨干教师的示范引领作用。常态开展在职教师违规补课专项治理，严肃查处在职教师违规补课行为；深入开展教师队伍"大清查、大治理"专项行动，强化教师日常考评监管，有效杜绝"吃空饷"现象，持续提升乡村教师队伍规范化管理水平。

三、成果的主要内容

（一）"一核"——构建"5+25"乡村教师高质量发展体系

以"146"实践计划为统领，融合构建乡村教师队伍建设"五五行动"高质量发展体系。包括 5 个行动系列、25 个工作支撑点和 125 项具体措施。

1. 聚焦均衡发展，实施了"五教协调"提质增效行动

推动学前教育普及普惠、义务教育优质均衡、高中教育特色多样、职业教育转型创新、特殊教育拓展融合发展水平进一步提高，促进乡村教师提升幼小初高各学段科学衔接、贯通发展能力。

2. 聚焦深化改革，实施了"五项改革"创新引领行动

推进外语听力、口语和初二生物学、地理学科教学，构建新高考"3+1+2"选课走班模式和管理机制，深化课程、课堂、招生与考试管理改革，推动教育

督导"长牙齿",引导乡村教师持续更新教育教学理念,适应新时代教育教学能力需求。

3. 聚焦专业成长,实施了"五支队伍"强基赋能行动

以15所课题基地校、8个大学区课题研究团队为引领,着力深化教研员、校长、业务领导、骨干教师和专任教师五个主体联动发展,不断提升乡村教师社会地位和职业认同感、幸福感。

4. 聚焦教育公平,实施了"五个领域"规范治理行动

深化"双减"攻坚落实战、五项管理、招生管理、控辍保学和民办校（园）治理工作,进一步提升规范化办学水平,不断提高乡村教师立德树人使命感和教书育人责任感。

5. 聚焦教育名片,实施了"五种品牌"特色创建行动

深化大数据质量管理、研培、信息化、集优化、温馨校园,提升区域优质均衡发展、共同体集群集优发展、学校优质特色发展、教师优质专业发展、学生优质特长发展水平,形成乡村教师"人人参与创建、人人都是主力"的良好教育生态。

（二）"左翼"——构建"3+5+4"乡村教师梯次培育模式

1. "3"是实践了乡村教师专业成长"三格目标"

依据乡村教师高质量发展体系,出台《农安县中小学教师专业发展指导意见（试行）》,以"师德为先、学生为本、能力为重、学习为要"为基本原则,从专业理念、专业知识、专业技能三个层面,构建完善"以集中指导为基础,以校本研训为手段,以自主研修为依托"的乡村教师专业成长基本路径,扎实开展研培一体化理念下的"三制三课"和形式多样的课堂教学研讨活动,抓好集中研修与会诊相结合、研课磨课与会课相结合、成果提升与示范引领相结合,构建乡村教师学习共同体,落实乡村教师"三格"培养目标。即,对教学上缺乏经验但可塑性大的年轻新教师,确立"合格"培养目标,督促他们向老教师学习好经验,尽快接受教育新理念、掌握教学新技能;对教育教学能力较强的教师,树立"升格"培养目标,使其不断更新教育教学专业知识,熟练掌握信息技术和课堂教学技能,让其成长为学校骨干教师和学科带头人;对骨干教师和学科带头人,确立"风格"培养目标,通过教学模式探索、课题研究实践和

专家名师引领等，提高其课堂教学水平和科研能力，使其成长为县级名师、学科骨干教师，并形成独具个性的教学风格。

2. "5"是落实了乡村教师队伍建设"五大任务"

结合乡村教师"五支队伍"强基赋能行动，梯次开展乡村教育培育工作。一是通过国家、省市培训引领，建设一支符合新时代农安教育高质量发展需求的高素质、专业化、创新型，有研究和指导能力的专、兼职教研员队伍。二是以省市培训为依托，以"主题论坛"为载体，建设一支懂业务、善钻研、会设计，有情怀和方法的乡村校长队伍。三是通过主题教研、岗位拉练、品牌项目展示等系列活动，建设一支勤研究、会落实、能实战，有组织能力和管理艺术的乡村业务领导队伍。四是以"国培计划""省培计划"为载体，通过高级研修、业务考核、领培实践，建设一支不低于1200人的会学习、能引领、敢创新、有责任担当和实践能力的乡村县级以上学科骨干教师队伍。到2025年，力争达到县市级以上乡村骨干教师占骨干教师总数的80%、县市级骨干校长占乡村校长总数的80%、乡村"专家型"和"杰出型"校长占校长总数的50%以上。五是依托"长春市中小学教师继续教育学习与管理平台"与校本研修主阵地，实施中小学幼儿园教师年度不低于90学时的全员培训提高工程，建设一支"学习型"专任教师队伍。

3. "4"是推进了乡村教师信息素养"四项工程"

2020年以来，农安县先后实施教育部"基于教学改革、融合信息技术的新型教与学模式"实验区、吉林省"三个课堂"建设应用试点区、吉林省"首批人工智能教育实验区域"建设，将乡村教师作为培养重点，促进城乡教师一体化发展。一是实施信息化赋能乡村教师转型工程。利用农安教育云平台、"三个课堂"、智慧教室等信息化手段，督促乡村教师提升教育教学能力，农安教育云平台点击次数超过800万人次。二是实施信息化助推乡村教师成长工程。加快推进课堂教学深层变革，积极构建基于教学改革、融合信息技术的"3+N"新型教与学模式架构。"3"是指以小学的生本课堂、初中的学思课堂、高中的情境课堂为引领，规范指导全县小学、初中、高中"3个学段"整体构建新型教与学模式；"N"是以若干个县级学科教学模式、校级学科教学模式为支撑，使乡村教师教学工作中的理念创新、方法创新、模式创新成效得以充分认证。

三是实施信息化改善乡村教育生态工程。搭建城乡大学区对口支援环境下的教育云平台，以"三个课堂"定期同步云端教学。探索"专递课堂"双师型教学模式，加快推进中心校与村小教学一体化。完善"名师课堂"共享机制，组织16个名师工作室开展专题培训和主题教研活动，辐射教师近万人。发挥"名校网络课堂"示范效应，在全县8个义务教育大学区建立"区长学校网络课堂"，实现优质校教育资源共建共享。四是实施信息化扩大乡村教育成果工程。932名教师在吉林省信息技术与课堂融合优质课大赛评选中获奖；8件作品获"基础教育精品课"省级以上奖励；4名"国家通用语言编程"教师援疆支教载誉而归；《农安教育》出刊10期，发表教研、科研文章396篇；初中语文"五环阅读"、综合学科"基于'五育'并举融合发展背景下，师生综合能力提升模式"等教学模式成效显著；小学语文"大阅读"成果在全省推广，辐射10余个省（区）。教育信息化有效盘活了乡村教师资源，提升了教师信息技术应用能力和课堂教学水平。

（三）"右翼"——创新"2+3+4"乡村教师发展保障模式

1. "2"是畅通了乡村教师补充共享"两个渠道"

结合"146"实践计划提出的"六大工程"，重点加强优秀人才引进和师资资源共培共享。一是畅通乡村教师补充招聘渠道。教育局接收特岗教师后，根据户籍所在地，采取就近就地的方式分配特岗教师工作。为了能更科学合理地分配特岗教师，使分配更加阳光、透明，防止暗箱操作，经与分配教师座谈后，重新制定特岗教师分配方案，分配采取三个公开方式，即岗位公开、成绩公开、分配形式公开，采取公开摘牌选岗的形式进行，邀请考生家长及设岗学校校长共同参与监督，分配程序是按照报到学科的人数制定校牌，把每个岗位的科目按人数挂牌，一岗一牌，根据自己报考的科目及考试分数由高到低的顺序，依次选择设置自己科目的学校，摘牌、定校，与所摘牌学校签订三年合同书，办理入职手续，分配结束后，特岗教师由校长带回学校，安排住宿及布置教学任务。设岗学校摘牌的分配方式现已赢得了广大特岗教师及家长们极大的认可。2020—2023年间，全县通过招聘"硕师计划""特岗计划""事业编招聘"等渠道，为乡村学校补充招聘教师627人。二是畅通乡村教师走教支教渠道。依据《2018年长春市义务教育学校校长教师交流工作方案》文件要求，在城区学校之间、城乡之间、中心校与村小之间、村小与村小之间采用走教支教、大学区交流、主题研讨、网络备课等多种形式，积极开展了教师交流活动。2019—2022年度交流教师352人，符合交流条件2930人，交流教师占符合交流条件人数的比例为12%；2022—2025年度交流教师306人，符合交流条件2555人，交流教师占符合交流条件人数的比例为12%。2019—2022年度参加交流教师中25人已在职称评聘、评优选先等方面兑现待遇。教师交流促进城乡、乡镇和校际间师资力量均衡，达到资源共享。

2. "3"是组建了乡村教师结对发展"三大联盟"

结合长春市基础教育三期工程要求，深化城乡10个大学区建设，打造"三大联盟"，推动城区办学水平较高的学校与农村学校建立对口合作关系，通过结对帮扶、跟岗实践、跟岗培训等方式提高乡村教师核心素养。一是高校联盟——打造高校优质教育资源下沉通道。出台《农安县大中小学教育联盟实施方案》，全面探索开展大中小学教育联盟建设，在深化校校合作、强化校地合作、优化合作机制上找准切入点，搭建合作平台，深化合作联系，把高校学科优势、资源优势、人才优势，转化为助推农安乡村教师成长新动能。目前，农安县合隆镇中学与长春师范高等专科学校签署战略合作协议，开辟校地实习实训基地。二是名校联盟——搭建区域优质教育资源共享平台。出台《南关区与农安县结对推进区域教育质量提升方案》，以南关区103中学、新城学校、树勋小学、东四小学、文庙小学等省市名校为牵头学校，与农安县16所优质学校结成首批5个集优化发展合作共同体联盟学校，通过同步互动课堂、在线集体备课、校本研修培训、网络名师课程、名师送教下乡、乡师跟班学习等线上线下精准研修活动，为乡村教师专业成长提供教研平台和专业支持。三是强校联盟——用活城乡优质教育资源融合载体。以大学区自主协作共同体为依托，以"走进课堂行动"为载体，以"师徒结对·青蓝工程"为抓手，开展丰富多彩的大学区联合教研、团队赛课等活动，把切入点放在提升乡村教师课堂教学能力上，引领教师专业成长形成新常态。

3. "4"是强化了乡村教师地位待遇"四个保障"

依据"146"实践计划"深度温馨关怀工程"，在提升乡村教师职业认同上狠下功夫。一是工资待遇方面。保障农村学校新补充的特岗教师工资待遇和当地同等条件的教师工资待遇相同，服务期内的特岗教师（本科学历）人均年工资收入达到46560万元。出台了《农安县保障义务教育教师工资待遇工作实施方案》和《农安县关于义务教育教师绩效工资和公务员奖励性补贴动态调整的实施意见》，及时为新补充的教师办理养老保险、医疗保险、失业保险、工伤保险、生育保险及住房公积金，解决了新聘教师的后顾之忧。二是提高农村学校教师乡补标准。根据乡村工作年限，月标准由原来180元、240元、300元、360元四个档次，提高到290元、350元、410元、470元、530元、590元、650元七个档次。三是保障特岗教师生活。大部分特岗教师来自外地，用人学校在解决特岗教师吃住行上狠下功夫并给予特殊支持，为特岗教师提供教工寝室并安装WiFi无线网络，同时开设教工食堂，每天早上各中心校派车将特岗教师送到教学点任教，晚上将特岗教师从教学点接回，实现村小中心校一体化管理。四是提高乡村教师荣誉感和职业认同感。依据教育部教师工作司关于印发《乡村学校从教30年教师荣誉证书颁发工作有关情况的说明》和《吉林省教育厅吉林省人力资源和社会保障厅关于做好乡村学校从教10年教师荣誉证书颁发工作的通知》，全面落实乡村从教30年和10年教师荣誉的认定工作，认定从教30年乡村教师6540人、从教10年乡村教师6803人，并颁发了荣誉证书，从而增强了乡村教师的职业荣誉感。

四、成果取得的效果与反思

（一）取得的实验效果

1. 巩固了乡村学校协同发展基础

坚持城乡学校同步规划、同步建设、同步发展。以1所农村中心学校为龙头，以辖区8—10所村小为支撑，着力打造中心校与村小一体化管理联合体，统筹实施资金投入、师资配备、课程开设、教师研培、村小评价"五个一体化管理"，并将其纳入城镇大学区对口支援乡村学校工作范畴，打造了三类教育联盟体，在改善办学条件、丰富教育资源、提升教育质量等方面持续发力，不断缩小区域内教育差距，提高乡村学校尤其乡村小规模学校教师的办学理念、课堂效率和教学质量，有效充实了乡村教育中坚力量。

2.增强了乡村教师专业成长潜力

以国培省培、校长论坛、高级研修、名师讲堂、青师大赛等为载体，实施学科骨干教师高级研修、初中新教师专项培训、中小学教师继续教育远程学习、信息技术提升2.0工程培训、"人工智能——中文代码编程"等培训项目，积极搭建教师成长平台。建立健全优秀人才选拔储备、培养、使用机制，培育了一批专家型校长、省市名师、骨干教师。累计成立名师工作室33个、成员318人，建设各类基地校44个，先后提拔17名优秀业务校长走上乡村学校校长岗位，遴选市级乡村学科骨干教师培养对象160名，乡村学校人才保障能力明显增强。

3.提升了乡村教师学科素养水平

结合1个国家级、2个省级信息化教学实验区项目，全面整合教育信息化"建设与应用""培训与研究"两大体系，积极开展国家、省、市、县、校五级培训，以省级重点规划课题《依托教育信息化推动乡村教育振兴的实践研究》为主导，促进乡村教师信息化科研工作，推动教师信息化应用能力在实践应用中实现大跨越。坚持国家级、省级实验区项目融合推进，技术应用、教学模式融合发展，利用专递课堂、名师课堂、名校网络课堂"三个课堂"，深度推进小学"问题—研学"、初中"学思课堂"建设等主题教研活动，为乡村教师创造和开辟了"智慧课堂"条件下的成长空间。

（二）工作反思

农村教师队伍结构性矛盾突出、整体素质不高且流失严重，造成了本就"贫血"的农村教师队伍在持续性"出血"。事实证明，这种马太效应将进一步拉大城乡教育差距，阻碍县域义务教育优质均衡发展。对于乡村教师队伍建设的研究，虽然取得了一些成效，但依然存在一些不足之处。如课题组部分成员和学校的研究视角不够开阔，多从教育层面去研究，对政府、社会和家庭等因素影响考虑相对较少；乡村教师发展培训政策制定的内容，与教师实际需求、诉求衔接不够紧密、不接地气；乡村教师队伍高质量发展体系的构建还不够完善等。所以，从课题研究角度来说，根据当地实际情况做出相应的策略调整，要真正建强乡村教师队伍，还要从教育规划和社会发展出发，不断创建教师补充成长机制，逐步提升乡村教师专业能力，为教师提供更加优质的成长环境。

[参考文献]

[1]李明珠,卯海娟,杨文静.困境与超越:新时代乡村教育振兴之路[J].内蒙古农业大学学报(社会科学版),2022,24(02):7-12,72.

[2]曹永国.教育高质量发展期许回归教育本真[J].南京师大学报(社会科学版),2022(01):27-36.

[3]孙朝云,邢春燕,苏冬梅,等.乡村振兴背景下乡村信息化建设策略研究[J].农业与技术,2022,42(03):141-144.

[4]庞丽娟,金志峰,杨小敏.新时期乡村教师队伍建设政策研究[J].中国行政管理,2017(05):109-113.

[5]冯瑶,徐鹤翔,姚坤,等.新时代乡村教师队伍建设的行为改进[J].四川教育,2022(Z2):55-56.

[6]马丽.可行能力视阈下新时代农村教师队伍建设研究[J].教师教育论坛,2019,32(04):16-20.

主要成员: 高喜龙　张永明　刘胜伟　刘立祥　林剑　李春明(农安县教育局)

执 笔 人: 李春明

基于"U-G-S"模式,以"1+4"策略建立教育博士工作站

一、问题的提出

在党的二十大报告中,习近平总书记提出了"实施科教兴国战略,强化现代化建设人才支撑"的新观点,作出了"教育、科技、人才是全面建设社会主义现代化国家的基础性、战略性支撑"的新论断,指明了"加快建设教育强国"的新任务。高层次的教育人才队伍建设是实现各级各类教育高质量发展的重要保障。如何加大高层次教育人才的培养力度、发挥高层次教育人才的智库作用、激发高层次教育人才的创新创造活力是地方教育行政部门应着力解决的重要问题。长春市教育局与东北师范大学合作以"1+4"策略建立教育博士工作站,就是要深入实施科教兴国战略、人才强国战略、创新驱动发展战略,运用教育科研方法解决基础教育改革发展重点难点问题。

(一)解决教育博士培养中实践性指向不足和工学矛盾等问题

教育博士招生的自主报考方式,使得教育博士的培养单位和工作单位无法形成同频共振,导致教育博士所关注的教育实践问题无法和日常工作的具体内容有效结合,造成研究与实践的客观割裂,一方面严重削弱了教育博士的学习动力和学习效果,另一方面阻碍培养单位落实指向实践性的培养课程,最终难以实现培养具有教育家潜质优秀人才的目的。相关研究显示,教育博士培养面临着课程设计理论化、教学方法单一化、导师指导学术化、考核评价趋同化等

实践性不足的问题。

教育博士的学习效果主要受学习投入、学习动机、自我效能感等个体自致性因素以及导师指导与交流等非正式制度因素的影响,其中"工学矛盾"严重导致学习投入不足是教育博士学习面临的主要挑战。边工作边学习模式学习持续性不足、连贯性不强,最终导致学习投入不足,学习成果产出困难。教育博士工作站的建立有力解决了这两个难题。

(二)解决如何高标准建设高质量教育体系和高素质教师队伍的问题

"高质量教育体系"是指向能够满足人民群众日益增长需要的,更高质量、更加公平、更有效率、更加完备、更加丰富多样、更可持续发展、更为安全可靠的教育体系。教育博士工作站通过提升培养培训体系层次,丰富了开放协同联动的教师教育体系;以高素质人才培养为依托,支持并完善了高质量基础教育体系。

卓越的教师队伍是建设教育强国的前提和基础,为落实《中共中央国务院关于全面深化新时代教师队伍建设改革的意见》,教育部通过改革实施"国培计划"、实施新时代中小学名师名校长培养计划、启动实施师范教育协同提质计划等一系列新举措,着力加强高素质教师队伍建设。长春市教育局通过和东北师范大学协同创新,实施"一十百千万"培养工程(推动"一"所师范专科学校提升办学水平,建立"十"个教育博士工作站,培养"百"名教育博士,引进"千"名东北师范大学优秀毕业生,培训"万"名骨干名优教师),强化高素质专业化教师队伍建设。

(三)解决破解教育发展问题的方法手段不足的问题

时代越是向前发展,人民对于高质量教育的期待就越发迫切。在基础教育实践领域涌现出许多重点、难点、热点、痛点问题。例如,怎样提供更加公平优质普惠的学前教育,怎样推动义务教育优质均衡发展和城乡一体化,怎样通过改进育人方式、实施评价改革促进高中教育多样化发展,怎样在"双减"背景下做好科学教育的"加法",怎样通过建设大中小幼一体化思政课程体系落实立德树人根本任务等关键问题,这些不仅是现实之问,更是时代之问。教育博士工作站通过领题进站的工作模式聚合高校智慧,结合实践经验破解长春教育发展难题,以此回答好现实之问和时代之问,丰富了破解教育发展问题的方法手段。

二、解决问题的过程与方法

教育博士工作站是在全面促进教育高质量发展的新形势下,围绕区域基础教育发展需求,以全面深化教育领域综合改革为导向,以提高中小学校创新能力、科研实力、办学活力为目标,充分发挥教育高层次人才学术引领和典型示范作用,为区域教育发展提供高端智慧支撑的创新举措。长春市教育局为破解教育发展难题,经过反复酝酿,稳妥推进,以"335工作法"科学高效建立了教育博士工作站。第一个"3"是建站的三个预期目标;第二个"3"是建站过程的三个阶段;"5"是工作站运行阶段的五个重点环节。

（一）三个预期目标

1. 锻造一支团队

以高校知名教授为导师,汇聚全市教育系统博士研究生,采取导师引领、自我研修、深度实践相结合的方式,努力锻造一支有本领、敢担当、研究能力卓越、可持续从事教育工作的博士梯队人才队伍。

2. 研究一批课题

采取项目研修方式,以参与者学术专长、共同志向为依托,将教育教学研究作为第一要务,关注、研究、解决我市教育改革发展的重点、难点、热点问题,确立研究课题,组建研究团队,共同开展项目攻关,在工作期限内完成研究任务,形成研究成果并运用于教育教学实际。

3. 营造一种氛围

定期举办高端论坛,合作交流,展示应用,推出有价值成果和有影响力的教师,在全市教育系统形成良好的学术之风、研究之风、奉献之风,努力打造蓬勃向上、奋发进取的长春教育新生态新环境。

（二）建站过程中的三个阶段

1. 人才储备阶段（2022年3月—2022年6月）

2022年4月完成第一批教育系统博士研究生推荐报名工作。经过统计和梳理,长春市教育系统目前在读教育博士生66人,其中,2022年专项委培博士研究生8人,其他往届在读教育博士生51人。学校课程与教学专业50人,学校领导与管理专业15人,学生发展与教育专业1人,已经为选拔进站博士生做好充分人才储备。未来通过实施"教育局推荐＋大学招生考核"的教育博士报考方式，将继续为教育博士工作站的发展提供有力的人才支撑。

2. 协商合作阶段（2022年7月—2023年5月）

2022年7月，长春市教育局面向全长春教育系统，进行首轮选题征集，2023年1月，进行第二轮选题征集，主要是征求教育改革发展难点热点问题，为建站后课题攻关做好铺垫。征集选题后与东北师范大学教育专家协商拟题，确立研究课题，组织博士生申报评审选题。根据工作进度，每年都会进行教育博士工作站选题征集，将博士工作站的课题研究和长春教育的实际问题紧密结合，力争通过科研攻关解决教育发展难题。

2023年2月17日，长春市教育局在全市教育工作会议上发布《长春市教育事业高质量发展"1688"奋进计划（2023—2025）》，计划中明确提出实施人才强校工程，实施"一十百千万"培养工程。通过反复研究磋商，2023年5月15日，长春市教育局与东北师范大学签订《长春市教育局 东北师范大学教育博士工作站协议》。基于"U（师范大学）-G（地方政府）-S（中小学校）"协同培养模式，拟用三年时间分步骤建立"老牌校振兴发展""职业教育""学前教育""农村教育"等10个教育博士工作站，开展课题攻关，破解区域教育改革发展的难点热点问题。

3. 建站运行阶段（2023年5月—至今）

这个阶段出台了《全市教育系统博士工作站工作方案》《长春市教育局博士工作站管理办法》，确定了教育博士工作站的建站原则、重点环节和运行机制。首先确立了"规范、高效、开放、创新"的四维建站原则。"规范"是指通过建章立制，明晰工作站常规工作要求，高标准开启工作站的运行；"高效"是指深入运用"U-G-S"培养模式，大学—政府—学校能够形成合力，高效培养教育博士，高效产出研究成果；"开放"是指借鉴国际实践经验，开阔研究视野，不断与时俱进，更新工作站运行方式；"创新"是指研发实践性的项目化课程，将课题研究与项目化课程相结合，建立教育博士培养和区域教育问题研究的双赢模式。

工作站运行过程中有多方共研、中期考核、结项验收、成果转化等运行机制。多方共研是指东北师大导师指导组驻站指导，长春市教育局相关处室定期跟进，教育博士通过访谈、调研、督导，针对问题开展研究。中期考核是指市教育局分年度进行考核，教育博士专家指导组进行学术鉴定。结项验收是指各博士工作站根据进站博士生研究结论全面总结，凝练成果。根据成果贡献度、人才培养度、建言献策力度拨付第二批经费（50%）。成果转化是指对于教育博士工作站的研究成果进行广泛宣传与实践转化，根据成果转化的实际表现实施动态监管、优胜劣汰，重点奖励在教育实践中产生良好效果的研究成果。在工作站运行全过程中长春市教育局全力做好各项相关保障工作，为博士工作站运行提供经费保障，为驻站专家指导团队及教育博士培养和项目研究提供协助和支持。

（三）建站过程中的五个重点环节

建站过程包括协商拟题、申报评审、成立小组、立项建站、领题进站五个重点环节（见图1）。其中协商拟题就是请东北师大教育专家根据征集的长春

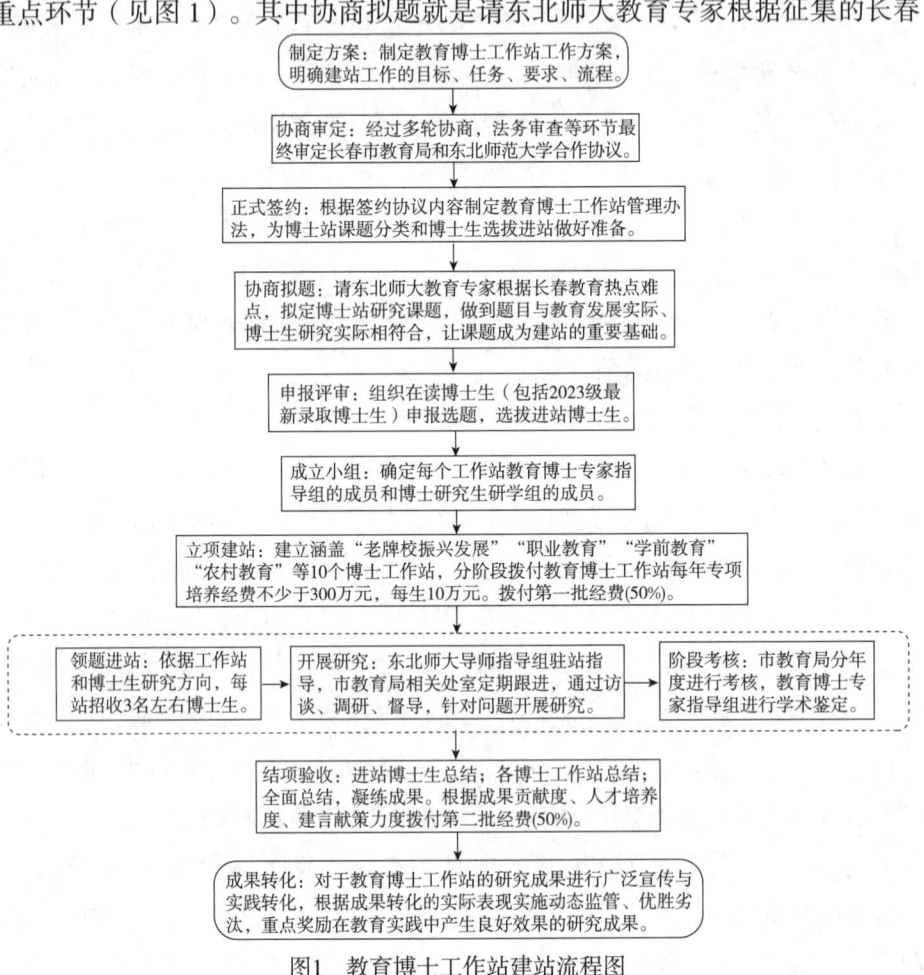

制定方案：制定教育博士工作站工作方案，明确建站工作的目标、任务、要求、流程。

协商审定：经过多轮协商，法务审查等环节最终审定长春市教育局和东北师范大学合作协议。

正式签约：根据签约协议内容制定教育博士工作站管理办法，为博士站课题分类和博士生选拔进站做好准备。

协商拟题：请东北师大教育专家根据长春教育热点难点，拟定博士站研究课题，做到题目与教育发展实际、博士生研究实际相符合，让课题成为建站的重要基础。

申报评审：组织在读博士生（包括2023级最新录取博士生）申报选题，选拔进站博士生。

成立小组：确定每个工作站教育博士专家指导组的成员和博士研究生研学组的成员。

立项建站：建立涵盖"老牌校振兴发展""职业教育""学前教育""农村教育"等10个博士工作站，分阶段拨付教育博士工作站每年专项培养经费不少于300万元，每生10万元。拨付第一批经费(50%)。

领题进站：依据工作站和博士生研究方向，每站招收3名左右博士生。

开展研究：东北师大导师指导驻站指导，市教育局相关处室定期跟进，通过访谈、调研、督导，针对问题开展研究。

阶段考核：市教育局分年度进行考核，教育博士专家指导组进行学术鉴定。

结项验收：进站博士生总结；各博士工作站总结；全面总结，凝练成果。根据成果贡献度、人才培养度、建言献策力度拨付第二批经费(50%)。

成果转化：对于教育博士工作站的研究成果进行广泛宣传与实践转化，根据成果转化的实际表现实施动态监管、优胜劣汰，重点奖励在教育实践中产生良好效果的研究成果。

图1　教育博士工作站建站流程图

教育热点难点问题，拟定博士站研究课题；申报评审要组织教育博士生结合自身的研究旨趣和学术倾向，根据博士站研究课题申报选题，选拔进站博士生；成立小组是指确定每个工作站的教育博士专家指导组成员和博士研究生的研学组成员；立项建站就是根据选题申报情况，建立明确主题的教育博士工作站，分阶段拨付教育博士工作站每年专项培养经费，拨付首批经费（50%）；领题进站是指依据工作站和博士生研究方向，教育博士生为研究题目自己撰写研究计划，正式进站开展研究。这五个环节决定着教育博士工作站的建立方向是否明确、机制是否规范、方法是否恰当、研究是否深入、运行是否流畅，是建站过程中的重点环节。

三、成果的主要内容

形成了建立教育博士工作站的"1+4"特色策略。"1"是指创新一种报考方式——"教育局推荐+大学招生考核"的报考方式，"4"是指以"规范、高效、开放、创新"为建站的四项基本原则。

（一）实施了基于"U-G-S"模式的"教育局推荐+大学招生考核"的报考方式

为了回应区域教育发展和中小学校教育改革的迫切需求，长春市教育局通过"U-G-S"模式加强协同提质，创新教育博士报考方式，实施了"教育局推荐+大学招生考核"的招生方式。由区域中小学校结合候选人日常工作表现，择优推荐在教育实践领域有一定建树、有强烈自我发展愿望、有质疑创新精神并符合报考条件的优秀中小学校长和教师，经长春市教育局资格审查后，推荐参加东北师范大学统一组织的"申请—审核"制考核，根据申请人的申请材料、笔试和面试表现择优录取。

1."推荐+选拔"模式强化突出了教育博士培养中的实践性价值取向

该举措取得如下实效。第一，"教育局推荐+大学招生考核"的招生方式，直接对接教育局高端人才三年发展规划，满足了区域教育发展对人才的战略需要，保障了教育博士培养实践性的政策依托；第二，该招生方式确保了招生中的公平竞争与择优录取，推荐单位基于对候选生日常工作表现的长期观察择优推荐，提高了培养单位的生源质量，保障了教育博士培养实践性的工作支持；

第三，该招生方式保证教育博士的研究紧扣推荐单位教育系统在实际工作中产生的教育问题，保障了教育博士培养实践性的问题真实；第四，该招生利于顺利实现教育博士研究成果的转化与推广，保障了教育博士培养实践性的价值取向。

2. "推荐+选拔"模式有效解决教育博士学习中的"工学"矛盾

"推荐+选拔"模式保证了推荐单位在教育博士的学习时间、研究经费和保障条件等方面给予有力支持，教育博士在第一年脱产学习的同时领题进站，在课程学习和课题研究的双重磨炼下快速提升综合素质，为博士论文的撰写方向提供丰富实践素材，为博士论文的撰写过程提供高品质能力训练，为博士论文的撰写反思提供多维度的有效反馈。

(二) 形成了教育博士工作站的四项基本原则"规范、高效、开放、创新"

1. 通过建章立制规范运行教育博士工作站

教育博士工作站以习近平新时代中国特色社会主义思想为指导，深入落实习近平关于教育重要讲话重要指示重要论述精神，认真制定相关工作方案、管理办法。第一，通过领题调研机制锻造高效研究团队，以高校知名教授为导师，汇聚全市教育系统博士研究生，采取导师引领、自我研修、深度实践相结合的方式，努力锻造一支有本领、敢担当、研究能力卓越、可持续从事教育工作的博士梯队人才队伍；第二，通过阶段考核制度督促课题研究，采取项目研修方式，以参与者学术专长、共同志向为依托，将教育教学研究作为第一要务，关注、研究、解决长春市教育改革发展的重点、难点、热点问题，确立研究课题，组建研究团队，共同开展项目攻关，在工作期限内完成研究任务，形成研究成果并运用于教育教学实际；第三，通过总结评审机制助推高质量研究成果的产出与转化。定期举办高端论坛，合作交流，展示应用，推出有价值成果和有影响力的教师，大力促进优秀成果的实践转化，并在实践中拓展深化项目研究；第四，建立绿色通道机制支持和创造良好研究环境，具体通过设立专项经费、广泛媒介宣传、人事职称改革等方面配套制度，为博士工作站顺利开展工作提供各方面支持和保障，在全市教育系统形成良好的学术之风、研究之风、奉献之风，努力打造蓬勃向上、奋发进取的长春教育新生态、新环境。

2. "U-G-S"培养模式高效运行教育博士工作站

东北师范大学创建了"U-G-S"三方合作的办学模式，注重培养学生的实践能力、创新精神和社会责任感,为造就卓越教师和未来教育家奠定了坚实基础。为破解教育博士培养过程中的"学院化"问题,形成了以教育博士工作站为核心的协同培养机制,这种新的模式打破了教育博士培养的封闭格局,工作站依托地方教育局和中小学校,构建"专家—专业—专项"三位一体、"大学—学校—学科(科处)"协同融合的实践创新体系。"U-G-S"培养模式则是基于东北师范大学的研究成果,并充分应用了教育博士培养目标 L-3R 能力模型(Leadership, Research, Reflection, Renewal)。

3.借鉴国际实践经验开放运行教育博士工作站

1920 年,哈佛大学正式成立了教育学院,其主要目的是为教师提升专业技能,提供专业培训,设立教育硕士学位(Master of Education)和教育博士学位(Doctor of Education)两种学位,这就是最早的教育博士培养。自诞生之初,美国教育博士培养就存在两个悖论:即目标悖论和主体悖论。目标悖论是理论与实践的价值冲突,主体悖论是学者与实践者的角色冲突,其本质反映的都是教育博士与教育学博士的培养趋同问题。近年来,一流西方大学提出革新乃至重构教育博士培养的新理念,并进行了有益探索。主要特征体现为多样化的专业方向、专业性的培养目标、模块化的课程设置、丰富多样的实践教学、实践型的学位论文、混合型的师资配备(见图 2)。

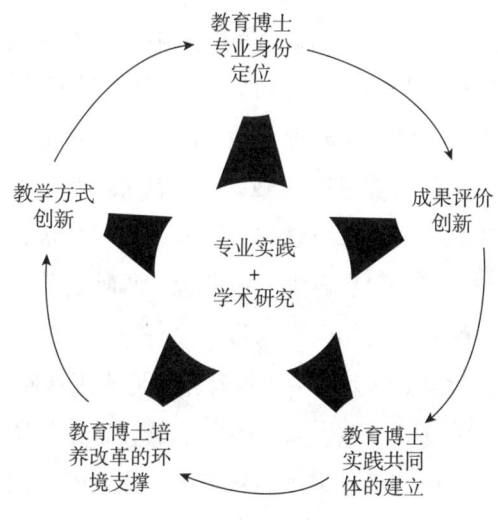

图2 西方教育博士培养改革的核心要素

教育博士培养本身是对十九世纪初肇始于德国洪堡大学的学术传统的突破和补全，是技能教育和博雅教育相互结合的产物。因此，教育博士工作站要构建师范大学、专业实践与工作场景三者交叉重叠的培育环境，培养教育博士成为学习者、研究者、实践者三重子身份构成的学术性实践者专业身份，通过导师指导组和博士生研学组形成组群式互助新型伙伴关系。博士工作站的教育实践要遵循"理论—价值—行动"三重逻辑，在具体工作中注意保持开阔的国际视野、准确的发展方向、充足的研究动能，确保博士工作站的高质量运行。

4. 研发实践性的项目化课程创新运行教育博士工作站

目前东北师范大学已经建立教育博士工作站的合作单位有东北师范大学附属中学、深圳市教育局联合深圳市坪山区政府、莆田市教育局联合莆田市壶兰教育基金会、岭南大学、南通大学等。这些教育博士工作站实施了定期举办论坛研讨活动、邀请东北师范大学专家作现场指导、确定不同阶段的研究任务、在核心期刊上发表学术论文等方法，都已取得良好效果。岭南大学和南通大学结合课堂面授与实地教学体验，通过学习课程内容、参观访问、教学观摩及互动等方式，在"资源共享、优势互补、项目驱动、效能优先"原则指导下，致力于培养、造就、引领区域教育创新发展的领军人才和教育家型教师。

长春教育博士工作站在以上成功经验的基础上，聚焦指向实践的项目化的创新课程。第一，重视研发跨学科综合创新课程。针对最前沿信息设置课程内容，打破科目之间的界线，不局限在教育学学科内部，探索基于不同特色的培养单位之间联合培养的跨学科综合课程。第二，跨界研发研学旅行课程。新版普通高中课程方案中的社会实践包含研学旅行课程，教师与校长的国培、省培计划中也包含着研学旅行课程，可见研学旅行课程的独特价值已广泛受到认可。结合教育博士学位要求的特点架构研学课程，以解决问题的项目化方式和多样化的研学模式提升研学效果，可以进一步提升教育博士工作站的培养质量。第三，持续研发学校案例研究课程。教育博士过往的研究往往局限于自己所工作的学校，脱离学校工作进行研究就远离了教育博士的实践性指向，但是局限于一所学校进行研究导致研究的可信性和适用性不足。博士工作站的研究要以真实的实践问题为导向，直面真实世界中的挑战，通过现场观摩、案例分析、田野调研等方式认知经典学校案例和创新学校案例。通过学校案例的来源甄别、特征撰写和行动反思提高教育博士创造性地解决教育实践中复杂问题的理论素养和实践能力，坚守教育博士培养的实践价值取向。

四、成果取得的效果、反思与展望

（一）为区域教育高质量发展提供智力支持

传统的专家咨询服务，还是单打独斗式的个人指导，是以个别顶尖专家为核心的服务模式。教育博士工作站变个人行为为组织行为，通过新渠道选取大批量的专家和教师以不同的方式来参与工作站工作，以相对较低的成本获得一批专家组成智库指导区域教育发展战略，为长春教育转变育人方式、提升教育教学质量、推进"三新"改革等发展战略提供智力支持。

（二）常态化了大中小学跨学段合作，强化了师资队伍建设

2021年长春基础教育系统有在读教育博士共计46人，其中包含省直学校35人，市直和县市区学校共11人。存在着人才资源不足、分布不均衡等问题。通过教育博士工作站项目推荐，2022年和2023年全市教育系统共计15名教育博士进入东北师范大学就读，为教育高质量发展充实了人才资源，为教育教学研究的创新发展提供了充足动能。以教育博士工作站为载体，使中小学校教师和大学专家接触常态化，合作的程度更加深入、机制更加稳定。传统的专家—教师合作模式主要依赖教师个体或短期培训，缺乏跟踪问效、持续推进和研究成果转化实施机制。但是建立了博士工作站合作模式，可以进行长期而有效的常态化合作，对于中小学校教师队伍素质的提升可以起到稳定有效的辐射带动作用。

（三）盘活高校人才资源，激发高层次人才活力

传统的讲座培训合作模式，需要培训专家在专业领域有广泛的影响力，但是有丰富经验的培训专家人数不足，精力有限，而高校中专业能力过硬的青年专家的行业影响力和社会资源有限，高校青年专家有能力、有实力、有精力，却没有机会指导服务，从而造成人才资源的巨大浪费。博士工作站实施"项目+人才+资金"的高层次人才培养模式，激发了高校高层次人才的活

力，形成高端智库，也为本地自主内生的高层次的教育专家建立了长效机制。

（四）要避免教育博士工作站研究成果束之高阁

要实现工作站研究成果的有效转化和广泛推广，重点在于研究的质量要经得起考验。第一，要避免研究主题的重复性，注重研究的开创性，探索教育决策的循证范式；第二，要夯实实践研究的理论基础，甚至经过全面深刻细致的研究，审慎建构自主内生的创新理论框架，明确指向教育教学研究成果；第三，无论是思辨研究还是实证研究都要加强论证逻辑，思辨研究要明确研究建议与研究结果、研究结论的前后逻辑关系，实证研究中研究数据要能够准确回答研究问题，并支持研究结论。总之，强化研究与实践之间的关联，增加研究的指导性与有效性应是今后教育博士工作站需要关注的重点。

（五）依托长春教育研究院开展高质量科研攻关

博士工作站充分发挥教育局的政策优势、中小学校的实践优势和东北师范大学的教师培养优势，打造政产学研用深度融合、兼具春城特质和东师精神的未来教育家培养基地，实现优质师资的本地化培养，为落实教育强国战略，加快推动长春由"教育大市"向"教育强市"转变，助力全面振兴实现新突破提供智力支持和人才支撑。未来，博士工作站将会依托长春教育研究院开展高质量科研攻关，瞄准2026年国家基础教育教学成果奖，强化教育教学成果的培育、孵化、发掘、凝练。支持长春地区中小学校开展教育教学改革实践研究，申报价值高、分量重、影响大的国家级课题，争取产出在全国有借鉴意义、可广泛推广的本土高质量教研科研成果。

（六）逐步发展成博士后工作站形成长效机制

教育博士在工作站开展研究的过程中，培养单位通过与博士站建站单位协同培养导师的制度化交流，全面清晰准确了解教育博士的研究进展情况，反思总结培养过程中的优势和不足，并及时进行培养方式的调整，使得教育博士人才培养成果达到最优化。博士工作站培养的教育博士学位获得者将为长春地区的中小学校带去高位的专业性理论技术和实践经验，为一线教育实践带去创新和研究作风。学生个人也能成为新时代的"大先生"。随着教育博士工作站运行的逐渐成熟、研究成果的产出、大量优秀教育博士顺利出站，要争取进一步提升层次，向着博士后工作站迈进。

未来的教育博士工作站要争取更多教育博士培养实践者和管理者、教育行政部门及中小学校管理者的参与，运用大数据分析、项目研究、行动研究、案例研究、调查研究等多元研究方法研究教育博士培养、研究教育发展问题。工作站要发挥对长春地区校长以及教师发展的推动作用、对创新型人才培养的促进作用、对东北三省教育合作的辐射作用。相信在东北师范大学的大力支持下，教育博士工作站会成为未来长春教育家培养基地，成为"校地合作"的榜样示范，成为"新时代基础教育强师计划"的"长春实践"。

[参考文献]

[1] 周洪宇，李宇阳. 习近平总书记教育重要论述的新发展——党的二十大报告关于教育的系列新论述研究 [J]. 国家教育行政学院学报，2023（02）：7-15，70.

[2] 周洪宇，李宇阳. 论建设高质量教育体系 [J]. 现代教育管理，2022（01）：1-13.

[3] 王坦. "双一流"背景下教育博士实践性特征考察——基于112位教育博士研究生的实证调查 [J]. 河北科技大学学报（社会科学版），2019，19（03）：91-96.

[4] 覃红霞，张斌，周建华. 教育博士专业学位研究生为何普遍延期毕业——基于全国27个培养单位调查数据的分析 [J]. 高等教育研究，2022，43（06）：57-69.

[5] 邬志辉，饶从满，吕立杰，等. 教育博士生UGS协同培养模式改革的理论与实践研究 [J]. 学位与研究生教育，2022（03）：33-39.DOI：10.16750/j.adge.2022.03.005.

[6] 李云鹏，林琳. 美国教育博士的两个悖论及其化解 [J]. 黑龙江高教研究，2022，40（03）：87-92.

［7］马健生，蔡娟. 世界一流大学教育博士培养模式的主要特征［J］. 学位与研究生教育，2020（10）：69-77.

［8］朱衍秀. 对教育博士实施研学课程的路径思考［J］. 中国多媒体与网络教学学报（下旬刊），2021（05）：256-257.

［9］范双利，卢晓中. 教育博士视域下的学校管理案例研究［J］. 现代教育论丛，2018（02）：2-7.

［10］秦春生，宋雈. 2000—2020年国内教育博士培养研究文献述评［J］. 研究生教育研究，2021（06）：1-9.

主要成员：朱峰（长春市教育局）
　　　　　盛丽丽（长春市教育局）
　　　　　张岩（吉林省教育学院）
　　　　　高健（长春市第十九中学）
　　　　　李俭（长春市城建工程学校）

执 笔 人：高健　李俭

促进教师从"学校人"向"学区人""系统人"转变

习近平总书记始终高度重视教师队伍建设,党的十八大以来,在不同场合多次强调教育事业的重要意义,对广大教师提出殷切期望,强调要建设高素质教师队伍。习近平总书记指出,"人才培养,关键在教师。""建设社会主义现代化强国,需要一大批各方面各领域的优秀人才。这对我们教师队伍能力和水平提出了新的更高的要求。同样,随着信息化不断发展,知识获取方式和传授方式、教和学关系都发生了革命性变化。这也对教师队伍能力和水平提出了新的更高的要求。""坚持把教师队伍建设作为基础工作。""教师是教育工作的中坚力量。有高质量的教师,才会有高质量的教育。"培养社会主义建设者和接班人,迫切需要一支高素质专业化教师队伍,要努力将教师塑造成为有理想信念、道德情操、扎实学识、仁爱之心的好老师,塑造成为学生锤炼品格、学习知识、创新思维和奉献祖国的引路人。创新校长教师柔性流动形式,是推进教师队伍建设的有效手段和方法,而其核心是推动教师从"学校人"向"学区人""系统人"转变。长春市经过多年探索,紧紧抓住教师交流这一关键点,不断推进教师区域交流、系统交流工作,促进教师资源合理配置、均衡发展。

一、问题的提出

2017 年，十九届中央全面深化改革领导小组第一次会议审核通过了《全面深化新时代教师队伍建设改革的意见》（以下简称《意见》）。《意见》强调：百年大计，教育为本；教育大计，教师为本。坚持兴国必先强师，深刻认识教师队伍建设的重要意义和总体要求。阐述了全面深化新时代教师队伍建设改革的战略意义、指导思想、基本原则和目标任务。《意见》还就着力提升思想政治素质，全面加强师德师风建设；大力振兴教师教育，不断提升教师专业素质能力；深化教师管理综合改革，切实理顺体制机制；不断提高地位待遇，真正让教师成为令人羡慕的职业；切实加强党的领导，全力确保政策举措落地见效等方面的工作提出了具体要求。

自 2004 年起，长春市便积极探索研究推进义务教育均衡、优化教师队伍结构的工作，先后以送课下乡、名师讲座、讲学、支教、名师工作室、交叉任教、捆绑式交流等多种形式促进教师队伍素养提升，教师资源合理交流与配置。2008 年，长春市委、市政府出台了《长春市关于进一步加强中小学教师队伍建设的意见》（长发〔2008〕18 号，配套下发了《长春市中小学教师队伍建设五年规划》），明确提出长春市建立城区教师交流和服务期制度，促进区域内教师资源合理配置。2018 年，长春市结合中央和省委、市委关于培养造就党和人民满意的高素质专业化创新型教师队伍的目标要求，按照《意见》和《吉林省关于推进县域内义务教育学校校长教师交流工作的指导意见》（吉教联字〔2014〕42 号）精神，结合长春市教师队伍实际情况，长春市教育局印发《2018 年长春市义务教育学校校长教师交流工作方案》（长教人字〔2018〕5 号）。长春市各地区纷纷结合自身实际，出台当地交流方案，义务教育教师交流工作进入常态化。但实践中还存在着一些问题，突出表现在以下几个方面。

（一）教师交流主动性不够强

各县（市）区集中反映的问题就是教师交流工作推行难，大部分交流教师是组织统一安排，很少有教师积极主动申请交流。个别教师参与交流是来自晋职评优的政策吸引，绝大多数教师出于校际间发展差异、待遇落差、交通不便、对陌生环境恐惧等原因不愿意交流。

（二）学科需求还得不到满足

延迟退休政策使教师老龄化日趋严重，优秀师资力量大多面临退休的边缘；中青年教师中女同志占比高，但又因生育等原因造成短期人员缺失；新招聘的年轻教师，因经验不足又不能胜任交流工作，存在交流教师补充力量不足的现象。导致大多数学校权衡办学需要和硬性任务之后，派出的是教学任务相对不重的小学科教师（音乐、计算机等）和教辅人员。教师交流只能满足个别学校与学科交流的需求，不能做到根据各校各学科的需求满足所有交流需要。

（三）教师管理机制不够完善

教师交流的时限性，使被交流学校的教育教学的连续性受到了一定程度的影响。交流的教师编制和人员处在不同的工作单位，给学校的管理带来一定的难度。如年终考核、职称评定及绩效奖金的发放等方面都带来了诸多不便。同时，教师对于分校交流、短期送课、近地交流比较欢迎，而交通不便利、长期不能与家人团聚、子女教育问题等影响交流积极性，加之没有交通经费保障等政策性文件，更是难以保证教师交流效果。

二、解决问题的过程与方法

（一）加强政策关怀，解决教师后顾之忧

学校间、区域间、城乡间教师待遇的不同导致了大部分教师不愿意参加交流和轮岗。这里的待遇不只是工资待遇和福利待遇，也包括了学校文化、从业环境、发展空间等。要在制定政策时体现一种导向，对待愿意到薄弱校任教，愿意扎根艰苦环境安心工作，愿意为教育均衡发展做出奉献的教师要给予政策上的充分关怀和鼓励，要让这些教师得到丰厚的回报，解除参加交流的后顾之忧。同时，在全市范围评职晋级中实行有薄弱校、农村校交流经历的教师优先政策。

（二）校长骨干先行，发挥带头引领作用

各级各类学校校长切实提升政治意识、大局意识，在交流工作中发挥头雁效应，带头交流，尤其是骨干校长要积极主动交流。校级领导班子履行好主体责任，在校内做好名师骨干的思想工作，名师不动，均衡是推不动的。名师的影响不仅是教学思想和教学理念的更新、教学方法的改进，更是会带动生源和口碑，生源和口碑会给学校发展带来希望。让名师流动起来，是缓解择校热的有效措施，是让教师交流达到实效性的关键，也是教师交流的任务和课题。要鼓励和引导省市特级教师、省市骨干教师、省市学科带头人参加教师交流，要给以相应的政策，先从学区内开始交流，逐步推进到区域内，推广到全市交流。

（三）完善管理机制，构建科学交流生态

做好顶层设计，让义务教育阶段的教师交流工作系统化、机制化、法制化。一是要求每一名符合条件的教师在任职期限内必须要参与交流，制定相关政策和规定，实现教师交流100%。二是推动学科对等交流，按照良好的师资流动方向，保证优秀师资资源合理分布。建立教师交流平台，促进教师之间的交流和合作，共同提高教育质量。建立教育资源共享平台，加强教育资源的共享，方便教师进行资源共享和利用。三是明确交流时间，延长教师交流任教时间，并逐步建立交流定期制，切实保证交流的实效性。四是参加交流的教师编随人动，建立新聘用教师"县管校聘"管理模式，将人事关系集中到教育行政部门统一管理，交流结束后，根据交流期间考核结果再分配。五是建立科学的评价机制，对教师进行评价和考核，强化评职晋级、评优选先等一定要有薄弱校、农村校的交流经历，制定相关评价标准和考核方法，确保教师流动的公平和公正。

三、成果的主要内容

（一）基本情况

我市开展研究部署义务教育学校教师交流工作，经历了城区试点、城区铺开、全市铺开的过程。根据市委、市政府部署，制定了实施意见，要求全市所有县（市）区、开发区都要进行校长、教师交流工作，在同一公办学校连续任职超过8年的校长（包括副校长）、任教超过10年（不含支教时间）的教师，原则上都纳入交流对象，交流比例原则上不少于应交流人数的10%。参与交流的教师中具有中级以上职称或特级教师、学科带头人、骨干教师、名师、模范教师、优秀教师、优秀班主任的交流人数原则上不少于交流教师总数的20%。长春市在2021—2022年度进行交流的教师总计2784人，其中校级领导355人，占比12.92%，骨干教师895人，占比32.15%，高级职称以上教师425人，占比15.27%。2022—2023年度进行交流的教师总计2338人，其中校级领导224人，占比9.58%，骨干教师674人，占比28.83%，高级以上职称教师437人，占比18.69%。

（二）主要成果

参与交流的校长、教师在评优选先、评职晋级、职务晋升等方面均有优惠政策。通过制定政策能起到引导教师主动交流、保障交流教师能有提升、确保交流取得实效的作用。主要包括五个方面。

1.搭建组织架构，明确责任制，保障交流工作顺利开展

例如，南关区实行"市级指导、区级统筹、以校为主"的工作机制。在区委、区政府的统一领导下，建立了由区教育局、区人社局、区财政局等部门组成的教师交流联动机制。加强统筹规划和政策指导，共同落实校长教师交流工作。绿园区成立了以"321战略"即"3个大学区、2个教育集团、1个教育联合体"为学区长的校长教师交流工作领导小组，明确职责，提高认识，确保校长、教师交流工作顺利进行。农安县教育局成立以局长为组长，副局长为副组长，相关科室负责人和学校一把手为成员的校长、教师交流工作领导小组，对全县各义务教育学校师资配置情况进行了深入的调研，积极组织开展校长、教师交流。

2.明确衡量标准，将基层工作经历作为选人用人的参考条件

按照《吉林省关于推进县域内义务教育学校校长教师交流工作的指导意见》（吉教联字〔2014〕42号）要求，新任义务教育学校校长应在农村或薄弱学校有3年以上工作经历。鼓励各县（市）区在薄弱学校或农村学校设置一定数量的高级和中级岗位，引导优秀教师跨校竞聘。例如，新区制定《长春新区校级后备干部交流挂职锻炼工作方案》，2020年至2022年，通过笔试、面试遴选34名优秀中层到教育局挂职锻炼，6人派入异校任校级职务，14人派入异校任职校长，6人派入村小任职校长。区域内联盟校选派骨干校长10人派驻新建学校、薄弱学校担任领导职务，共计36位领导交流到不同岗位，为新区教育发展助力。九台区开展了公开选聘式交流、交互式交流、调整式交流、挂职支教式交流、顶岗学习式交流、学区一体化式交流、"走教"式交流、本乡镇内部式交流、联盟式交流、优质教师资源辐射式交流、名校办分校式交流等丰富的交流形式。

3. 明晰优先原则，交流教师在评聘晋级、评优选先方面予以优惠政策

从2017年起，长春市评选省特级教师、省学科带头人、名师、名校长时，义务教育学校被评选人须在农村学校或薄弱学校有3年以上任教经历。在城镇中小学教师晋升专业技术职务时，有1年以上薄弱学校或农村学校任教经历的，同等条件优先推荐。各县（市）区、开发区在制定教师交流方案或指导意见时，均将在薄弱学校或农村学校任教经历作为评聘晋级、评优选先的优先考虑条件。

4. 严格建章立制，实行交流公示制和建档制，避免交流工作弄虚作假

例如，朝阳区以六大学区为单位，由学区校长组织成员校在交流前期开展所需学科、人员的内部协调会，按照比例要求、条件要求落实交流人员，为每一位交流教师建立档案，并在学校进行公示。二道区成立教育集团（联盟、学区）教师队伍建设工作领导小组，对教师交流工作统一组织，学区内学校根据交流范围和既定比例落实交流指标，并结合教师个人意愿，通过学校提名、学区统筹等方式，依据相关政策，参照交流意向、家庭住址、任教学科等，产生大学区交流教师名单。教育局对参加交流教师个人情况进行资质审核，对于符合交流条件的教师予以批准并在原学校和交流学校进行公示，公示后填报交流教师登记表，计入个人档案。

5. 体现人文关怀，在交流的具体形式上予以酌情研定

例如，宽城区对有行政职务的教师，交流轮岗到新的学校后，保留其职务待遇，交流教师到新单位后积极参与各种教研活动，让交流教师在交流岗位上既实现专业成长，又实现情感升华，城乡教师之间感情融洽，工作顺畅。汽开区教育局采取定期支教交流、送教到校交流、一对一帮扶交流、巡回执教交流等方式进行了学科专业教师区域内合理调配，2021年至2022年人走关系不动式四个联盟区交流近500余人次。榆树市开展农村中心小学与村小对调交流、农村中学"大学区"交流、市区学校"走教"交流，切实提高了村小教学水平，实现了片区学校间的交流。

近年来，通过目标性交流、大学区交流、走教交流等形式，每年都有2000余名教师、校领导参与交流工作，加强了教师资源合理配置，提升了学校教育教学质量，推进了义务教育均衡发展。

四、成果取得的效果与反思

（一）取得的效果

通过校长教师柔性流动，在促进教师从"学校人"向"学区人""系统人"转变方面取得了一定成效，尤其是在促进教师队伍建设高质量发展方面起到了一定的积极作用。

1. 教师转变对学校和学区产生积极影响

教师从"学校人"向"学区人""系统人"的转变，有助于提升学校和学区整体教育质量。教师通过参与学区层面的决策和规划，更好地了解学校和学区的需求，并有效地应对各种挑战。教师在转变的过程中，积极参与学校和学区的团队合作，促进教育资源的共享和教学经验的交流。

2. 教师转变促进学生学习和发展获益

教师从"学校人"向"学区人""系统人"的转变，使学生们受益于更有组织和系统化的教学方法。教师的转变促进了学生学习的连续性和顺畅性，提供更一致、个性化的教育服务。教师更加关注学生的个别需求和差异，通过个性化教学和个案干预来改善学生的学习成绩和发展潜力。

3. 教师转变对教师个人和职业发展产生积极影响

教师的转变为自己谋求了更多的职业发展机会和晋升空间，特别是在学区层面。教师通过转变，有机会参与更广泛的教育项目和研究，提升自身的专业能力和影响力，对其个人成长和职业满足感产生积极影响，增强了专业自豪感和职业认同。

（二）挑战与反思

在取得成效的同时，我们也清醒地认识到，教师从"学校人"向"学区人""系统人"的转变还面临着挑战。

1. 教师需要具备一定的综合素质，主要体现在适应能力、组织能力、管理能力等

教师要对不同学校之间的差异有清醒的认知，适应各个学校的不同需求和文化，要协调不同学校之间的资源分配，结合学校特点制定教学计划等，教师需要主动地参与学区和教育系统的相关活动和研讨会议，了解最新的教育政策

和研究成果。

2.学区和教育系统需要提供政策支持

主要体现在为教师提供专业发展的机会，例如，组织专业培训和师资交流活动，鼓励教师与其他学校的同事互动学习。建立良好的支持系统，为教师提供相应的资源和支持，帮助他们更好地适应和发展。此外，也可以设立激励机制，鼓励教师积极担任学区人、系统人角色，并肯定他们的贡献和成就。

促进教师从"学校人"向"学区人"和"系统人"的转变，对于教师自身的成长和整个教育系统的发展都具有重要的意义。通过克服挑战、抓住机遇和采取适当的转变方法，教师可以不断提升自己的教育水平和专业素养，为学生的发展和社会的进步作出更大的贡献。经过实践可以看出，校长教师柔性流动可以促进教师的职业发展和个人成长，同时也可以促进教育资源的共享和优化，提高教育质量。因此，创新校长、教师柔性流动形式是非常必要的。学校和教育部门需要共同合作，建立柔性流动机制，加强教师培训和交流，建立教师评价机制，加强教育资源共享，共同推动教育行业和教师队伍的高质量发展。

【参考文献】

[1]习近平总书记在北京大学师生座谈会上的讲话[N].人民日报，2018-5-2.

[2]习近平总书记在全国教育大会上的讲话[N].人民日报，2018-9-10.

[3]习近平总书记在看望参加全国政协十三届四次会议的医药卫生界教育界委员时的讲话[N].人民日报，2021-3-6.

[4]朱怡.教育报国守初心 立德树人担使命[N].长春日报，2019-9-9.

[5]拓俊杰.建设高素质专业化教师队伍[N].人民日报，2022-9-8.

[6]戴继诚.始终坚持并不断丰富发展对我国教育事业的规律性认识[J].红旗文稿，2018（20）：26-28.

[7]汪立夏.努力做"经师""人师"相统一的大先生[N].江西日报，

2023-3-1.

[8] 管培俊. 以人才引领发展理念建设教师队伍人才高地[J]. 教育研究, 2022, 43（09）: 118-129.

[9] 吴默闻. 课堂讨论在思想政治理论课教学中的运用——以"马克思主义基本原理概论"课教学为例[J]. 思想理论教育导刊, 2018（09）: 99-102.

[10] 张庆守. 新时代教师队伍建设的新定位新要求新任务[J]. 中国高等教育, 2021（08）: 15-18.

[11] 吴艳南, 罗琳. 新时代背景下卓越教师成长之路的探讨[J]. 智库时代, 2018（35）: 181, 183.

[12] 李伟言, 周东燚. 教师交流政策实施的问题及其改进——基于海南省T县5所学校的调查[J]. 教育导刊, 2019（03）: 26-31.

主要成员：高嘉翼（长春市教育局）
高云凌（长春市教育局）
房学坤（长春市教育局）
刘熙禹（长春市教育局）
卫忠泽（长春市一三七中学）
石艳（长春市综合实验中学）

执 笔 人：卫忠泽　石艳

家庭教育指导篇

"三长育人工程"的探索与实践

学校教育、家庭教育和社会教育是国民教育的重要组成部分。学校教育作为育人的主阵地，具有较强的科学性和系统性，重在育"才"；家庭教育作为教育的起点，具有一定的奠基性和扎根性，重在育"德"；社会教育则是学校教育和家庭教育的有益补充和发展，具有广泛性和灵活性，三者有机衔接、协同配合、形成合力，才能保证教育方向的一致性，更好地落实立德树人的根本任务。

近年来，学校、家庭、社会协同育人在我国受到高度重视。2018年9月，习近平总书记在全国教育大会上明确指出："办好教育事业，家庭、学校、政府、社会都有责任。"2019年，中共中央、国务院印发的《中国教育现代化2035》，明确要求"推进家庭学校共同育人"；2021年10月，《中华人民共和国家庭教育促进法》把学校家庭社会协同育人纳入我国法律体系，明确要求"建立健全家庭学校社会协同育人机制"。学校、家庭、社会协同育人已经成为国家全面推进教育发展的重要战略举措。

一、问题的提出

如今，家校社协同育人正在趋向更加科学化、专业化、现代化，也获得了社会的高度认同。尽管家校社协同育人工作近些年取得了一定的成绩，但在新时期，其在理论层面和实践层面都面临着许多问题和挑战。

（一）信任困境：家校社之间尚未完全形成育人共识

人民日报曾经这样说道："在教育孩子这条路上，老师和家长携手同行，彼此应该充分尊重与信任。"但是在今天，家校社这三个领域却恰恰充满着信任危机。首先是人格信任方面的薄弱，家长和教师信任彼此的人格，对维系家校之间的信任关系尤为重要。一部分家长和教师，持有一种单向度的信任评价，即相信对方行为却不信任对方品德，如家长信任教师的教学过程却不信任对方的职业道德。其次是能力信任的缺失，现今，一些家长对教师的专业能力提出疑问，部分教师也对家长家庭教育能力持怀疑态度。

（二）沟通困境：家校社之间尚未完全打通沟通渠道

一是许多学校无法保证家校沟通的定期开展。班主任与家长不能建立定期联系，就无法规律性、阶段性地交流学生的成长情况，进而无法发挥家校沟通的长效作用。目前许多学校的家校沟通方式主要集中在家长会这一载体，对学生在学校或家庭日常生活中的表现往往无法进行及时、有效地沟通与反馈。二是沟通内容具有局限性，家长与老师的沟通大多以学生的学业成绩为主，缺乏对学生发展、心理健康、身体状态、交友情况等方面的深度沟通。

（三）合作困境：家校社之间尚未完全明确分工职责

家校社协同育人应以学校教育为主导，以家庭教育为主体，以社会教育为保障。学校应成为家校社协同育人的策划者、组织者和协调者；家庭应成为家校社协同育人的学习者、支持者和监督者；社会应成为家校社协同育人的宣传者、补充者和引导者。

就当下而言，家庭、学校和社会在教育过程中对各自的分工和职责并不清楚，家校社之间难以开展高效合作，家庭教育、学校教育、社会教育的作用可能会被削弱，甚至被抵消。学校做家庭教育的工作，家庭做学校教育的工作，家校社分工职责不明导致家庭教育片面化、学校教育复杂化和社会教育边缘化，也导致家长与教师之间的冲突越来越多。

（四）组织困境：家校社之间尚未完全规范协同组织

目前，国家对家校社合作的政策趋于完善，已经具备一定的政策引领力度。但家校社协同共育仍处于初步发展期，诸多实践层面的机制尚待建立和完善，未能较好调整家校社协同共育的生产关系。家校社政策制度落实大多处于学校在探索、家庭和社会在被动配合的局面，其原因是政策执行中监管、评估与问责机制尚不完善，不能较好监督家校社落实责任。

二、解决问题的过程与方法

长久以来，南关区教育局始终坚持高度重视家庭教育工作，建立了学校、家庭、社会共同参与、互为促进的家庭教育工作体系。2020年，为更好地提升南关区家校社协同育人能力，搭建家庭、学校、社会三者之间的桥梁，解决家校社协同育人中存在的分工不明确、沟通不畅通、组织不规范等问题，南关区教育局在南关区关工委指导下，在南关区教育局关工委的配合下，创新发展了"三长（学校校长、学生家长、社区网格长）育人工程"，在这一过程中，我们采取了多种办法，促进家校社协同育人。

（一）加强组织领导，规范管理"三长育人工程"

南关区关工委实施的"三长育人工程"，是一项全方位教育学生的系统工程。南关区关工委、南关区教育局、南关区教育局关工委多次召开座谈会，调研并讨论如何有效推广实施此项工程。吉林省关工委、长春市关工委也特别重视家庭教育和社会教育，邀请教育专家对全省学生家长进行家庭教育专题讲座，对家庭教育进行科学指导。由于各级关工委的高度重视，南关区的"三长育人工程"取得一定的成效。

（二）发挥示范作用，榜样引领"三长育人工程"

"三长育人工程"采取的策略为以点带面。选取试点校，再由试点校选取试点年级、试点班级，先行运作，总结经验。平泉小学作为首家试点学校，总结了宝贵、丰富的经验，并作为推广。之后曙光小学、红旗小学、自强小学在其经验的基础上，也加入试点学校的队伍。南关区将这四所学校的宝贵经验进行总结归纳，为全面推行"三长育人工程"提供措施保障和经验支持。

（三）多方积极联动，有效运转"三长育人工程"

随着现代化发展，信息网的发达，教育已步入开放的社会化轨道。学校教育、家庭教育和社区教育相互呼应，"三长育人工程"是相互依托相互融合的。只有三方面相互配合，学校、家庭、社区联合开展各种主题鲜明，具有针对性的教育活动，才能产生最佳的育人效果。

1. 家长培训，同心同行

自强小学关工委和自强街道关工委进行"三长育人工程"推进会暨家长培训讲座。聘请了长春师范大学陈宝江老师以"如何与孩子沟通"为主题对家长进行培训。并且在自强小学召开"三长育人工程"工作座谈会，对如何办好"三长育人工程"请专家、社区领导、学生家长畅所欲言，献计献策。

2. 贫困帮扶，送去温暖

贫困生帮扶工作是"三长育人工程"重点工作。自强小学学生农民工子女占全校的60%，他们一部分家庭生活困难，自强小学关工委联系自强社区，开展了"送温暖，献爱心"活动。一方面，学校减免贫困学生的各种费用，另一方面，自强街道、自强社区关工委和贫困生结对，定期开展"圆梦助学"活动，为他们送去温暖。

3. 书信往来，互相鼓劲

在"老少同声颂党恩 携手喜迎二十大暨庆六一"活动中，南关区教育局关工委、各街道关工委与家长们共同与南关区学生们进行了书信互动。书信互动活动达到了关工委组织、"五老"、少年儿童、家长共同参加的荡气回肠的感人效果。这是"三长育人"工程的一次实践活动，为"三长育人工程"开阔了视野，拓展了思路，充分体现了南关区"三长育人工程"的优势，这是南关区"三长育人工程"的丰硕成果。

4. 关心关爱，重视心理

2022年寒假期间，南关区教育局关工委组织各校收看长春市教育局关工委下发的《关于收看"关爱青少年健康成长，助力家、校、社协同育人"线上主题系列宣讲活动的通知》，各校准时组织学生进行收看。本次专题讲座引导了广大青少年及家长关爱自我健康，关注心理状态，认识健康心理对有效学习和提升生活质量的促进作用，从而提高了学生的心理健康素养。

三、成果的主要内容

南关区教育局坚持立德树人，全面落实社会主义核心价值观，不断完善体系建设，逐步建立了目标明确、机制健全、内容丰富、常态开展的"三长育人工程"。家庭教育作为德育工作中不可分割的重要一环，家校社合作是时代课题，也是现代学校发展的必经之路。南关区在实践中，也在逐步完成对如何促进家校社协同育人的探索之路，其中"育人"是核心，"协同"是关键，"机制"是保障。学校家庭社会协同育人机制的建立，最终要完成立德树人的根本任务，指向培养德智体美劳全面发展的社会主义建设者和接班人。

（一）以"育人"为核心，推动"三长育人工程"深度发展

"三长育人工程"是以立德树人为根本任务，最终目的在于培养出德智体美劳全面发展的高素质人才。南关区始终坚持"家校社"协同育人理念，积极搭建关心和支持未成年人成长教育平台，整合家庭、学校、社区各方资源，扎实推进融合共育新模式，通过常态化开展社区家庭教育、社区志愿活动、家庭教育讲座、主题升旗仪式、社会综合实践活动、亲子读书活动等教育实践活动，努力实现1（家）+1（校）+1（社）>3的育人效果。

（二）以"协同"为关键，推动"三长育人工程"质量提升

打造"三长育人工程"，关键是要让家长、学校和社会依据不同的角色，通过科学合理的分工合作，运用恰当、适切的方法，对家校社育人过程进行全方位、立体式的管理和调控，完成预期的育人目标和任务。南关区关工委制定了具体工作方案，方案对学校、家庭、社会三方面职责有了明确划分与要求。

学校是"三长育人工程"的主导力量，要发挥学校育人的主体作用。教育局及试点学校，要认真研究、谋划如何抓好"课堂教育"问题，在提高吸引力、渲染力、说服力上下功夫，提升授教效果。要把"心理健康教育"纳入思想教育重要组成部分，有针对性地安排好知识讲座，对学生的心理干预和疏导，开展有特色的心理健康活动，引导学生阳光、健康地成长，实现德智体美劳全面发展。同时要把家长教育作为学校教育的外延和补充，抓好"家长学校"建设，切实做到有师资队伍，有教学计划，有指导教材，有成效评估，并通过"家长委员会"协商和家访等方式，实现家长与学校的互动和衔接，共同做好学校教育。

家长是"三长育人工程"的责任主体。家长要主动协同配合学校教育，积极参加学校组织的家庭教育活动，认真学习家庭教育的知识和方法，主动与学校沟通学生情况，保持信息对称和良性互动。同时家长要积极引导学生进行社

会体验，通过社会实践、研学旅行、公益活动等方式帮助子女更好地亲近自然、开阔眼界、增长见识、提高素质。

社会是"三长育人工程"的服务保障。街道及社区关工委要建立"社会教育社区支持平台"。集合社会资源，为中小学生提供多方面的教育支持和实践活动。同时要积极探索研究线上线下教育，校内校外教育相融互利的办法和途径，解决好学校教育与社会化教育内容不够连续、衔接不够紧密的问题，为推动"三长育人工程"提供实际做法和实践经验。同时，要动员社会力量，组织"助梦圆梦"爱心行动，让中小学生的梦想都有回应。

（三）以"机制"为保障，推动"三长育人工程"持续发展

南关区"三长育人工程"由南关区关工委牵头，联合南关区教育局、学校、街道、社区共同成立。由南关区关工委、南关区相关职能部门负责人组成了"三长育人工程"领导小组，同时组建由各街道（乡）、局、企事业有关单位负责人，网格辖区校长，网格长和"五老"人员等相关人员参加的协调指导工作小组。领导机构定期研究、协调、指导工作，做好工作协商和情况对接，从组织领导上保障"三长育人工程"有组织有计划开展。同时要求全区各级关工委组织要紧紧依靠党组织领导和支持，把"三长育人工程"摆上位置、纳入计划，并要有领导负责、有专兼职工作人员、有考评措施、有效果典型，真正做到真抓实做。为确保家校社共同建立健全，最大限度地整合三方资源，规范三方的责权利，确保协同育人能够务实地开展、有效地运作。

"三长育人工程"是一个系统工程，需要大量专业人员提供理论支撑、技术指导和业务培训。工程实施前，南关区对各网格长、各班主任和德育教师、基层相关工作人员和"五老"人员进行了多次工作培训和动员，达到提高认识，明确目标意义，清楚任务要求，落实工作责任的目的。同时要求学校加强家庭教育指导课程体系建设，开发汇聚优质家庭教育资源，面向广大家长开设家庭教育网络公益公开课，促进优质家庭教育资源共建共享和推广应用。社区要同步加强家庭教育指导服务站点工作人员培训，切实提高家庭教育指导服务水平。

四、成果取得的效果与反思

南关区四家试点校在"三长育人工程"的实践过程中，在家校共育、校社联动中都取得了行之有效的效果。在活动方面，平泉小学经过三年实践，组织了近百次家长培训，参与人次4000余人，受益400多家庭，还开展了五项重大活动，吉林新闻联播、《长春日报》等媒体进行了宣传报道。曙光小学积极整合各界资源，创新活动载体，还建立了长效的工作机制。曙光小学在"三长育人工程"基础上，创立了"三长育人+家校社共育"模式，实现家庭、学校、社会在明确主体责任的情况下多方配合，培养"在家里做个好孩子、在学校做个好学生、在社会做个好公民"三重空间格局，实现共同的育人目标，达到最佳的育人效果。自强小学成立了"三长育人工程"领导小组，明确职责，建立健全机制，建立"三联系"育人机制。即：自强街道、自强社区、自强小学关工委主任每学期一次会议联席、每月一次主题教育活动、每学期开展帮扶活动，形成逐级落实关工委工作的常态机制。红旗小学充分发挥家长、校长、网格长的联动作用，充分发挥学校在育人方面的引导作用，辅以家庭教育，搭建社区平台，共同促进学生健康发展。在家长和教师推荐的基础上，学校建立了班级、年级和校级家长委员会。这四所学校取得的成果，也让南关区家校社协同育人工作上了新的台阶。"三长育人工程"的推广，提升了试点学校学生的整体素质，为学校完成教书育人的任务开辟了广泛的道路，创立了良好的培养学生茁壮成长的良好家庭条件和社会条件。

上面所提到的四个重点示范区的家校社协同育人实践工作模式的开展，都有一个共性，那就是均聚焦于本校发展的现实情况，扎根于学校特色，积极探索。今后，家校社协同育人工作的开展还需要结合实际，利用好周边资源、发掘好本校特色，全区的家校社协同育人工作实践都应千姿百态。作为该领域实践者和学习者的南关区，将发动智慧和力量，把家校社协同育人实践做好、做实、做出特色！

[参考文献]

[1] 吴重涵. 制度化家校合作与儿童成长的相关性研究[J]. 教育科学研究, 2018 (10): 92-96.

[2] 王库, 吴少平. 未来教育视阈下中小学家校协同供给侧改革探析[J]. 中小学德育, 2017 (12): 14-17.

[3] 曹瑞. 基础教育阶段协同育人的成绩、问题与建议——基于2013—2017年CNKI期刊数据的分析[J]. 中国德育, 2018 (17): 21-24.

[4] 王治芳. 新时代家校协同育人的实践省思[J]. 教育家, 2021 (29): 32-34.

[5] 李运林. 协同教育研究引领教育发展进入新时代[J]. 电化教育研究, 2018, 39 (03): 5-11.

[6] 王治芳. 构建家校社共同体提升家长教养知能——山东省家长教育创新纪实[J]. 中国成人教育, 2019 (21): 75-79.

[7] 唐汉卫. 交叠影响阈理论对我国中小学协同育人的启示[J]. 山东师范大学学报(人文社会科学版), 2019, 64 (04): 102-110.

[8] 施久铭, 董筱婷, 魏倩, 等. 让家校社协同回归"育人"初心[J]. 人民教育, 2021 (06): 36-39.

主要成员： 潘春竹　刘梦丽（长春市南关区教育局）

执 笔 人： 潘春竹　刘梦丽

长春市家庭教育指导"123+N"模式创新实践

一、问题的提出

家庭教育是学校教育和社会教育的基础，在青少年健康成长中发挥着不可替代的作用，尤其是在为青少年身心发展奠定基础的过程中，家庭教育更是不可或缺的关键要素。进入新时代，家庭教育的发展备受重视，在中共中央国务院举行的2015年春节团拜会上，习近平总书记提出要注重家庭建设、注重家庭、注重家教、注重家风；2018年全国教育大会，习近平总书记在讲话中指出："家庭是人生的第一所学校，家长是孩子的第一任老师，要给孩子讲好'人生第一课'，帮助扣好人生第一粒扣子"。国家相关部门也先后出台了一系列文件推动家庭教育发展，如教育部制定的《关于加强家庭教育工作的指导意见》、教育部等十三部门联合印发的《关于健全学校家庭社会协同育人机制的意见》等。特别是2021年10月《中华人民共和国家庭教育促进法》的颁布，标志着家庭教育的发展已步入法治轨道。

但家庭教育在国民教育中的基础作用发挥得仍不够充分，对家庭教育的支持还未达到法定的力度，具体表现如下。

（一）部分家长履行监护职责的能力不够强

相当一部分家长缺乏正确的教育观念，教育方法不够科学，不够尊重孩子的权利，重智轻德的现象仍然存在，导致亲子关系紧张，孩子压抑，家长焦虑等问题仍然严重。

（二）家长与学校沟通不够顺畅，配合不够默契

一部分家长仍传统地认为教育是学校的事，自己只负责照顾孩子的生活，从而对孩子的学习采取放任的态度；还有部分家长虽然意识到自己的教育责任，但苦于缺少足够的教育知识，对孩子的教育不得法，只片面地关注孩子的学习成绩。

（三）学校对家庭教育的支持与指导还未成体系

学校在家校合作中占有主导地位，但相当一部分学校主导作用发挥得仍不充分，虽然大部分学校都建立了家长学校、家长委员会等组织机构，但其指导内容存在不同程度的碎片化现象，缺乏针对学生年龄特点的家庭教育指导课程体系。

（四）家庭教育支持的部门协同机制不够完备

《家庭教育促进法》和《关于健全学校家庭社会协同育人机制的意见》颁布后，相关的理论问题还需要进一步梳理和深入研究探讨，相关部门的职责需要协调明确。作为教育管理部门，我们还需要认真思考和规划如何协调兄弟部门，并争取上级支持，在职权范围内力所能及地帮助基层单位做好家庭教育指导和家校社协同育人的顶层设计等工作。

二、解决问题的过程与方法

针对以上家庭教育发展中存在的问题，课题组经过认真研讨，确定了中小学校指导家庭教育的五项重点工作任务：实践研究引领、师资队伍建设、课程资源开发、知识方法普及、体制机制建设，其中课程资源开发是核心任务。基于此，课题组在研究期间重点实施了五项工程建设。

（一）实践研究引领工程

1. 家庭教育课题研究

遴选 21 所学校作为家庭教育指导实验校，确定了 25 个科研课题，其中方法指导研究课题 8 个、指导课程建设研究课题 5 个、指导途径与模式研究课题 9 个、家长教育理念提升及教育主体地位确立研究课题 3 个，用以引领教育实践。

2. 典型家教案例研究

依托市级家庭教育讲师团，组织一线教师撰写家教案例，并对其中的典型

案例进行深入研究，以此作为提升教师研究、指导能力的重要途径。同时，也为身处家庭教育误区的家长、教师提供科学的借鉴和参考。

3. 载体创新实践研究

指导各县（市）区、学校立足本地工作实际，在家庭教育工作载体创新上进行积极探索和实践，打造具有区域和学校特色的家校共育载体，并不断优化拓展载体的功能，为家庭教育指导提供更广阔的实践平台。

（二）骨干师资培育工程

1. 组建长春市家庭教育讲师团

聘请家庭教育专家、"五老"同志、一线教师和优秀家长组成家庭教育讲师团，遵循公益原则，实行动态管理。讲师们深入学校、社区，与教师、学生、家长面对面，宣传家教知识，传授家教方法，解决家教难题。

2. 成立县（市）区、校家庭教育讲师团

各县（市）区和具备条件的学校成立家庭教育讲师团，形成市、县（市）区、校三级梯队。通过师资队伍的梯队化建设，进一步提升我市家庭教育师资队伍的整体水平，推进我市家庭教育工作持续稳步发展。

3. 专项培育高级家庭教育指导师

从一线教师、县（市）区家庭教育工作者中，选拔综合素养好的优秀人员，进行为期一年的专业化培训，对培训合格者颁发高级家庭教育指导师资格认证。获得资格者专门负责本地、本校家庭教育工作的规划设计、系统推进和跟踪指导。

（三）教学资源开发工程

1. 优质颗粒化资源开发

市家庭教育讲师团定期召开专题会议，梳理家庭教育发展中的重点问题，汇总学校、家长和社会关注的热点、难点问题。讲师根据自己的研究专长，针对梳理、汇总的问题制定自己一年的辅导专题。通过问题导向的优质颗粒化资源开发，不断提高家庭教育工作的针对性和时效性。

2. 特色化校本课程开发

在颗粒化资源开发的基础上，各学校结合本校学生家长的实际情况，组织在家庭教育工作方面有一定专业水平、研究能力和创新能力的优秀教师，在专家的指导下，积极开发适合本校家庭教育工作发展需求的特色化校本课程，进一步提升家庭教育工作的整体质量和水平。

3. 信息化教学资源开发

充分发挥"互联网+"的重要作用，开发家庭教育微课程、音视频等教学资源，并上传网络平台供家长学习；利用微信平台开展一对一辅导，满足家长的个性化需求。

（四）"百千万"建设工程

1. 建设百所达标家长学校

家长学校是推进家庭教育工作的主要阵地。在提高家长学校覆盖率的同时，启动了家长学校达标建设工作，制定了《长春市家长学校管理办法》，对家长学校建设、运行、管理等方面提出明确要求。同时，开展专业师资培养、课程资源建设，促进家长学校内涵发展。

2. 培训千名一线教师

依托市、县（市）区、校三级家庭教育讲师团，围绕家长学校管理、家庭教育课题研究、家庭教育知识普及等内容，对中小学校（含中职学校）、幼儿园等相关管理人员、教师、班主任等开展问诊式培训。通过问诊式培训，解决教师实际工作中的诸多困惑，引领教师走出家庭教育工作的误区，也激发了他们开展家庭教育工作的热情。

3. 培训万名学生家长

充分利用家长学校、媒体网络平台，针对家长的不同需求，开展多维度培训。如针对家庭教育中的学生养成教育、青春期教育、亲子关系等共性问题开展多层次的专题培训；针对单亲家庭、困难家庭等特殊问题开展点对点的跟踪培训等。以此提高家长的家教能力，拉近学校与家长的距离，促进家校共育良好局面的形成。

（五）体制机制完善工程

1. 完善管理体系

制定了《长春市家庭教育工作指导意见》《长春市家长学校管理办法》和《长春市家庭教育讲师团管理办法》等，使家庭教育工作向着科学化、系统化、专业化和规范化方向发展。强化市、县（市）区家庭教育指导中心职能，统筹规划区域家庭教育工作发展，大力推进家长学校建设。建立起家庭教育工作市、县(市)区、校三级管理体系。

2. 加强多方合作

积极开展与省、市妇联的战略合作，在资源共享、阵地建设、工作指导等多个方面达成共识。广泛吸纳有家庭教育情怀、热心家庭教育事业的高校专家、媒体工作者、专业机构人士、医生等各方优秀人才，加入推进家庭教育工作发展的队伍中来，在家长培训、师资培养、咨询服务、规划指导等方面发挥其各自的专业优势。

3. 强化监督指导

从市级家庭教育讲师团中选拔优秀讲师，组成家庭教育工作督导小组，深入到各县(市)区、学校，通过走、看、听、查等形式，了解家庭教育工作开展情况，对工作中存在的问题及时给予必要、充分的指导，并对改进情况持续跟进。同时，进一步探索完善家庭教育工作督导评估的相关标准。

三、成果的主要内容

课题组围绕立德树人根本任务，通过大量的实践研究，逐步凝练出长春市家庭教育指导"123+N"模式（见图1）。"1"是一核引领，即以课程资源开发为核心，引领家庭教育指导工作内涵发展；"2"是两翼驱动，即以师资团队建设和共育平台建设为两翼，驱动家庭教育指导工作稳步发展；"3"是三方联动，即以家庭、学校、社会三方联动机制保障家庭教育指导工作持续发展；"N"是家庭教育指导体系构建的多维度方法和路径。"123+N"模式在促进长春市家庭教育指导工作提质增效上发挥了重要作用。

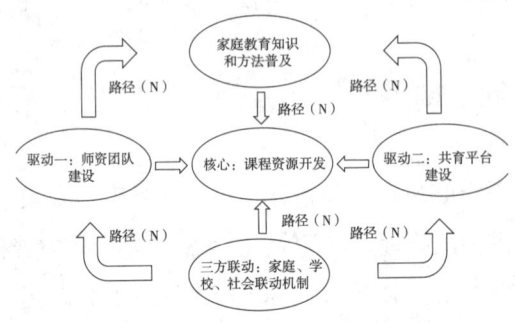

图1 家庭教育指导"123+N"模式

（一）以课程资源开发为核心，引领家庭教育指导工作内涵发展

课程资源主要以实践性课程为主，采取课程审议的方法进行开发。在课程资源开发中，重点把握三个关键词：家庭教育、关键问题、成长经验。家庭教育是指课程建设的目标导向，就是将课程资源开发的目标指向提升家长开展和谐亲子关系构建、身心持续健康发展、良好道德品质培育、文明行为习惯养成、学习兴趣潜能开发等方面的能力和水平，凡是有利于家长家庭教育能力和水平提高、有利于促进学生全面发展、健康成长的资源都应该为我所用，纳入课程资源建设体系。关键问题是指课程内容框架结构建设，通过面向家长、学生、一线教师开展充分的调查研究，系统梳理学生家长在家庭教育中遇到的各类问题，根据目标导向的原则按主题进行分类，形成关键问题菜单，初步建立课程框架结构。成长经验是课程建设的现实起点，基于不同年级学生成长发展基础，对关键问题菜单进行多维度、深层次的讨论，确定最优化的模块化课程结构。之后依托家庭教育骨干师资团队，按照边开发、边应用、边完善的原则，持续推进课程开发实践，最终形成家庭教育指导课程资源库。

（二）以团队、平台建设为两翼，驱动家庭教育指导工作持续发展

1. 优化人才系统，打造家庭教育指导师资团队

师资团队建设主要从三个方面发力，即组建指导团队、强化系统培训、优化管理机制，形成了比较完整的家庭教育指导师资发展体系。由教育行政部门主导，建立骨干家庭教育指导团队标准，遴选优秀家长、一线教师、高级家庭教育指导师、家庭教育专家、"五老"等组成的市、县（市）区、校三级家庭教育讲师团。讲师团是公益性质组织，实行动态管理，对在服务周期内不能胜任家庭教育指导工作的讲师进行淘汰，同时遴选优秀讲师进行补充，保持骨干队伍的稳定性。建立了师资队伍"三分"培训体系，一是分层次，即市、县（市）区、校；二是分类别，即管理人员、骨干教师、全体教师；三是分阶段，即幼儿园、小学、初中、高中四个阶段。市级层次的培训侧重高级家庭教育指导师、主管家庭教育的县（市）区科长等的培训。县（市）区级层次培训侧重幼儿园、中小学德育校长（园长）、骨干教师等的培训。校级层次的培训侧重本校教师的全员培训。优化师资队伍管理机制，制定《长春市家庭教育讲师团管理办法》等制度文件，对讲师团的遴选、管理、评价等作出明确规定等。

2.建设共育平台，筑牢家庭教育工作发展基础

共育平台建设主要从两个方面入手，一是优化传统的家庭教育指导平台，二是建设网络共育平台。优化传统的家庭教育指导平台，重点是建好家长学校。首先是进行达标建设，解决家长学校有无的问题。制定《长春市中小学校家长学校管理办法》，明确家长学校建设标准，实现家长学校有制度、有计划、有师资、有活动、有评估。在全市的大力推动下，研究期间我市城区家长学校建校率达到了100%，外县（市）区家长学校建校率达到了85%以上。家长学校通过家长会、专家讲座、实践活动、个别指导等形式，在家庭教育指导方面发挥了重要作用。其次是推动家长学校由"管理"走向"治理"，解决家长学校工作效能问题。引领家庭、社会多方主体参与家长学校建设，汇聚各方资源，重点在校本课程开发、师资团队建设、指导形式创新等方面实现新突破，推动家长学校内涵建设向纵深发展，成为家庭教育知识传播、经验交流、理论研讨的主阵地，推动区域家庭教育工作实现跨越式发展。与此同时，充分发挥"互联网+"重要作用，遵循科学性、便捷性、即时性的原则，开发建设家庭教育指导网络共育平台，平台包含政策解读、知识普及、家庭课堂、沟通互动、咨询指导等功能模块，由政府相关部门负责运行，在资金、人员等方面提供充分保障。信息化平台建设，重点解决家长集中学习难的问题，提高家长接受家庭教育指导效能。

（三）以三方联动机制为保障，推动家庭教育指导工作纵深发展

联动机制建设重点从两个维度开展，首先是教育系统内部联动机制建设，其次是家校社三方联动机制建设。教育系统内部联动机制建设，主要是推动教育职能部门与基层学校之间的上下联动，教育职能部门之间、学校与学校之间的横向联动。通过上下联动机制建设，将家庭教育指导工作理念逐级传递到一线教师，凝聚家庭教育发展共识，对家庭教育知识方法普及发挥了重要作用。通过横向联动机制建设，拓展了家庭教育指导工作发展平台，如长春市教科所为家庭教育指导开辟专业研究平台，对制约家庭教育指导工作的重难点问题通过立项课题进行研究，定期对研究成果进行总结凝练，积极推动成果转化，为家庭教育发展提供专业智库支持。同时，经常性开展学校之间的经验交流，推介实验校家庭教育指导工作好的经验做法，发挥先进典型的示范引领作用。家校社三方联动机制建设，重点体现在制度机制建设和优质资源整合两个方面，如与市妇联共同制定家庭教育工作发展规划，共同推进家庭教育指导工作评价等，在政策制度上为实现家庭教育指导工作内涵稳步提升给予充分保障。整合域内各类教育基地的育人功能，共享优质家庭教育指导平台和教学资源，如整合长春市心理健康教育中心、青少年心灵港湾、妇女儿童中心、社区服务中心等场所的心理健康教育功能和家庭教育功能，有针对性地为家长提供优质服务。

（四）创新多维（N）工作发展路径，助力家庭教育指导工作提质增效

家庭教育指导多维（N）工作发展路径创新，是贯穿"123"的一条主线，即贯穿课程资源开发、师资团队建设、共育平台建设、联动机制建设的全过程，是家庭教育指导"123+N"模式能够不断适应家庭教育发展形势、具有旺盛生命力的关键所在。家庭教育指导多维（N）工作发展路径创新，要立足一地一校实际情况，坚持以问题为导向，以实践研究为引领。一是要善于在工作中发现真问题。教育职能部门要以推动家庭教育发展的宏观视野和政治站位，利用大数据对家庭教育指导工作各个环节存在的问题进行科学系统的总结分析，找到制约工作发展的难点问题、瓶颈问题，这是创新多维（N）工作发展路径的前提基础，每一个问题的解决就会开拓出一条新的工作发展路径。二是汇聚解决问题的骨干力量，重点是组建一支有着丰富家庭教育理论和实践经验的专家指导团队，对问题进行分类，有的问题直接制定解决方案并实施，形成具体的工作方法和路径；一时难于解决的问题，立项课题进行实践研究，专家指导团队负责研究策略的制定和实施过程的督导，这是创新多维（N）工作发展路径的核心环节。三是及时进行实践研究成果转化。对实践研究中形成的成果，要及时在工作中应用检验，转化成解决问题的具体办法和有效措施，成为推动家庭教育指导工作提质增效、持续发展的新动力，这是创新多维（N）工作发展路径的关键所在。

四、成果取得的效果与反思

（一）成果取得的效果

1. 课程建设取得丰硕成果

初步构建起了模块化课程体系，包含身心发展特点、行为习惯养成、道德

品质培养、学习方法指导、家长成长智慧等内容。研究期间，共梳理了近500个关键问题，针对这些关键问题开发了一批优质的颗粒化资源，并按主题进行了细化分类，形成了一批特色校本课程。如双阳区106中学针对留守、单亲家庭家长开发的《心育路上》，市二实验中学开发的《做智慧家长，助雏鹰翱翔》等。开发共享微课100余节。同时，注重发挥典型案例的指导作用，共收集整理典型家庭教育案例351篇，其中26篇发表在《长春教育》上，92篇发表在教育部关工委主办的《家教周报》上，70篇收录在由吉林人民出版社出版发行的《在家校共育的阳光中成长》一书中。

2. 师资团队获得长足发展

市、县（市）区、校三级家庭教育讲师团共有讲师2000余人，其中高级家庭教育指导师136名。他们活跃在各级教育战线上，以深沉的教育情怀和极大的工作热情，在教学资源开发、知识方法普及等方面辛勤耕耘、默默付出，为家庭教育工作发展提供了强有力的人才支撑。比如有的金牌讲师先后深入11个县（市）区、100余所学校和50多个社区，指导家庭教育工作，其扎实的专业知识、丰富的实践经验和执着的敬业精神获得了广泛的认可和好评。研究期间，对中小学校（含中职学校）、幼儿园等相关管理人员、教师、班主任等开展问诊式等各级各类培训近1万人次。

3. 共育平台建设实现突破

建成"长春家校社共育"微信公众平台，推出家庭教育、心理健康教育、生态文明教育、研学实践教育等方面的专家指导微课173节、典型案例45个、特色展示116个、理论指导文章60篇，点击量达100多万次。同时，还注重整合优质的社会家庭教育指导平台功能，如利用"幸福家庭360"公益大讲堂，开展"送法进万家 家教伴成长"家庭教育主题宣讲活动；利用省工会"云课堂"平台，开展"关爱青少年健康成长 助力家校社协同育人"系列主题宣讲活动，集结社会与教育系统力量，开展各类讲座辅导直播，共同关心帮助青少年健康成长，疫情期间，讲座点击率达900余万人次。各实验校也在构建家庭教育指导服务的立体化平台方面进行了积极探索，如有的学校开通"千聊"APP，家庭教育专家、讲师、家长同场实时互动，交流家教经验，探讨教子方法；有的学校通过"空中家长课堂"，定时开展家教辅导，扩大了家教指导的覆盖面，收到了良好的效果。

4.区域发展特色日渐明显

研究期间，各县（市）区、各学校开展了深入的探索实践，如二道区的"家庭教育引导工程"、南关区的"家庭教育心桥工程"、绿园区的"家庭教育大讲堂"、朝阳区的"家庭教育阳光工程"、宽城区的"家校互动新干线"等，在推进家庭教育工作发展上发挥了重要作用，仅开展各类专题培训就达500余场，受益家长达100多万人次；各学校创设了家长沙龙、家长助教、家庭教育节、亲子活动日、亲子实践活动、假期亲子游等活动，增进了家长和学生之间的互动交流，促进了家庭教育效果的不断提升。通过开展"文明家庭""书香家庭""和谐家庭""学习家庭"等各具特色的文明家庭创建活动，密切了学校与家庭的协作关系，使家长在体验中掌握正确的家庭教育方法和技巧。

（二）反思与展望

"新形势下中小学校指导家庭教育的研究与实践"开展以来，尽管积累了一些经验，但由于家庭教育内容的复杂性和随机性，有些问题还需要进一步深入探讨。例如，对于家庭教育指导的内容、方法、途径乃至载体设计与应用等问题的研究仍然是初步的。再如，父母工作繁忙、外出打工谋生所引发的隔辈照料抚养等问题日益突出。这些问题的出现有其客观必然性，是经济社会快速跨越发展，学生成长环境不断变化，叠加近年来新冠疫情影响等诸多因素造成的，需要通过家庭教育科学研究的进一步发展来探索、引领和解决。

今后，我们将在以往研究的基础上，进一步细化、分解家庭教育指导实践中的各项任务，深入开展专项研究和设计，使研究成果更具有针对性，为增强家庭教育指导的实效性提供更强有力的支持，不断提升家庭教育水平，引导子女养成好思想、好品行、好习惯，为子女身心健康成长创造良好家庭环境；进一步巩固发展学校教育主阵地作用，围绕"信仰教育、优质教育、技能教育、智慧教育、开放教育"等长春教育发展战略重点，全面落实新发展理念，落实立德树人，推进"五育"并举，发展素质教育，提高教育质量；进一步发挥社会教育支持作用，积极构建社会教育服务体系，动员引导广大社会力量参与学生教育工作，依托"五育"社会实践教育基地及各类校外活动场所，开展多种形式的社会教育活动，营造有助于学生健康成长的良好社会氛围；常态化、制度化开展学校、家庭、社会协同育人工作，不断提升学校、家庭、社会整体育人效果，为青少年健康成长创造更广阔的空间和更有利的条件。

[参考文献]

[1] 中共中央、国务院. 中共中央 国务院关于进一步加强和改进未成年人思想道德建设的若干意见[EB/OL]. https://www.gov.cn/gongbao/content/2004/content_62719.htm，2004-2.

[2] 教育部. 教育部关于加强家庭教育工作的指导意见[EB/OL]. http://www.moe.gov.cn/srcsite/A06/s7053/201510/t20151020_214366.html，2015-10.

[3] 全国妇联、教育部、中央文明办、民政部、卫生部、国家人口计生委、中国关工委. 全国家庭教育指导大纲[EB/OL]. http://www.moe.gov.cn/jyb_xxgk/moe_1777/moe_1779/201007/t20100714_92936.html，2010-2.

[4] 赵刚. 家长教育学[M]. 北京：教育科学出版社，2010：1-10.

[5] 齐欣，赵澜波. 我国中小学校指导家庭教育工作的现状、问题及对策[J]. 教育科学研究，2006（8）：22-26.

[6] 沈建平，韩似萍. 学校对现代家庭教育指导模式的研究[J]. 上海教育科研，2004（03）：60-61.

[7] 方亨庆. 学校指导家庭教育的策略研究[D]. 东北师范大学，2008.

主要成员： 宋丽英（长春市中小学德育工作促进中心）
裴莹（长春市中小学德育工作促进中心）
王妍萍（长春市中小学德育工作促进中心）
杨洋（长春市中小学德育工作促进中心）
张玲（长春市基础教育研究中心）
朱嘉思（长春市中小学德育工作促进中心）

执 笔 人： 宋丽英　裴莹

温馨校园创建篇

探索实践"3+3"托管帮扶模式
助力县域高中走出发展困境

自开展全市相对薄弱高中托管帮扶工作以来,长春市教育局积极落实省级高师院校对县域高中开展定向托管帮扶工作,并依托全市普通高中联盟进行结对式精准支援,采取行政联动、项目推动、组团拉动、模式牵动等方式,不断加强相对薄弱高中,特别是薄弱县域高中的办学质量。省级层面,长春市和吉林省教育学院、长春师范大学等高校进行对接,并持续开展对口帮扶工作;市级层面,通过11个普通高中发展联盟,广泛开展成员校域内辐射和联盟间域外支援活动,逐步探索实践出一条"省属院校高位引领,高中联盟精准支援"的特色发展之路。

一、问题的提出

(一)县域高中优质资源总量不足,学校布局亟须调整

按管理主体来看,长春市共有87所高中,在校生16余万人,其中县域高中为40所。在国家职普协调发展和社会对高中的强烈需求下,存在着条件和质量需要提升的空间,而受经济发展水平、教育重视程度等影响,部分县区经费投入满足不了办学需要,学校办学质量更是有待提高。

（二）普通高中同质化现象仍然存在，特色发展尚待深化

特色是培养人的需要，也是学校发展的潜力所在。加快普通高中特色发展，是我市教育发展的主攻方向。现阶段，我市区域之间、城乡之间、校际之间发展不平衡，师资队伍、生源质量等方面存在较大差距，原因之一就是县域高中教育特色化优势尚未形成，"特色即活动""特色即形式"的论调还普遍存在，成为制约特色发展的障碍。

（三）县域高中办学理念、教育思想与社会发展需求之间还存在差距

很多人都用条件因素、经费因素、环境因素来分析教育问题，但如果人的问题不解决，即使条件具备、经费充足、环境改善，教育同样还是会出问题。办学理念、教育思想、学校定位、敬业精神、专业能力等，都能构成"教育人"因素，而思想理念的落后是导致一些相对薄弱高中特别是乡镇高中无人问津、门可罗雀的主因，这些问题，更加不利于为"人才强市、科技强市"提供教育支撑。

二、解决问题的过程与方法

（一）全面规范普通高中招生管理

按照省级统筹、市级指导、县级主体的管理体系，全面落实公办、民办普通高中同步招生和属地招生政策，科学核定招生计划，统筹推进普通高中教育和中等职业教育协调发展，同时进一步完善优质普通高中指标到校招生办法，适当向农村倾斜。

（二）健全教师补充激励机制

配齐各学科教师，切实解决县域高中教师总量不足和结构性缺员问题，实施省属高校公费师范生等培养项目计划，扩大县域高中教师补充渠道。严禁城区学校到乡镇高中抢挖优秀校长和教师，对未经组织人事部门和教育行政部门同意，恶意从农村学校抢挖人才的，停止学校各类评优评先资格，以确保教师队伍稳定。

（三）实施县域高中托管帮扶工程

充分挖掘托管学校优质教育资源，精准帮扶薄弱高中，形成有效托管帮扶机制。实施省级托管帮扶项目，充分利用省内高校、省级示范高中的资源优势，

对口帮扶农村高中学校。运用现代网络信息技术，采取跟岗实践等方式，促进优质教育资源共享，逐步实现城乡帮扶全覆盖，整体提升县域高中办学质量。

（四）实施县域高中标准化建设项目

按照普通中小学校建设标准，实施改善普通高中学校办学条件项目，重点支持改善县域高中基本办学条件。因地制宜制定县域高中标准化建设工程实施方案，明确时间表和路线图，切实加大地方财政投入，统筹用好各渠道资金，确保如期完成县域高中标准化建设。严格学校建设经费管理，严禁超标建设豪华学校，逐步完善教育资源公共服务体系，强化市级教育资源公共服务平台功能，进一步提升信息化建设水平。

（五）深化教育教学改革

落实普通高中课程方案，开齐开足国家规定的课程，积极开展劳动教育，加强体育、美育工作，强化实验操作，拓宽综合实践渠道，切实加强学生综合素质培养。加强学生发展指导工作，统筹教师、教学设施资源，科学实施选课走班。按照各学科教学指导意见要求，强化教学研究和指导，积极开展基于学科核心素养的教学方式改革，深入推进信息技术与教育教学融合，提高课堂教学效率。

三、成果的主要内容

通过实施"3+3"工作模式，即树立三种思维、落实三项举措，来整体推动城区普通高中和县域高中高质量、可持续发展。

（一）树立战略思维，建立健全"市县校"三级帮扶体系

一是优化顶层设计，整合市级教育资源。按照《吉林省教育厅关于对薄弱普通高中开展托管帮扶的通知》要求，我市及时开展"市域薄弱普通高中摸底排查"工作，进一步梳理汇总薄弱高中底数和基本情况，充分了解学校发展现状和实际困难，并在科学分析和研判基础上，研究制定《全市薄弱普通高中托管帮扶工作方案》和《长春市"十四五"县域普通高中发展提升行动计划》，明确"协调对接＋全域共促"的工作原则，积极推动全市高中联盟开展对口帮扶工作，通过建立"学校结对，教师组队、组团帮扶"的方式，进一步整合市级优质高中教育资源，充分发挥其辐射带动作用，确保帮扶工作落地见效。

二是落实工作要求，推动县域主动对接。为有效做好省属高校与县域薄弱高中对接工作，长春市教育局根据县域普通高中实际情况，指导农安县、德惠市、榆树市等地，与省教育学院和长春师范大学积极进行对接，组建了农安县三盛玉高中与吉林省教育学院，德惠市第八中学、榆树市弓棚高级中学与长春师范大学等多个托管帮扶对子，托管高校与各个县域高中在充分交流、深入了解的基础上，签订帮扶合作协议，帮助指导学校制定"十四五"发展规划和各项管理制度，切实提升了学校办学治校能力，增强了学校的办学活力和内生动力。

三是聚焦精准帮扶，建立学校需求清单。在与各高校开展对接基础上，我市针对各受援高中学校实际发展问题，多次组织召开高中学校高质量发展研讨会，探索薄弱高中逆向突围路径和办学定位，研究制定《县域薄弱高中高质量发展需求清单》，利用薄弱学校地域特色和历史积淀明确发展方向。其中，长春师范大学与榆树市弓棚高级中学经过调研协商，明确该学校"农村高中发展定位"；弓棚高中借助长春师范大学社会影响力，拓展适合农村学生且符合当地经济发展实际的相关专业，并主动联系高职院校为学生升学寻求出路，探索出一条契合该校发展实际的办学之路；农安县三盛玉高中围绕学校内部管理、校园文化建设、教师专业发展、研培一体化、学术课题研究、课程资源库建设等方面，主动与省教育学院进行对接，并对制约高中学校发展的薄弱环节进行充分交流研讨，达成帮扶意向，签订帮扶协议书，有效保障了帮扶工作落实落地。

（二）树立发展思维，启动实施"管帮带"三项帮扶工程

一是"托管式"支撑，有效提升高中教学质量。省属高师院校充分发挥自身办学与教育资源优势，为长春市薄弱高中提供智力支持和资源支撑。通过选派优秀干部、骨干教师挂职锻炼的方式，构建合作交流平台；定期向高中派驻教师团队指导帮扶，促进学校教学质量和教师业务能力提高；借助网络开展联合教研，通过研讨课、示范课、高考改革研讨会等教研活动加强教研指导和教师培训，着力提升教师学科素养和教育教学水平；帮助完善课程实施规划，加强课程体系建设，深化课堂教学改革，健全选课走班教学管理，指导校本课程开发。同时，各高校免费向受援高中师生开放图书馆、资料室等资源，免费向学生开放北方少数民族文物陈列馆、科学教育探究实验室等资源，有效提升了受援高中的教育教学质量。

二是"帮扶式"管理，实现高校资源全面覆盖。高等学校与普通高中相比，有教育资源丰富、教育信息广泛的优势，在帮扶工作中，各帮扶高校将这些资源与被帮扶学校进行资源共享，并积极推进资源库建设工作，扎实推进优质资源共建项目。通过合作建立实习基地，组织优秀本科生和研究生到受援高中开展支教、实习实践活动，为其基础教育、职业教育、社区教育等各类教育发展提供指导；围绕立德树人核心任务与高中开展合作研究，助推课程与教学改革、教育监测与评价改革、学生职业生涯规划、学生体质监测等领域的综合改革，为中学提供理论支撑和专业指导；组织志愿者、实习大学生参与各受援高中基础教育领域的教育教学改革实践，以及各类社会公益实践活动，切实提升了帮扶实效。

三是"带动式"发展，增强薄弱高中造血能力。各省属高校注重"教研组团+精准提升"，充分发挥高校教研团队的带动作用，组织教研专家深入高中学校开展系列化、一体化的"送培到校、送课到班"活动，组织开展教研团队驻校沉浸式教研活动，切实加强了对教育"难点"的研究指导。注重"专家引领+影子研修"，实施受援高中教师专业能力培训提升计划，定期开展教师挂职培训活动，不断积累学校管理、教学管理、队伍建设等方面的工作经验，切实增强高中一线教师的教育教学能力。同时，发挥名校长、名教师示范引领和辐射带动作用，推动高中学校教学、科研、德育、管理等水平提升，真正帮助学校做好了高水平教师团队的梯队化建设。

（三）树立联动思维，探索创新"建研享"三种支援模式

一是联盟"共建"，促进整体同步发展。按照抱团前进、合作共赢原则，将全市"10+1"高中联盟升级为"10+N"发展共同体，并吸纳公主岭一中等17所县域高中加入城区普通高中联盟发展框架，真正实现新建高中、薄弱高中联盟管理全纳入。各联盟体从办学思想融合、管理优势互补、课程共建共享、教学研修联动等多个方面，进行整体设计和推动落实，通过"校长论坛""班主任微论坛""影子培训""师徒结对"等方式开展形式多样的协作交流活动，发挥高中联盟体辐射引领和示范带动作用，形成在全市推广应用优秀成果的集优化发展效应，进一步推动全市普通高中整体性、均衡化、高质量发展。

二是联盟"共研"，促进专业协同发展。各联盟体不断加强基础教育课程

改革和教育教学研究，在"三新"背景下，帮助薄弱高中更新教育理念，改革教学方法，不断提高教育教学质量和办学水平。聚焦普通高中课程改革和高考综合改革核心任务，各联盟体帮助受援高中完善课程实施规划，加强课程体系建设，深化课堂教学改革，健全选课走班教学管理，指导学校的校本课程开发，等等，切实强化了教研力量的支持指导作用。前期，各高中联盟组织各受援学校开展集体教研共100余场、集体备课500余次、送课送培1100余节、分享教学资源2600余份，充分释放城区优质教育的资源供给能力，推动区域教育优势转化为"围点支援"优势，有效提升了帮扶实效。

三是联盟"共享"，促进资源集成发展。各高中联盟积极帮扶受援学校改进综合素质评价体系，提高信息化应用能力，并充分利用专业资源，指导帮扶县域高中开发和丰富选修课程，帮助学生了解高校专业特点，引导学生合理选科选考。通过开展高效课堂、校本研修、有效作业、复习备考、班集体管理等工作，各联盟体有针对性地实施"融入式""重塑式""共享式"帮扶，有效发挥示范带动作用。现阶段，长春市多次组织召开全市普通高中联盟发展阶段性成果展示现场会，选树优秀典型，分享经验成果，已推出优秀课例100余节，近万名一线教师参与交流分享，为新课程标准下的课堂教学转型做了大胆的尝试和有益的探索。

四、成果取得的效果与反思

通过不断地探索与实践，长春市县域高中办学质量得到明显提升：全市11个高中联盟，实现了87所公办、民办高中全部覆盖，做到共享、共建、共研、协同发展；所有联盟均纳入我市5A级高中考核体系，优质达标率达到89%；实施对联盟体内学校的捆绑式质量评估，增强了强强联手、同类互助、云端学校等新型联盟体建设。目前，东北师大附中、市十一高中等学校，已陆续开发公益课程平台、数字化学校资源平台、数字课程操作平台等优质资源媒介，并向县域高中推送课程资源1200余份。线上教学期间，各城区高中累计向县域高中提供示范引领课、云端听评课近3000节、线上备课近千次、共享教学课程资源5000份，相关工作被吉林省教育新闻、省广播电台宣传报道。

"落得实"是出成果、见成效的关键环节，方向再正确、定位再准确、载体再明确，没有落实皆等于零。所以，要将县域高中办学质量再提升一个层次，一定要坚持把抓落实、求实效贯穿于教育工作全过程。

一是以提升校长素质促落实。启动"教育家型校长"培养项目，通过实施校长"十百千工程"建设，进一步推进"教育家型校长"培养。推进"名校长工作室"建设，打造一支协同创新的优秀校长团队。

二是以建设教师团队促落实。启动教师队伍建设提优项目，加强师德建设，增强广大教师教书育人的责任感和使命感。配齐紧缺学科、新增课程所需专业教师，不断优化教师队伍结构。创新培训模式，提升教师的学科专业素养和业务能力。

三是以全面依法治教促落实。实施学校管理模式创新项目，建立健全以质量为核心的目标管理体系，依法依规加大对学校的监管。健全完善高中教学基本规范，在有条件的学校推行小班化教学改革，加快建立适应课程改革和高考改革的教学管理制度，全面推行选课走班教学，建立促进学生个性化发展的教学管理机制。

四是以突出改革创新促落实。一方面做好分类分层走班教学管理，另一方面同步提升教师分层次教学能力，探索分层走班下有效的教学方式。指导各学校，特别是县域高中加强统筹规划，进行教师结构性调配，鼓励或者要求教师一专多能，以充分满足学生多样化的成长需求。

主要成员： 刘恒（长春市综合实验中学）
　　　　　　褚艳霞（长春市实践教育学校）
　　　　　　王胜柏（长春市基础教育研究中心）
　　　　　　于淼（长春市第十九中学）
　　　　　　王东（长春市教育装备与信息中心）

执 笔 人： 刘恒

区域基础教育高质量发展的探索与实践

党的二十大报告明确指出"加快建设高质量教育体系，发展素质教育，促进教育公平"，这进一步强调了教育的基础性、先导性和全局性地位，更是对各地加快推动教育事业发展提出的时代要求。近年来，长春市以优质均衡为目标，以改革创新为动力，充分发挥集群效能，陆续实施三期基础教育质量提升工程，启动《长春市教育事业第十四个五年规划》（简称"'1688'奋进计划"）和强校行动计划，全力推动区域、大学区、学校、教师、学生"五个主体"联动发展，逐步构建起整体发展充满活力、规范发展稳中有进、内涵发展提质增效、创新发展蓄势赋能、教育民生保障有力的长春市基础教育高质量发展新格局。

一、问题的提出

当今世界正面临百年未有之大变局，国际力量和地缘政治格局发生深刻调整，错综复杂的国际环境以及后疫情时代的到来都对教育发展提出了新思考。作为全面建设社会主义现代化强国的关键，国家科教兴国战略和创新驱动战略，也对人才培养提出了新目标、新任务，这就要求教育必须把视野投向高质量发展格局，科学研判，系统谋划，准确定位，全力推动教育，特别是基础教育从基本均衡向优质均衡进行转型升级。

（一）推动高质量发展，是党的二十大对教育提出的新要求

二十大报告强调"要坚持以人民为中心发展教育，加快建设高质量教育体

系、发展素质教育、促进教育公平"。以习近平同志为核心的党中央高度重视基础教育的发展，坚持把基础教育放在优先发展的战略位置，强化立德树人根本任务，深入推进教育综合改革，不断加大对基础教育的投入，这既为全面建成小康社会提供了有力的支撑，也为实现中国式现代化提供了重要保障。所以，对于拥有良好发展基础的长春市来说，必须对各级各类学校的发展目标、重点任务、发展路径、体系建设进行周密谋划，对教育改革、队伍建设、发展保障做出全面部署，为建设质量强国、教育强市开好局、起好步。

（二）推动高质量发展，是教育主动服务经济社会的新战略

服务功能是教育的基础性功能。中央赋予吉林省国家"五大安全"保障的战略地位，"十四五"期间，吉林省委省政府创新提出"三阶段"战略目标，确保吉林省全面振兴全方位振兴率先实现突破。而长春市作为"一带一路"北线重要节点，更是谋划了"六城联动""十大工程"的战略布局。围绕全市千万人口的城市发展规模和实现万亿GDP经济总量目标，长春教育必须全面构建优质均衡、公平开放、选择多元、特色鲜明的基础教育高质量发展体系，以高质量人才供给支撑发展需求，做到城市发展到哪里，教育就跟进到哪里，人才就汇聚到哪里。

（三）推动高质量发展，是努力办好人民满意教育的新目标

提供公共服务是教育基本的功能之一，所以必须深度聚焦教育民生保障领域的不足和短板，以更加务实有效的举措进一步扩大优质教育资源覆盖面，让人民群众共享教育改革发展成果，增强教育获得感、幸福感。同时，教育治理体系和治理能力现代化水平也是现在亟待提升的领域，必须全力推动教育布局科学化、义务教育招生阳光化、城乡义务教育一体化建设，增强统筹教育资源要素配置的能力，把改革创新作为根本动力，推动我市一批改革试点示范项目落地，创造更多可复制可推广的教育改革经验。

二、解决问题的过程与方法

近年来，长春市陆续实施三期基础教育质量提升工程，并在全省范围内首个启动"强校行动计划"，以重点项目清单化管理，进一步强化工作结果跟踪问效，通过五种发展关系有机融合，全面推进全市基础教育高质量发展。

（一）深化学区化管理，实现扩容和提质相结合

长春市在原有97个大学区基础上，新增23家合作体，推动新建学校、民办学校大学区管理100%全纳入，并在实现大学区增量的同时，探索实践"五化工作法"，走出了一条具有长春特色的大学区管理新范式。一是研训工作一体化，培植和发展大学区优质学校研训文化，构建学区一体教研和一体培训，为各区各校搭建互通互惠平台。二是示范交流常态化，以市、区、校三级教研队伍为载体，推动学科带头人、骨干教师、教学能手等在大学区内开展教育教学交流活动，带动育人水平整体提高。三是资源共享信息化，以学区长或龙头学校为引领，开展信息化共享活动，建立课堂实例、优秀教案、学科试题等优质资源库，为教学实效、考试评价、学情分析提供大数据支撑。四是教师交流科学化，在朝阳区、二道区、南关区等地率先开展校长教师交流活动，采取走教交流、双师课堂、跟岗教学、影子培训等形式，充分发挥大学区优质校辐射带动作用。五是实践活动同步化，按照各成员校之间特色资源共享、主题活动联动的原则，实现大学区教育实践活动同步推进，打造教师专业化提升平台。

（二）深化资源合作项目，实现域内和域外相结合

推进与天津市、杭州市、中国教科院合作项目，以希望高中、市二实验小学、解放大路学校、绿园小学等学校为主体，与天津、杭州等地学校结成姊妹校，深入开展义务教育优质均衡发展、高考综合改革、思政课一体化改革等方面合作交流，走学研结合、协同创新之路。落实政府与吉林大学、东北师范大学等优质高校合作协议，依托省内高校优质教育资源，通过合作办学、委托管理等方式，推动各县区、各共同体内涵式发展，按照大学区管理工作要求，选派高质量管理团队，在合作校内推行高校先进教学理念和管理办法，全面提升合作校办学质量。探索实践域内交流合作新载体，组建学区强强联盟，由各大学区或优质校组建发展共同体（如朝阳区明德集团与北安集团），实现强强联合；组建同类互助联盟，将办学理念、办学特色、师资力量等大致相当的学校组成共同体（如宽城实验小学和天津路小学），激发同类学校向上动能；组建区域交叉联盟，依托市级管理平台突破区域限制和体制壁垒，构建部分学校交叉加入不同区域、不同联盟的合作交流机制（如南京小学和劝农山中心校、树勋小学和德彪小学），在共建共享中汲取成长营养。

（三）深化城乡共同体建设，实现城区和乡村相结合

统筹区本课程设置，搭建城乡信息化交流平台，由支援校按照国家课程实施方案和课程标准研发区本课程，并由受援校增加富有本区域特色的课程内容和实践活动，实现特色课程资源共建。统筹学科研修培训，组织开展受援校"订单式"学科培训活动，组建城乡学科中心教研组，实施联片教研，通过集体备课、跟岗学习、师徒结对等形式，统筹开展课堂教学改革，促进城乡共同提高，实现教学研究成果共享。统筹教师研学交流，建立"城乡支援服务站"，充分发挥城区名师工作室、学科带头人、骨干教师、教学能手等引领和辐射作用，广泛开展示范课、观摩课、研讨课等活动，同步构建城乡教师梯队成长体系，实现优质教师资源共享。统筹整体考核评价，按照义务教育评价制度改革新要求，积极探索教学质量评价改革新路子、新途径、新办法，建立城乡支援、受援双方相统一的考核评估机制和质量评价标准，通过落实"规范办学行为"和"教育质量提升"两大指标体系，实现教育教学质量共进。

（四）深化教育综合治理，实现减负和增效相结合

严格落实"双减"政策要求，推动全市中小学作业公示、批改记录、学生问询等"6项制度"建立，将作业管理纳入区域义务教育学校办学质量评价范畴，各项指标达标率实现100%，统筹监管作业设计、审核、汇总、发布、检查、批改、评比全环节，以刚性约束消除超标超量作业、校外培训机构留置作业、重复惩罚性作业等现象。以"四大行动"为锚点，即"省市区校四级联合教研行动、作业创新设计能力提升行动、作业高效管理效能提升行动、作业成果凝练转化推广行动"，全面提升课堂教学改进与作业设计评价专业化水平。统筹考虑城区、开发区、外县市三种类型和地理位置，打造幼小科学衔接实验区六大联合教研体，划定全市幼小衔接教研"六边形"矩阵。强化衔接意识，纵向完善"梯度式"课程，开展主题式学习和项目式学习，在课程实施主体上打破幼小壁垒，形成课程实施共同体，帮助幼儿顺利度过幼小衔接关键期。

（五）深化高中联盟发展，实现个性和共性相结合

制订长春市县域普通高中发展提升计划，推进普通高中联盟发展从"10+1"升级为"10+N"模式，建立省、市、县三级托管帮扶体系，推动外县高中加入城区高中联盟，实现帮扶全覆盖。落实省级高师院校对县域高中开展定向托管

帮扶工作，按照抱团前进、合作共赢原则，做好农安县三盛玉高中与吉林省教育学院、德惠市第八中学、榆树市弓棚高级中学与长春师范大学对口共建，吸纳公主岭一中等17所县域高中加入城区普通高中"10+1"联盟发展框架，不断完善与保障联盟发展运行的项目管理、议事决策、责任落实、整体评价等制度。持续强化教育行政和教研部门的支持指导作用，以高中联盟为载体，组织龙头学校开发专项训练题和优秀模拟试卷，不断加强区际、校际复习备考资源共享共用，通过强化域内资源开发利用，实现优质教育资源的辐射推广与合成再造，进而推动共同体内成员学校办学质量整体提升。

三、成果的主要内容

（一）办学条件全面改善

科学规划网点布局，编制《长春市规划区中小学校布局专项规划（2017—2035年）》，统筹规划全市义务教育网点布局，实现教育布局合理优化。近年来，已投入数十亿元，新建20余所九年一贯制义务教育学校，提供义务教育学位5万余个。将全市农村学校建设纳入城乡教育统筹发展规划，城乡学校基础设施建设同步规划、同步实施。实施中小学标准化改造建设，一大批薄弱学校办学条件得到明显改善，所有学校全部达到省定标准。

（二）优质资源大幅增量

积极开展教学管理先进校、学区新优质学校、三星素质教育特色校、国家管理标准示范校、温馨村小等"五创工程"，努力将每所学校打造成百姓身边的好学校。城区优质校覆盖率达80%以上，一大批新优质校脱颖而出，一大批薄弱校学区生大幅回流。持续推进城镇大学区对口支持农村学校，促进区域学校特色发展，乡村学校快速发展，逐步形成"区区有特点、校校有特色、生生有特长"的优质均衡发展新格局。

（三）共建共享卓有成效

积极建构支撑线上互动教育的云平台。为有效推动城乡一体化发展，持续开展网络条件下的精准扶智，建设优质教育资源库，推动市区优质学校与农村薄弱学校"同上一节课"，深入实施"信息化教育助力行动"，制定"区域点对点、学校1+1"精准教学模式，累计录入教学资源包5000余个、云端课程资源1.2万余节、学科课程资源近3万份，有效保障双线教学平稳顺利进行。

（四）城乡一体协同发展

丰富管理内涵，推进城乡联动发展，对个别外县市发展共同体进行重新调整划分，探索实践"公、民办，城、镇"相结合的教育联盟重构，通过双线帮扶策略，实现区域内部的对口支援，切实提高了帮扶实效。将农村初中和幼儿园纳入"温馨校园"创建范围，创建乡村温馨校园400余所。南关区与农安县、朝阳区（新区）与公主岭市、汽开区与榆树市等地，共结成300余个帮扶对子，对口支援情况在吉林省教育新闻联播中连续播出。

（五）学校管理规范有序

制定印发《长春市关于规范民办义务教育发展专项工作实施方案》，成立工作领导小组，构建双向联动机制，形成工作合力，建立重点工作台账，为顺利完成规范治理任务提供机制保障。推动转公学校按照名称、地址、管理团队、模式和教师队伍等不变原则与原优质母体学校继续保持合作办学，保持转公学校原有品牌效应和长期高质量发展。

（六）队伍建设呈现新貌

有序推进"县管校聘"管理体制改革，通过目标性交流、大学区交流、走教交流等形式，深入开展义务教育学校校长教师交流轮岗，切实加强城乡教师资源合理配置，提升学校教育教学质量，推进义务教育均衡发展。面向各县区进行"订单式"培训和送课，累计组织教师6000余人送课下乡，受益教师达3万余人，实现订单全覆盖。近年来，名师工作室市级以上课题结题300余项，在研课题350多项，开发教师培训专题课程近700门，优选课堂教学案例6700多个，进一步加强了各城乡共同体优质资源的示范引领作用。

（七）智慧集成推进有力

推动市区优质学校与农村薄弱学校"同上一节课"，深入实施"信息化教育助力行动"，实现优质资源有效对接。其中，经开区为15所学校建设32套教学录播系统，实现区内优质资源实时共享；双阳区一五三中学深入落实信息技术能力培训，被评为全国信息化2.0示范校。2022年疫情防控期间，研究制定《疫情防控期间线上教学技术支撑工作方案》《关于充分利用长春"名师云课"开展线上教学工作方案》，积极举办"名家微讲座"以及"名师引路课"300

余场次，实现全市线上教学共研共享。

（八）区域特色不断彰显

多年来，长春市不断深化城乡、区域、校际间的协调发展与和谐共生，以"一区一品"为亮点的长春教育发展格局正在形成：朝阳区持续深化"生命教育"，南关区启动"高等院校、行政单位、中小学校"合作发展，二道区实施大学区管理模式改革，宽城区建设国家级质量监测结果应用实验区，绿园区积极开展"未来课程"改革实验，长春新区全力打造"悦教育"体系，经开区探索实践"总部教育"，净月区深化办学体制机制集成改革，汽开区率先在全国建设"纽扣教育"体系，莲花山区大力推动区域学校结对发展，中韩国际合作示范区城乡融合多维撬动，双阳区全面推进教育质量"五年跃升工程"，九台区推动区域教研协作共建，德惠市实施分块抱团集群提升，榆树市开展城乡结盟一体推进，公主岭市实施"一化四驱"优质带动策略，农安县率先探索温馨村小质量提升运行模式并在全国推广。

四、成果取得的效果与反思

（一）前期工作取得的成效

经过多年发展，长春市基础教育不断创新管理运行模式，持续推进重点工程项目，加大支持保障力度，切实实现了各区域各学校横向联合、纵向衔接、优势互补。

一是义务教育和高中教育协同共进。义务教育方面，与中国教科院共同制定《长春市推进义务教育优质均衡发展实施方案》，确定二道区、绿园区、净月区（含莲花山）为先行区。普通高中方面，围绕"3+1+2"高考模式要求，深化"三新"改革，推动"双新"国家级示范区、示范校建设。

二是学生减负和课堂增效双向发力。扎实开展联合教研行动、作业创新能力提升行动、管理效能优化行动、作业成果转化行动，全面提升课堂教学改进与作业设计专业化水平。我市"双减"工作成效得到省教育厅专函表扬，省人大、市人大、市政协给予充分肯定，被省政府发展研究中心写入研究报告。

三是控辍保学与特殊教育全面保障。实施"双线三包"，完善送教机制，实现控辍保学由动态清零转向常态清零。制定完善《长春市"十四五"特殊教育发展提升行动计划》，全市共推选 35 人及其作品参加省特殊教育教师教学基本功展示和融合教育教学典型案例评选。

四是教学改革和教育评价走向深入。我市特色的学习中心课堂、项目学习（STEAM）、高阶思维教学、深度学习等教学改革不断深化，开展长春市首届基础教育教学成果奖评选，择优推荐 60 项成果参评省级和国家级奖项，推荐 85 人入选全省中小学教材专家库。紧扣区域、学校、学生多个维度，实施区域义务教育优质均衡发展评估、学校教育综合质量监测评估和学生综合素质评价，促进区域优质均衡、学校高质量办学和学生全面发展。

（二）现阶段尚需改进的问题

一是区域间教育资源仍需统筹布局。随着城市化进展的不断提速，社会公共服务体系还相对滞后，教育网点布局规划、教育服务半径等相比群众对优质资源的需求还有差距，城市与农村、主城区与开发区的协同发展还有待加强。

二是师资队伍建设水平仍需进一步提高。一方面，在人员结构上还存在教师结构性缺编问题，特别是农村义务教育师资队伍水平相对薄弱，难以跟上课程改革步伐。另一方面，在教师业务能力水平上，农村教师的理论研究深度还不够，城区教研队伍对口支援的力度还需进一步加大。

三是普通高中"三新"改革仍需向纵深推进。在国家全面启动实施新课程新教材工作后，各高中学校已经按照"一校一案"策略稳妥推进，但在课程建构、教学改进、德育创新、评价改革等方面所做出的多维度、多层面深入探索还不够，还没有形成具有"长春特色"的课程改革实践模式。

在下阶段的工作中，必须加快构建城乡一体化、公民一体化、家校一体化、"五育"一体化、线上线下一体化的发展格局，深度聚焦区域协调发展、学校特色发展、教师专业发展、学生全面发展等方面，切实强化大学区管理改革措施，推动老牌学校振兴发展，全面提升基础教育基本公共服务能力和综合治理能力，为教育高质量发展保驾护航。

主要成员：唐名刚　金锦英　戚廷超　闫小萌　郑保莲（长春市教育局）

执　笔　人：戚廷超

特殊群体保障篇

弱有众扶，普特共生
促进区域特殊教育融合发展

特殊教育是整个教育体系中不可分割的一部分，特殊教育对象是教育对象中更需付出厚爱与偏爱的弱势群体，没有特殊儿童的健康成长和幸福生活，何谈办好人民满意的教育？随着对特殊教育发展认识的不断提高，为每个特殊儿童提供最适合教育的呼声越来越大，实现特殊教育融合发展的重要性日趋上升。本文就是基于以上理解，进一步拓展融合教育的内涵和外延，使我区每一名特殊儿童都能通过不同的渠道融入正常人群中，实现特殊教育的融合发展。

一、问题的提出

教育改变命运，融合教育对于特殊儿童尤是如此。当前，从国内外研究看，融合教育作为一种新的思想出现在国际特殊教育领域，各国都大力关注特殊教育的发展，让有特殊需要的儿童走进主流教室、回到普通学校接受普通教育，让特殊教育从隔离走向融合，已成为助力教育脱贫攻坚、落实控辍保学的有效途径；已成为践行残健共长、普特共生培养目标的重要举措；已成为推进教育公平，答好"融合育人"答卷的必要保障。虽然各地通过政策保障、制度保障和措施保障，已取得了不同程度的成效，但受诸多因素的影响和制约，特殊教育融合发展仍存在随班就读落实难，送教上门操作难，特殊学生出路难的"三难"

问题，现将形成的原因剖析如下。

（一）政府统筹规划不到位，特殊资源供给不足

加大特殊资源供给是推进特殊教育融合发展的必要前提，目前特殊教育资源供给不足是特殊教育发展中存在的普遍性问题。硬件设施配备不足影响特殊儿童鉴定评估，经费得不到有效保障制约着特殊教育健康发展。

（二）部门联动机制不到位，合力推进力度不够

特殊儿童健康成长关系到千家万户的幸福，需要多部门齐抓共管，密切配合，打好组合拳。目前部门间缺少对特殊教育综合管理、联合推进的举措，且部门间的责权不清，制约了特殊教育融合发展的进程。

（三）融合教育宣传不到位，普特共长氛围不浓

从社会层面来讲，公众对融合教育的意义和重要性认识不够，对特殊儿童的健康成长理解不够，普通学生对生命的平等认识不深，甚至对特殊儿童存在着歧视的现象，普通家长对特殊儿童随班就读方式不认同。

本研究以着力完善保障机制，积极优化服务体系，有效提升服务质量为研究策略，以办好每一所学校、教好每一名学生，幸福每一个家庭，为每个特殊儿童提供最适合的教育，构建一个也不少的高质量教育体系，实现弱有众扶、普特共生，促进区域特殊教育融合发展为首要任务，探索出了以普带特、以特促普、残健共长的特殊教育融合发展新模式，这些实践成果，为长春特殊教育融合发展提供了"汽开"方案。

二、解决问题的过程与方法

为真正实现让特殊儿童回归学校，让普通学校回归全面育人，汽开区以"三维驱动""课题带动""部门联动"为实施策略，扎扎实实地开展了区域特殊教育融合发展的实践探索。

（一）实施场域驱动策略，着力构建"三维"特殊教育发展格局

按照国家、省、市特殊教育相关文件精神，科学制定了《长春汽车经济技术开发区"十四五"特殊教育行动计划》。按照"一生一案"要求，本着以普带特、以特促普的原则，通过特教学校、"指导中心"、康复机构等多种场所，构建了"三维"特殊教育发展格局。通过实施三维驱动，整合家庭、学校、社

会三方力量，利用家长会，每学期组织 1—2 次家长培训，引导家长理解、支持残障儿童随班就读，为每一名适龄残障儿童提供最适合的安置、最暖心的服务、最专业的帮扶，实现"一个也不能少"的教育目标。

（二）实施课题带动策略，合力打造"三融合"特殊教育发展范式

本着"科研立特""科研兴特""科研强特"的原则，我区深入挖掘引领区域特殊教育发展元素，厚植助推特殊教育发展根基，以"特殊教育融合发展的策略研究"为题，进行了立项研究（长春市基础教育质量提升三期工程专项课题），实施"调查研究—聚焦问题—整体设计—重点突破—提升经验"的研究措施，采取"自下而上"与"自上而下"相结合的研究策略，运用文献研究、调查研究和行动研究等研究方法，积极打造"社教融合""医教融合""高特融合"的"三融合"特殊教育发展范式。

1. "社教融合"

为使残疾儿童在身体与心理全方位融入集体、融入社会、融入正常交流，我区定期组织学生参与社区活动，促进学生身心康复，促进社区实现社会公正，真正实现教育公平发展，形成学校、社区和家庭三位一体的特殊教育发展势态。

2. "医教融合"

成立了"长春汽车经济技术开发区特殊教育专家委员会"，聘请吉林大学第一医院发育行为儿科主任贾飞勇教授为汽开区特殊教育专家委员会医学专家。贾飞勇教授定期对汽开区家长、教师进行讲座培训，从医学的角度进行干预、康复、训练，并带领专家团队对汽开区残疾儿童进行鉴定评估，形成了专家＋特师＋普师＋家长协同共育的融合发展模式。

3. "高特融合"

从合作育人、合作培训、合作就业等多方面与长春师范高等专科学校特殊教育学院签订战略合作协议，聘请长春师范高等专科学校特殊教育学院院长冯晓华为汽开区特殊教育专家委员会专家，冯晓华院长带领专家团队，定期对汽开区开展特殊教育教学、师资培养、科研课题等方面进行专业指导，确保每一名残疾儿童均享有公平有质量的教育，让每一个残疾儿童都能健康生活、快乐成长。

（三）实施部门联动策略，努力探索"三双"特殊教育发展路径

采取家校合育、社会联动、多元共治等有效措施，推动普通教育、职业教育、

医疗康复与特殊教育融合发展,打造"双基地",创建"双中心",实现"双拓展"。

1. 聚合力,打造"双基地"

一是与长春师范高等专科学校特殊教育学院结成战略合作联盟,把汽开区特殊教育"资源与指导中心"打造成长春师范高等专科学校特殊教育学院学生实习基地,长春师范高等专科学校特殊教育学院学生定期或不定期到基地进行实习;二是与汽开区关工委、汽开区残联合力推进,协同创办了汽开区大龄残疾学生就业指导基地。

2. 促提升,创建"双中心"

一是创建汽开区特殊教育资源与指导中心,对全区随班就读、特教辅读、送教上门工作进行常规管理、业务指导与监测评估;二是创建汽开区特殊教育师资培训中心,聘请汽开区星言童语培训学校校长韩韬、副校长冯立秋为汽开区特殊教育兼职教研员,对区域特殊教育教师进行定期培训,实施按需施训,菜单指导。

3. 强保障,实现"双拓展"

与汽开区关工委和爱心企业齐抓共建,联盟协作,实现了"双拓展"。一是特殊教育向学前教育拓展,开设特殊教育学前班,公办、校办、民办各选取1所幼儿园作为试点,特殊教育学前班幼儿由特教教师带领,每周2次到普通幼儿园,实施"双师互动""双赢双进",引领特殊儿童与正常幼儿共同游戏、共同生活、共同成长,积极探索资源共享、团队共建、课程共研、发展共商的特殊教育融合发展新范式。二是特殊教育向职业教育拓展,在汽开区关工委的大力协助下,与一汽富维冲压件厂、天合富奥汽车安全系统(长春)有限公司、一汽大众汽车有限公司、一汽线束厂、大众一汽发动机有限公司、中国中车集团有限公司、长春鼎丰真食品有限责任公司等单位达成协议,在汽开区残障学生就业指导基地进行职前培训后各项指标符合要求的残障青年,就手工艺品制作、残疾人网红孵化、洗衣工厂等方面积极向大龄特殊学生推荐就业岗位,实现自主就业与劳动派遣双功能结合,让他们融入社会,做到自食其力。

三、成果的主要内容

高位的统筹,专业的引领,部门的互助,扎实的推进,使我区"弱有众扶,

普特共生 促进区域特殊教育融合发展"的课题研究卓见成效。

（一）建立"三项制度"，为特殊教育融合发展蓄势赋能

1.建立了特殊教育联席会议制度，有效助力特殊教育融合发展

本着统筹规划、顶层设计、部门联动、精准切入、合力推进的原则，研究解决汽开区特殊教育发展中存在的真问题，有针对性地制定解决问题的真策略，确保区域特殊儿童获得真实惠，真正实现汽开特殊教育的优质融合发展。汽开区成立了由汽开区管委会分管教育的副主任担任召集人，由区党群工作部、区党政办公室、区财政局、区规划局、区经济发展局、区社会事业管理局、区民政局、区卫健局、区街道办事处等部门负责人组成的《汽开区特殊教育发展联席会议制度》（长汽开管发〔2021〕91号）。联席会议原则上每年召开1—2次，有急需解决的问题，可由召集人临时组织召开。自联席会议制度制定几年以来，共召开联席会议4次，解决难点、痛点、堵点问题3个，有效促进了我区特殊教育规范发展。

2.建立了特殊儿童信息共享制度，有效助力特殊教育有序发展

为实现数据共享、资源共享、经验共享，本着特事特研、特生特教、特教特办的原则，汽开区特殊教育联席会成员单位共同起草制定了《长春汽车经济技术开发区适龄残疾儿童工作台账》《长春汽车经济技术开发区义务教育阶段适龄残疾儿童入学指导意见》《长春汽车经济技术开发区义务教育阶段适龄残疾儿童缓学工作指南》，形成了群策群力、协调联动、互惠共赢、可持续发展的长效工作机制，确保了残疾儿童家长对残疾儿童入学政策了解"零盲区"，实现了义务教育阶段适龄残疾儿童入学"全覆盖"。

3.建立了特殊教育挂牌督导制度，有效助力特殊教育健康发展

办好特殊教育功在当下，利在千秋，是一项利国、利民的兴国伟业。为不断提升汽开区特殊教育发展水平，全力满足残疾儿童多样化教育需求，科学创建残疾儿童多类型、高质量的服务体系，写好特殊教育"奋进之笔"，助力长春国际汽车城双一流建设，真正做到弱有众扶、普特共生、残健共长，本着以督促评、以督促建、以督促发展的原则，汽开区制定了《长春汽车经济技术开发区特殊教育挂牌督导制度》，加强督导考核，将特殊教育工作纳入责任督学挂牌督导和年度目标考核，定期检查、定期考评，切实办好人民满意的特殊教育。

（二）健全了"三项保障"，为特殊教育融合发展擎柱架梁

1.健全了管理保障，建立多维立体安置体系

为让残疾儿童家长能够有针对性地选择最适合孩子接受义务教育的安置方式，真正做到因材施教、有教无类，汽开区建立了由特殊教育、普通教育、心理咨询、医疗康复多部门联合组成的专家团队，为汽开区建档立卡的每一名特殊儿童进行一对一地评估，一对一地把脉，一对一地诊断，为每一名残疾儿童提出切实可行的评估意见。评估意见以书面的形式反馈给每一名残疾儿童家长。对不具备学习条件的适龄残疾儿童，可以办理延缓入学或休学，父母或其他法定监护人提出申请，报教育行政部门备案。对有特殊需要的个体量身定制系统的、有针对性的教学计划，通过"小步子、多循环、螺旋上升"的方式，提供补救教学，满足有特殊需求学生的发展需要，提高学习效果，确保适龄残疾儿童接受有质量的义务教育。

一是随班就读。优先安排能够适应在普通学校学习的中轻度视力、听力、言语、肢体（含脑瘫）、智力（含孤独症）、多重残疾及其他残疾类型的适龄残疾儿童就近入学，对个别需要特殊关照的残疾适龄儿童，优先安排到辖区内有资源教室的学校就读，并提供有针对性的特殊教育支持和服务计划，做到一生一策、一生一档。

二是特校就读。对不能接受在普通学校与正常儿童一起学习的残疾程度较重或多重残疾的适龄残疾儿童，适时安排到特殊教育学校入学。也可以根据实际，安排到普通学校特教班入学。

三是送教上门。按照专家的评估意见，对具备一定接受教育能力，而又不能到特殊教育学校和普通学校与正常儿童共同就读的各类重度适龄残疾儿童，通过走访到街道、入户到家庭、奔赴康复机构等多种方式，为学生提供最适合、最精准、最有效的康复训练和教育指导服务。有条件的学校还通过远程教育的方式实施义务教育。通过线上＋线下、校内＋校外、家庭＋社区等方式方法，多管齐下、多措并举、多案并施，使我区适龄残疾儿童入学工作做到了有效落实、落地、落到位。

2.健全了经费保障，助力区域教育脱贫攻坚

汽开区财政局始终坚持把"加大对特殊教育投入，助力脱贫攻坚"作为最

大政治任务、最大历史使命和最大民生工程,积极调整优化支出结构,以教育脱贫为切入点,聚焦特殊教育资金预算优先保障,为区域教育脱贫攻坚持续发力、精准用力、积极助力。2022年汽开区教育局投入资金50万元,配备了评估康复设备。建立了特殊教育经费保障机制,优先资助残障学生,开通残障学生资助绿色通道。2021年受助学生涵盖学前、义务教育和高中三个学段,共计947人,受助资金171.2万元;2022年受助学生涵盖学前、义务教育和高中三个学段,共计1843人,受助资金396万元,实现了区域教育领域的脱贫攻坚,得到了社会各界和广大家长的高度赞誉。

3. 健全了关爱保障,让每个生命都绽放精彩

为全面提高汽开区特殊教育发展水平,实现汽开区特殊教育高质量发展,汽开区成立了《长春汽车经济技术开发区特殊教育资源与指导中心》(以下简称"指导中心")。"指导中心"隶属于汽开区教育局,下设办公室,办公室设在汽开区星言童语特殊教育学校,负责日常工作。"指导中心"始终秉承"全覆盖、全悦纳、零拒绝"的特殊教育发展目标,进一步完善外来务工子女的入学保障,加强留守儿童关爱服务体系建设,建立控辍保学监测机制、贫困学生资助机制、残疾儿童关爱机制、残疾儿童监护人教育指导机制,确保每名少年儿童均享有公平的教育,真正实现弱有众扶,普特共生,普特融合,让每一个生命都绽放精彩。

四、成果取得的效果与反思

(一)取得的效果

一是弱有众扶,实现了汽开残儿入学"零排队"的办学目标(指有学习能力的特殊儿童);二是有教无类,兑现了汽开残儿入学"零拒绝"的社会承诺(指有学习能力的特殊儿童);三是科学评估,践行了汽开残儿暂缓入学"零焦虑"的初心使命(指有学习能力的特殊儿童)。

凡是通过汽开区特殊教育专家委员会专家评估,认定具有学习能力的特殊儿童,根据特殊儿童不同的身体素质和家长的需求均进行了合理安置,对于暂时无法随班就读或送教上门的特殊儿童,可申请继续进行干预、康复训练,进行暂缓入学,克服了特殊儿童家长因孩子无法按时入学带来的焦虑,最大限度

满足了特殊儿童家长对孩子接受教育的意愿。我区现有适龄残障儿童85人，已完成教育安置85人，其中随班就读56人，特殊教育学校就读8人，辅读班就读3人，送教上门18人，安置率达到了100%，得到了广大家长和社会各界的高度认可。

"区域特殊教育融合发展的策略研究"开题报告会在吉林教育电视台播出；汽开区特殊教育工作经验《区域特殊教育优质融合发展研究思路与路径》在《吉林教育（综合版）》2023年第5期上发表。

虽然这些成果促进了我区特殊教育质量的进一步提升，为长春市特殊教育融合发展提供了可借鉴、可交流、可研讨的点滴经验，但受诸多因素的影响，还存在着一些不足之处和需要反思、完善、提升之处。

（二）反思与展望

一是本研究取得的成果仅限于教育理念、教学模式、发展路径、经验总结等方面，没有构建完整的特殊教育优质融合发展的理论体系，在统筹推进、普特结合、尊重差异、多元发展、政府主导、多方参与等实践层面没有形成体系化的发展范式。

二是因我区教育对象类型复杂（主要以智障儿童为主，兼顾部分脑瘫、情绪障碍、语言障碍、自闭症儿童），各种类型的特殊儿童身心发展特点不一样，个别化学习需要也不一样，不同课程的学科特点也不一样（如，学校开设了诸如语文、数学、语言康复训练、律动唱游、美术、康复游戏等课程）。加之我区没有专职特殊教育教研员，没有公办特教专业教师，导致学生的随班就读、特教辅读、送教上门服务的质量都在不同程度上受到了制约。

今后，从行政角度，充分发挥联席会的作用，科学制定提案，按要求招聘特殊教育专业的教研员，建立特殊教育专班，成立特殊教育联盟，实现专班指导、专家引领、联盟辐射、高品质提升。

总之，特殊教育事业是一项庞大而复杂的社会公益性事业。汽开区将站在落实党中央、国务院重大决策部署的高度，站在推进教育公平、办好人民满意教育的高度，站在长春国际汽车城"双一流"建设的高度，靠初心和爱心，潜心破解特殊教育难题，用真心和齐心做好暖心服务，坚持目标导向、问题导向和效果导向，集中力量破解特殊教育发展中的热点、难点和堵点问题，进一步拓展课题研究的深度、引领的高度和覆盖的广度，积极开辟新赛道，增强新动能，做出新业绩，树立大教育观、大科研观、大课题观，完善更适合的融合课程体系，拓宽更广阔的残儿成长空间，提供更生态的特殊教育环境，让每个孩子都能享受到公平、高质量的教育，让每个孩子都绽放光彩。

[参考文献]

[1] 国务院办公厅. 关于转发教育部等部门"十四五"特殊教育发展提升行动计划的通知[EB/OL]. http://www.moe.gov.cn/jyb_xxgk/moe_1777/moe_1778/202201/t20220125_596312.html,2021-12.

[2] 吉林省人民政府. 关于印发吉林省"十四五"残疾人保障和发展规划的通知[EB/OL]. http://www.jl.gov.cn/szfzt/xwfb/xwfbh/xwf-bh2021/jlsdssjrmdbdhdychy_385953/wzzb/202110/t20211015_8248591.html,2021-10.

[3] 长春市人民政府. 长春市"十四五"残疾人保障和发展规划[EB/OL]. http://www.changchun.gov.cn/zw_33994/zfwj/szfwj_108293/202201/t20220110_2970883.html,2021-12.

[4] 赵婷婷. 我国融合教育研究热点主题及发展趋势探析——基于中国知网的Cite Space分析[J]. 教育观察,2020,9(47):25-28.

[5] 芦燕云. 践行融合理念,拓展特校职能[J]. 现代特殊教育,2016(17):19-20.

主要成员：王春锋　耿艳华　祁伟　孟灵利　张立宁（长春汽车经济技术开发区教育局）

执 笔 人：耿艳华　祁伟

民办教育研究篇

"12355"工作法助推长春市民办学校党建工作高质量发展

一、问题的提出

（一）新时代加强民办学校党建工作的时代背景

教育是国之大计、党之大计，深入加强党对教育的全面领导是办好人民满意教育的根本保证。为了落实全面从严治党要求，切实加强党对民办学校的领导，2016年中共中央办公厅印发了《关于加强民办学校党的建设工作的意见（试行）》；2020年中组部等五部门联合印发了《民办学校党建工作重点任务》；2021年《中华人民共和国民办教育促进法实施条例》重新修订，继续强调"民办学校应当坚持中国共产党的领导"；2022年党的二十大报告中指出，"引导规范民办教育发展""坚持大抓基层的鲜明导向……持续整顿软弱涣散基层党组织，把基层党组织建设成为有效实现党的领导的坚强战斗堡垒"。

（二）选题的缘由

1. 加强民办学校党建工作的意义

民办学校作为中国特色社会主义教育事业的重要组成部分，同样承担着为党育人、为国育才的重任。加强民办学校党的建设，对于全面贯彻党的教育方针、坚持社会主义办学方向、落实立德树人根本任务，具有重要意义。加强党的建设是民办中小学校坚持社会主义办学方向的根本保证，是民办学校稳定团结的基础，也是民办学校健康发展的内生动力。

2. 民办学校党建工作存在的问题

近年来，我们以实施"扩面提质行动"为抓手，着力推动了全市民办学校党建工作快速发展，但民办学校党建工作仍存在四个方面的不足。

（1）党组织基层领导力不足。现阶段，少数学校党组织出现一定程度的虚化、边缘化现象。一些民办学校的出资人、办学者把全部精力放在教学管理、扩大办学规模以及招生工作上，没有给予党组织明确的决策权和领导地位。虽然近几年持续落实市委组织部和市委非公党工委部署要求，实行"双向进入、交叉任职"，但在重大事项上，存在"衬托决策""说不上话"和"插不上手"的现象，党组织没有起到应有的把关作用。由于党组织领导地位在民办学校并不突出，很多工作受到学校董（理）事会和行政部门的限制，不能直接开展，也导致党组织负责人出现一定的"畏难"情绪，工作不知如何下手，基层党组织战斗堡垒作用发挥存在瓶颈。

（2）党组织标准化、规范化建设不足。市属民办学校中还有少数学校未建立党组织，区属民办学校中培训机构和幼儿园的党组织覆盖率相对低，党的工作还未能做到"全覆盖"。部分民办学校抓党建工作的内生动力不足，党组织标准化、规范化建设仍是薄弱环节。虽然建立健全了"三会一课""谈心谈话""民主评议"等各项制度，但在实际执行中存在质量不高，执行普遍存在走形式、老套化、不规范等问题。对民办学校党建工作管理存在大轮廓、粗线条的弱点，以"下发通知、上报材料"为主要工作方式，缺少精细化管理和闭环式考核，智能化管理仅停留在党统信息方面，党建数字管理应用程度较低。

（3）党建资源配置不足。长春市民办学校发展不均衡，实力参差不齐，可运转的资金和可使用的土地主要用于保障正常的教学运转、扩大办学规模上，投入党建工作的资源极其有限。没有专门的党建活动阵地，组织生活形式相对呆板，活动载体不丰富，质量不高，吸引力不够，活动效能不足。

民办学校资源分散、各自为政、个体力量单薄，组织资源、信息资源、人力资源等相比公办学校都有很大差距。特别是"双减政策"的颁布，对于民办学校规范发展提出更高要求。民办教育发展要想打破僵局，一方面需要民办学校内部抱团取暖、整合资源、合作共赢，另一方面需要公办学校或其他领域的力量以党建联盟为纽带，给予民办学校支撑扶持，助推民办学校渡过难关。

（4）党建工作内涵建设不足。民办学校对党团队建设工作缺少细致深入的研究，学校的党团队红色课程资源匮乏、形式单一，课程再开发止步不前。大多数民办学校党建工作存在着"重干轻研"的风气，缺少对日常党建工作的梳理和提炼，缺少积极探索和创新精神，党建课题研究工作存在空白，没有形成学校的特色党建品牌。

二、解决问题的过程与方法

针对民办学校党建工作存在的四点不足，着力于"四力提升"（见图1），进行了积极探索。

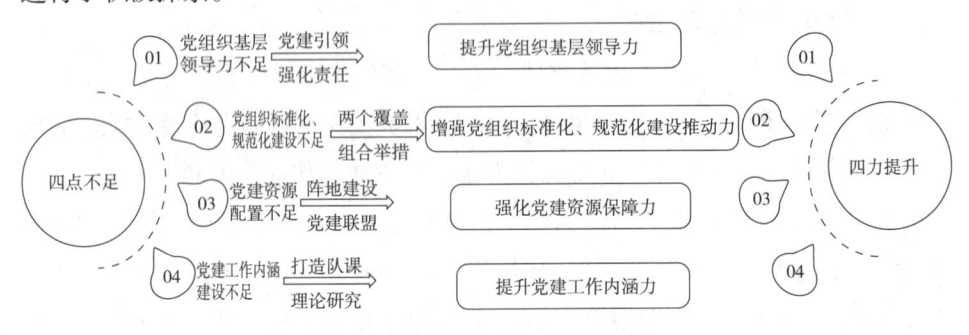

图1 存在问题和研究过程框架图

（一）聚焦政治功能，强化责任担当，提升党组织的基层领导力

1.组织基层党组织学习贯彻落实党的二十大精神

为了强化党组织政治功能，提升党组织的基层领导力，长春市民办学校党建工作促进中心（以下简称"中心"）以党的二十大召开为契机，组织市属民办学校党组织开展学习宣传贯彻党的二十大精神相关活动。

一是组织以"看品牌 学标杆 促提升"为主题的参观学习活动。中心组织市属民办学校党组织书记到北京盈科（长春）律师事务所学习五星级社会组织党建工作先进经验和做法。二是开展以"学习二十大 永远跟党走"为主题的二十大精神进校园活动。利用民办学校党建工作宣传群，进行党建"每日分享"，发挥党组织的政治引领作用。三是组织开展"贯彻二十大精神 强国复兴有我"主题校园活动。为推进党的二十大精神进校园、进课堂、进头脑，组织民办学校党组织开展主题宣讲活动、网上主题教育活动、各类教学和文体活动等。四是开展以"贯彻二十大 为民办实事"为主题的民生纾困活动。从群众的"急难愁盼"出发，组织民办学校党组织将对党的二十大精神的学习转化到对全心全意为人民服务宗旨的践行上。中心采取调查研究法、案例研究法，探索以学习贯彻落实党的二十大精神来强化党组织的政治功能，推动民办学校在保证政治方向、凝聚师生员工、推动学校发展、引领校园文化、维护安全稳定中展现基层党组织战斗堡垒和党员先锋模范作用。

2. 推动党的建设有关内容写入学校章程

通过调查了解到，民办学校办学章程存在不规范、党建内容缺失等问题，中心组织市属民办学校进一步修订完善学校章程，将党组织的设置形式、地位作用、职责权限、参与决策和党务工作机构、人员配备、经费保障等内容写入学校章程。开展办学章程审查核准，对学校章程中有关党的领导、党的建设等内容进行严格把关，与民办学校负责人约谈，责令对存在的问题进行整改。最终市属民办学校党的建设有关内容规范进入学校章程，民办学校坚持党的领导和依法治校有机统一，党组织的领导地位得到提升。

3. 健全党组织参与决策和监督制度

坚决落实"双向进入、交叉任职"制度。通过对市直属民办学校党组织书记（副书记）信息摸排，对不符合班子成员与学校决策层、管理层"双向进入、交叉任职"制度的学校进行通报，要求限期整改。指导民办学校明确党组织参与管理工作职责，并按要求落实。

持续开展"双向承诺"活动。每年年初，落实市委组织部和市委非公党工委的《关于推进"双向承诺""五化"建设的通知》，推动党组织围绕思想政治引领、助力健康发展、建设先进文化、维护合法权益、团结凝聚职工、加强自身建设六个方面内容，向学校承诺；学校围绕工作支持、活动支持、保障支持三个内容，向党组织承诺。通过党组织与所在学校开展定诺、亮诺、践诺、评诺活动，让党组织和学校明确方向、任务和目标，形成"相互支持、相互促进"的良性工作机制。为了增强"双向承诺"的实施效力,中心做好定诺把关、亮诺监督、践诺测评、评诺考核工作。

通过跟踪调研和案例分析,我们了解到吉林省长春现代管理学校、长春市清蒲中学、长春国际经济贸易职业中专等市属民办学校党组织在学校发展规划、教学改革、思想政治教育、人事安排和师生员工切身利益等重大事项上参与讨论研究及政治把关,基层领导力获得有效提升。

(二)着力"两个覆盖",实施组合举措,增强基层党组织标准化、规范化建设推动力

利用调查研究和行动研究,实施民办学校党支部建设提升行动,建立基层党组织常态化考核机制,推动党支部建设常态工作流程化、基础工作规范化。

1. 实施"两个覆盖"攻坚行动

针对民办学校党组织组建率低、党的工作覆盖质量不高等问题,继续实施"两个覆盖"攻坚行动。按照"应建必建、能建则建、未建则派"的原则,指导帮助长春文理高中、长春日章学园高中、长春力旺高中、长春益民创新创业职业学校、长春净月资源管理中等职业学校等建立党组织;进一步压实责任,2022年推动各县(市)区符合条件的民办幼儿园和培训机构建立党组织19个;推动没有党员的学校通过派驻党建指导员的方式开展党的工作,抓好党的工作覆盖,中心成为指导市属民办中小学校建立党组织和开展党建活动的重要基地。

2. 实施"党建云工程"

针对民办学校点多面广线长、党务工作不规范、管理考核不到位等问题,中心参照新时代吉林党支部标准体系(BTX)标准化、规范化、信息化"三位一体"的建设思路,打造"红烛先锋"长春市民办学校党建云平台,助力党建工作全覆盖,实现对民办学校党建工作智能管理。一是实时更新数据。学校通过党建驾驶舱实时维护党建数据,后台自动生成数据报表,做到信息实时更新。二是科学研判分析。智慧云图可根据地理位置、办学性质、党员人数等条件,为党组织覆盖提供策略支撑。三是远程管理指导。民办学校开展的三会一课,双向承诺等日常党务工作上传至云平台,管理方能及时掌握学校党建工作开展情况,随时线上指导学校党建工作,并进行考核评价,推进基层党组织标准化、规范

化建设。

3. 开展"评星定级"工作

立足于行动研究和案例分析，中心自2021年起每年均在市直属民办学校范围内组织开展党建工作民办学校星级评定（复审）工作。运用"七步考核工作法"落实考核工作。目前有9所学校获市委组织部颁授的星级党组织荣誉称号。通过星级评定（复审）工作，切实强化对市属民办学校的动态管理，从而持续激发民办学校抓党建工作内生动力。

（三）打造活动阵地，实施党建联盟，强化民办学校党建资源保障力

针对长春市民办学校没有专属的党建活动阵地，部分民办学校党建力量薄弱等问题，中心开展实验研究，整合内部外部资源，为民办学校发展助力。

1. 实施党建宣讲"三三联动工程"

利用中心"星火传承筑梦厅""百年辉煌党史厅""培根铸魂信仰厅"三大展厅，开展少先队史、共青团史、党史和信仰教育，构建"非常3+1"思政教育课程。组建"两红一青"宣讲团队，成立由党建专家组成的"红色专家"宣讲团，由老红军、老党员组成的"红色先锋"宣讲团，宣讲党的理论知识、党的二十大精神、英雄模范故事等。实施"青葵"少年解说员培养计划，提升少年参观者接受宣讲教育的实效。实施三种宣讲方式，除了开展阵地宣讲和实施"送课到基层"的思政教育推进行动，中心还在微信公众号上开设了"信仰讲堂""英雄讲堂"，打造了数字展馆，让更多人足不出户就能实现红色文化触屏可及。通过"请进来""走出去"和"云宣讲"，拓宽中心对民办学校思政教育渠道，开展早教育、早传承、早培养"三早"育苗工程，帮助青少年扣好人生第一粒扣子。

2. 开展组织生活定制工作

整合中心"四区、五厅、六空间、一长廊"空间资源，创新主题党团队日形式，通过一站式服务厅、预约热线、微信公众号等方式开展订单式服务，为民办学校定制多款组织生活套餐和自助餐。利用齐贺政治生日、重温入党誓词、分享入党经历、上好思想党课、共唱经典红歌、书写初心语录、聆听书记寄语等载体，开展党团队主题活动，提升民办学校组织生活效力。

3. 实施"党建联盟"工程

针对民办教育发展不均衡、"单打独斗"难成合力的问题，以"凝聚党性力量，服务教育发展"为宗旨，结合基层民办学校党建工作与持续发展需求，着力打造党建联盟工作模式。中心对四家"党建联盟"开展案例研究，对五星级社会组织长春市柏辰艺术中学和长春市联合外国语职业学校开展的"同心同行 共沐书香"爱心捐书活动、长春市汽开区星言童语特教学校和哥伦比亚幼教集团开展的"与爱同行 点亮星空"公益双向合作揭牌活动、市属民办学校与北京盈科（长春）律师事务所开展的"联建强堡垒 共建促发展"党建共建活动、对吉林省长春现代管理学校与吉林省女子强制隔离戒毒所的"法治教育宣传基地"共建活动进行了跟踪研究。这些"公民联建""民民合建""跨领域共建"等区域综合党建载体，促进了强强互动、资源互补、以强带弱、对口帮扶，推动了党建工作集群式、共享式发展。

（四）打造精品课程，开展课题研究，提升民办学校党建工作内涵力

中心和民办学校未来发展不能仅停留在人数增长、规模扩大等外延式发展上，更要侧重结构优化、课程开发、理论提升和品牌塑造的内涵式发展。

1. 打造优质少先队课程

为持续深化"党建带团建、党建带队建"工作机制，构建"党团队一体化"育人链条，中心全力打造"队旗引领成长，红色点亮未来"系列精品队课，构建"红色引领＋实践养成＋价值观塑造"的培养模式，集课堂教学、实践活动、跟踪培养为一体的特色课程体系。在课程建设过程中做足"三个精功夫"。一是精选课题。把握历史脉络，紧扣时代主题，讲好红色故事。二是精心备课。依据少年身心发展规律设计课程环节，将队课教学与实践活动有机结合，寓教于乐。三是精准跟踪。通过课后问答、自由讨论等形式分享学习心得，加强学思结合。通过实施"三三联动队课建设工程"，不断涌现出一批优秀的队课。

2. 开展党建课题研究

加强内涵建设，紧紧围绕省委、市委组织部和市民办教育行业委员会中心工作，着力探究解决民办学校基层党组织政治建设、思想建设、组织建设、作风建设等存在的重难点问题。中心内部组织党建课题立项培训，开展课题研究，提炼党建引领"平战结合"基层治理工作经验，总结提升民办学校党建工作质

量的策略路径，着力打造中心"2121葵阳里"党建品牌。对外组织市直属民办学校梳理党建成果，挖掘党建特色，开展课题研究，申报党建品牌。在研究破解重点难点问题的过程中，把理论与实践紧密结合起来，立足实践应用，突出实践价值，形成富有成效的党建理论经验。

三、成果的主要内容

本着落实上级要求、着眼发展需求、解决现实问题、切实加强党对民办学校全面领导的总体思路，中心根据实践探索提炼出"三主"发展目标和"12355"工作法，该工作路径对于提升民办学校党建工作水平具有可复制和推广的借鉴价值。

中心秉承"引领、凝聚、服务"的工作宗旨，强化"政治引领、力量凝聚、教育培训、保障服务、理论研究"五大功能，锚定打造"三主"发展目标，即"党建活动主阵地""民办学校主心骨""党建品牌主力舰"。实施"12355"工作法："1"，聚焦"党建引领"一条主线；"2"，实现党的组织和党的工作"两个有效覆盖"；"3"，统筹党组织、共青团、少先队三阶梯政治链条一体化发展；"5"，实施助力学校发展的"五心工程"；"5"，实施理论研究"五个一工程"（见图2）。

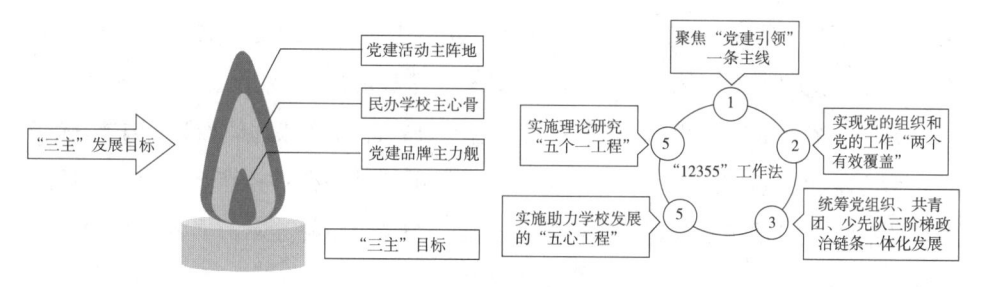

图2 研究成果框架图

（一）打造"三主"发展目标具体阐释

"三主"："党建活动主阵地""民办学校主心骨""党建品牌主力舰"。

"党建活动主阵地"：中心构建了"四区、五厅、六空间、一长廊"的整体格局，为民办学校提供组织生活活动阵地。

"民办学校主心骨"：负责协调推进全市民办学校党组织建设，为民办学校党建工作、教育教学资源使用提供服务保障，把基层党组织建设成服务群众、凝聚人心、化解矛盾、促进和谐的坚强战斗堡垒，以高质量党建助力民办学校高质量发展。

"党建品牌主力舰"：中心是全国首家具有独立编制的民办学校党建工作促进中心，着力打造全国首家民办学校党建示范点，创建"2121葵阳里"党建品牌，争当行业"主力舰"。

（二）"12355"工作法具体阐释

"1"：聚焦"党建引领"一条主线。"党建引领"是指导全市各级各类民办学校深化党的建设工作，发挥党组织政治功能，在保证政治方向、凝聚师生员工、推动学校发展、引领校园文化、维护安全稳定中发挥党组织战斗堡垒和党员先锋模范作用。

"2"：实现党的组织和党的工作"两个有效覆盖"。指导推动各县（市）区、开发区教育行政部门推进民办学校党的组织、党的工作有效全覆盖，推动市直属民办学校基层党组织标准化、规范化建设。

"3"：统筹党组织、共青团、少先队三阶梯政治链条一体化发展。向民办学校提供党团队日等组织生活定制，构建"三三联动宣讲体系"，打造红色专家、红色先锋、"青葵"少年解说员三个宣讲团队，采取"请进来""走出去"和"云宣讲"三种宣讲形式，开展少先队史、共青团史、共产党史和信仰教育，宣讲党的理论知识和建设成果。实施"三三联动队课建设工程"，利用"红色引领＋实践养成＋价值观塑造"三种培养方式，做好课程建设过程中精选课题、精心备课、精准跟踪"三个精功夫"。协助推动民办学校建立工会、共青团等群团组织，以党建带群建，以群建促党建，为党组织补充新鲜血液，培养后备力量。

"5"：实施助力学校发展的"五心工程"。"向心工程"：党政一心，汇聚合力谋发展，深化过硬党支部建设，以提升民办学校基层组织力建设为重点，深化党组织、党员管理，汇聚民办学校高质量发展强大正能量。"凝心工程"：深入贯彻落实党建引领"平战结合"基层治理体系建设，组织民办学校党组织设立党员责任区、党员先锋岗、党员突击队等，践行党员初心使命，发挥党员先锋模范作用，充分发挥民办学校党组织的政治核心和战斗堡垒作用，增强民办学校的内部凝聚力。"入心工程"：组织民办学校党组织深入学习贯彻习近平新时代中国特色社会主义思想，组织党组织负责人、党务工作者和党员开展党性教育、党的理论知识和党建业务知识培训，使广大党员教师强化理论武装，坚定理想信念，锤炼党性修养，筑牢党性根基。"暖心工程"：强化问题导向，解决基层需求。为民办学校提供政策、法律、心理咨询和志愿填报指导；为民办学校召开大型会议、开展教育培训、举办汇报演出提供场地空间；借助中心公众号、民办教育发展长廊为民办学校创设对外宣传窗口；定期开展"走基层、办实事"走访活动，了解学校发展瓶颈和办学需求，帮助解决"急难愁盼"等实际问题。"同心工程"：组织协调学校与公办学校、社区、相关企事业单位开展联建、共建活动，推动建立"党建联盟"区域综合党建平台，同心协力，共谋发展。

"5"：实施理论研究"五个一工程"。开展民办学校党的建设理论和实践研究。组建专家团队，组织问题调研、追踪指导、交流研讨、成果认定等系列活动，在民办学校内逐步实现"带一支队伍，抓一批项目，出一批成果"的发展目标，形成"一区一特色，一校一品牌"的党建新格局。

四、成果取得的效果与反思

（一）成果取得的效果

1.潜心研究促成长，理论实践双丰收

作为党建研究工作者，对马克思主义的真信、真学、真懂、真用是检验工作的基本标准。自中心成立以来，我们始终坚持知行合一，理论与实践相结合，将党建研究工作当作一门科学来对待，一边实践，一边提炼，将"向前跑"和"回头看"相结合。在研究过程中，我们坚持理论学习，丰富党建知识，通过各种渠道了解全国各地成熟的公办或非公党建工作经验，通过各种方法开展课题研究，增长了理论知识，增加了调研经验，提升了研究水平，更坚定了马克思主义信仰，"12355"工作法也让中心正在向"带一批队伍，出一批成果"的发展目标迈进。

2.对症下药破难题，发展党建共促进

（1）基层党组织的领导力显著提升。通过党的二十大精神宣传贯彻系列活动，基层党组织加强了思想理论武装，发挥了政治传导功能，展现了敢为敢当、善作善成的新气象，更好担负起新时代新征程赋予的新使命。规范民办学校办学行为，将党的建设有关内容写入学校章程，健全党组织参与决策和监督制度，强化了"双向进入、交叉任职"的落实，增强了"双向承诺"的实施效力，很好地回答了"培养什么人，怎样培养人，为谁培养人"这一根本问题。强化监督管理种种举措，使基层党组织的政治功能发挥得更充分，领导力显著提升。很多民办学校基层党组织已经成为服务群众、凝聚人心、化解矛盾、促进和谐的坚强战斗堡垒。

（2）基层党组织标准化、规范化建设显著增强。开展"两个覆盖"攻坚行动，帮助符合条件的民办学校建立党组织，推进长春市民办学校党组织全覆盖。发挥数字党建的优势，打造"红烛先锋"党建云平台，全方位、立体化展示民办学校党建工作情况，实现党的建设指导、组织、管理和服务方式有效转变。星级评定（复审）工作切实用优胜劣汰、星级升降的方式强化了星级民办学校的争先意识和危机意识，持续激发民办学校抓党建工作内生动力。

（3）基层党组织党建资源显著拓展。中心打造爱国主义实践教育阵地，为民办学校提供"四区、五厅、六空间、一长廊"，使民办学校师生有了专属的组织生活活动阵地。在此组织开展高质量主题党日活动，引导党员教师忆初心、守初心、践初心，激励青少年从小学先锋、长大做先锋，充分发挥了红色文化元素对民办学校"五类群体"的政治滋养作用。党建联盟的建立为民办学校找到了合作共赢的伙伴，改变了"单打独斗"的局面，拓展了破除困难的资源，注入了强劲发展的动能，增强了民办学校规范、健康发展的信心。

（4）民办党建工作内涵建设有所加强。中心参与研究吉林省教育科学十四五规划重点课题"集优集群促进基础教育高质量发展的实践研究"，完成党建课题立项2项。组织市属民办学校先后打造"党旗下的蒲公英""长春文理 久久党建""健行先锋""三心党建""一面旗 双联合 创技艺 育新才""春雨润新芽，走好育人路""赓续红色基因 映耀红烛星光"等十个党建品牌。正在开发"队旗引领成长，红色点亮未来"系列精品队课。中心先后被团省委、团市委和市委宣传部授予"吉林省青少年爱国主义教育基地""长春市少先队校外实践体验活动阵地""长春市青年文明号集体"等荣誉称号,"2121葵阳里"党建品牌效应正逐渐形成。

（二）反思

1. 研究团队理论水平还需要提升

中心人员多数是来自教学一线的任课教师,更擅长宣讲教育,对党的理论知识掌握还不足,这也为研究过程和撰写理论研究成果带来一定困难,课题组成员的党建理论水平还需要提升。

2. 研究课题结合实践还需要精准

研究选题要坚持问题导向,精准落在"围绕发展抓党建、抓好党建促发展"的工作重点上。一定要把党建工作与中心工作"揉"在一起抓,找准党建引领的支点、党建与业务的结合点,不断把组织优势转化为发展优势,把组织活力转化为治理效能。这样"接地气"的课题研究反过来对基层党建工作更有价值。

3. 课题研究部分内容还需要深入

中心有活动阵地优势,为民办学校提供组织生活定制,工作做得富有特色,但在党团队课程开发方面探索尚浅,党建课题立项内容还需要丰富充实。

[参考文献]

[1]张琦浩. 从严从实开展党建课题研究[EB/OL]. http://www.rmlt.com.cn/2022/0830/655167.html,2022-8-30.

[2]夏韵. 国有企业基层党建工作"五四三"工作法及实践——基于渝兴公司党组织基层党务工作实践[J]. 党史博采（下）,2021（09）：37-38,60.

[3]孙洁华. 切实解决好国企基层党组织存在的"四化"问题[J]. 国企·党建,2020（2）：27-31.

[4]司海燕. 从"五个维度"入手,强化基层党组织的政治功能[J]. 党的生活,2018（08）：22.

［5］国网阳泉供电公司党委. "七个一"国企党建工作法探索与实践［EB/OL］. http://dangjian.people.com.cn/n1/2018/1114/c117092-30400704.html, 2018-11-14.

［6］刘献军, 李亮. 新时代加强民办中小学党建工作的必要性［J］. 教育实践与研究（C）, 2022（06）: 9-11.

［7］周欢. 上海民办高校建立"不忘初心、牢记使命"长效机制研究［J］. 上海党史与党建, 2021（01）: 81-84.

［8］刘亚光. 国有企业党支部标准化建设的问题与对策分析［J］. 神州, 2020（18）: 285.

主要成员: 马贺　孙瑞　隋红嫱　管文君　梁紫佳　梁猛（长春市民办学校党建工作促进中心）

执 笔 人: 隋红嫱　管文君

质量监测评价篇

小初高一体化学校"3-5-2"综合评价体系构建实践研究

一、问题的提出

随着基础教育改革的不断深入,教育评价也逐渐受到了广泛的关注,教育评价已成为衡量学校教育质量和学生学习成果的重要手段。传统的学校评价方式使用了相对标准化、模板化和数据化的评价标准,具有单一性和片面性,不能对学生的综合情况做出客观、具体的评价。在小初高一体化的学校教育中,综合评价更是一个重要的评价体系,旨在评价学生在不同领域的学习成果和全面素质。然而,在现实的学校教育中,评价往往起不到激励的作用,不利于学生的健康成长和核心素养的发展,不利于教师专业素养的提升和业务能力的提高。从德育评价、教学评价、教师评价三方面梳理,具体表现如下。

(一)当前学校德育评价存在的问题

德育评价容易受到主观因素的影响,评价标准不一致,不同评价者可能对德育的要求和评判标准存在差异,导致评价结果的不确定性和不公平性。只注重行为表现而忽视内在品质,现行的德育评价过于侧重学生的外在行为表现,如服从性、纪律性等,而忽视了学生的内在品质的培养,如自主性、责任感、道德情感等,这种评价方式容易让学生形成虚假的德育行为,而忽视了真正的德育效果。重结果而轻过程,即强调学生在德育活动中的成绩和表现,而忽视了学生在过程中的成长和发展，这种评价方式容易让学生形成功利心态，追求短期效果，而忽略了德育教育的本质，即培养学生的品格和道德素养。缺乏科学性和客观性，评价方法和指标缺乏科学的理论支持和实证研究，评价结果容易受到评价者主观意识和偏见的影响，引发争议和不公平现象。

（二）当前学校教学评价存在的问题

过分强调考试成绩，当前教育体制普遍倾向于以考试成绩评价学生和学校的教学质量，这导致教学评价过度依赖于标准化考试结果，而忽视了学生的综合素养和个人发展。缺乏多样化评价方式，主要依赖于书面考试和标准答案，忽视了学生的实际操作能力、创造力、批判性思维等其他方面的表现，这种单一评价方式无法全面准确地评估学生的潜力和能力，也不利于培养学生的创新思维和实践能力。忽视个体差异和多元智能，教学评价往往没有考虑到学生个体之间的差异和多元智能的存在，每个学生都有自己的学习方式和潜力，但评价体系往往只重视某些学科的表现，忽略了其他方面的发展。缺乏教师评价的客观性和科学性，教师评价在教学评价中起着重要作用，但目前的教师评价常常缺乏客观性和科学性。评价标准不够明确和一致，评价方法不够科学和全面，容易受到主观偏见和个人喜好的影响，这样的评价结果可能不准确、不公平，也无法提供有价值的反馈和改进建议。

（三）对教师评价的增值性赋能不够全面

评价指标单一化，目前的评价体系往往过于注重将学生考试成绩作为评价教师的主要标准，这种单一指标容易导致教师将教学重点放在应试技巧和知识灌输上，而忽视了学生的综合素养和个性发展。缺乏客观公正性，评价教师的过程和结果往往缺乏客观性和公正性，一些评价标准可能存在主观性和个人偏好，评价者的主观态度和偏见可能对评价结果产生影响，这可能导致一些教师因为个人关系或其他非教学因素而受到不公正的评价。评价过程的不透明性，评价教师的具体过程和标准往往缺乏透明性，教师难以了解评价的具体细节和标准，无法对评价内容提前做出准备或进行自我反思，缺乏透明性可能降低评价的公信力和有效性。过分强调评价结果，忽视了评价过程中的教师发展和提升，可能导致教师只关注是否达到评价标准，而忽视了教学过程中的创新和实践。缺乏全面性，现有的评价体系往往只关注教师的教学能力，而忽视了其他方面的能力和贡献，如教师的专业发展、师德师风和教育研究等，缺乏对教师全面素质的评价可能导致教师在其他领域的发展受到限制。

二、解决问题的过程与方法

（一）探索建立德育、教学和教师发展三维一体的评价体系

1. "新时代小初高一体化学校"德育活动评价体系

以德育目标理论、德育过程理论和德育效果理论等作为理论基础。德育目标根据社会主义核心价值观设定，过程注重家庭、学校和社会协同，效果关注学生发展。分小学、初中和高中三个学段，将学校德育环境、德育活动、教师德育能力、学生德育发展等作为评价对象。评价德育理念落实、德育制度建设、德育课程设置、德育教学效果、德育管理情况等内容。

2. "新时代小初高一体化学校"课堂教学评价体系

以课堂教学现代化理论、课堂教学效能理论等作为理论框架，注重师生互动，体现课堂教学的过程评价。将生本课堂的样态在小学、初中和高中三个学段的不同点挖掘出来，再将课堂环境、教师教学行为、学生学习行为等作为评价对象。评价教学目标实现、教学进程控制、教学方法运用、学习氛围营造、教学文化建设等内容。

3. "新时代小初高一体化学校"教师发展评价体系

不同学段的教师构成是有一定差异的，小学偏年轻化，女性教师占绝大比例；初中教师偏近中年化，教师性别比例有所均衡；高中教师中年化，教师性别比例趋于均衡，虽女性教师总体占比大，但有些学科男性教师已经明显占绝对比例。鉴于此，要以教师专业发展理论、教师生命周期理论等作为理论基础，关注教师长远发展，区分不同发展阶段。将教师教学能力、教研能力、工作表现、专业发展等作为评价对象。评价教师教学工作完成情况、教研工作开展情况、专业发展取得成效等内容。

德育活动、课堂教学和教师发展是实现对学生评价和教师评价的三维力量，其中教师是评价主体，课堂教学和德育活动是评价载体，教师要通过自身丰富的理论，基于学生在德育活动和课堂教学中的表现，甚至是基于学生对相关学科、领域的涉足对自身的充盈，进行赋能性、增值性评价。

（二）探索实施德育、教学和教师发展评价方法的有效途径

德育活动评价设置学校层面评价、年级层面评价、班级层面评价和个人层面评价等多层次。采用德育调查、德育测试、德育评估、德育 case 评价、德育 iterable 评价等多种方法，将定期评价和动态评价相结合。开发德育标准、德育指标、德育考核表、德育评语等评价工具。德育评价结果应用于德育决策咨询、德育活动改进、教师德育提高、学生德育定向辅导等方面。建立小学、初中和高中三个学段的不同的德育课程群，不断提高德育评价的科学性与实效性。

课堂教学评价设置单元层面评价、课时层面评价、环节层面评价、个人层面评价等多层次。采用课堂教学评估、教学检测、学生学习评价、教学反思等方法。根据小学、初中和高中三个学段的不同，采取定期评价和动态评价相结合的方式。如每个单元结束进行评价，每节课进行简短的评价等。开发课堂教学标准、教学观察表、教学评估表、学生学习评价表等评价工具。评价结果用于教学决策、教学方法改进、学习过程优化。建立课堂教学评价的反馈机制，不断提高评价的实效性，如听取学生和家长对教学的意见和反馈等。

教师发展评价设置个人层面评价、年级组层面评价、学科组层面评价和学校层面评价等多层次。采用教学评估、专业档案评价、发展访谈、同行评价等方法。根据小学、初中和高中三个学段的不同，开发教师专业标准、教师发展评估表、教师发展访谈提纲等评价工具。评价结果用于教师职业发展规划、教师专业提高、薪酬发展、职称评定等。建立教师发展评价的反馈机制，不断提高评价的科学性与指导性，如听取教师对评价的意见与建议等。

（三）积极推广评价体系辐射作用，共同促进区域协同发展

学校通过多渠道推广"新时代小初高一体化学校综合评价体系"，通过发布会、报刊介绍、专题网站等多种形式广泛宣传，使各教育主体充分了解和理解评价体系的理念、目的、内容、方法等，形成共识。开展评价体系理念、内容和方法的培训，培养一定数量的评价专家，确保评价的科学性和准确性。选择"树蕙联盟"（长春新区区域发展的举措之一）学校作为评价体系实施的试点学校，在试点过程中不断优化和改进评价体系，形成可复制和推广的实施模式。对评价体系实施的学校提供政策支持、资源投入和技术指导，特别是在初期实施过程中给予更大帮助和关注。对评价体系实施的过程与效果进行动态监

测,并给予及时反馈,不断检验、修正和优化评价体系,提高其实施质量。合理应用评价体系产出的评价结果,带动和鼓励更多学校实施相关评价,体现评价的实用价值。针对小学、初中和高中三个不同学段,吸收来自不同学校和专家对评价体系的改进意见,不断优化理念表达、完善内容、创新方法、改进工具等,促进评价体系不断适应实际发展需求。

三、成果的主要内容

课题组探索出了符合我校且可推广的小初高一体化学校"3-5-2"综合评价模式(见图1)。

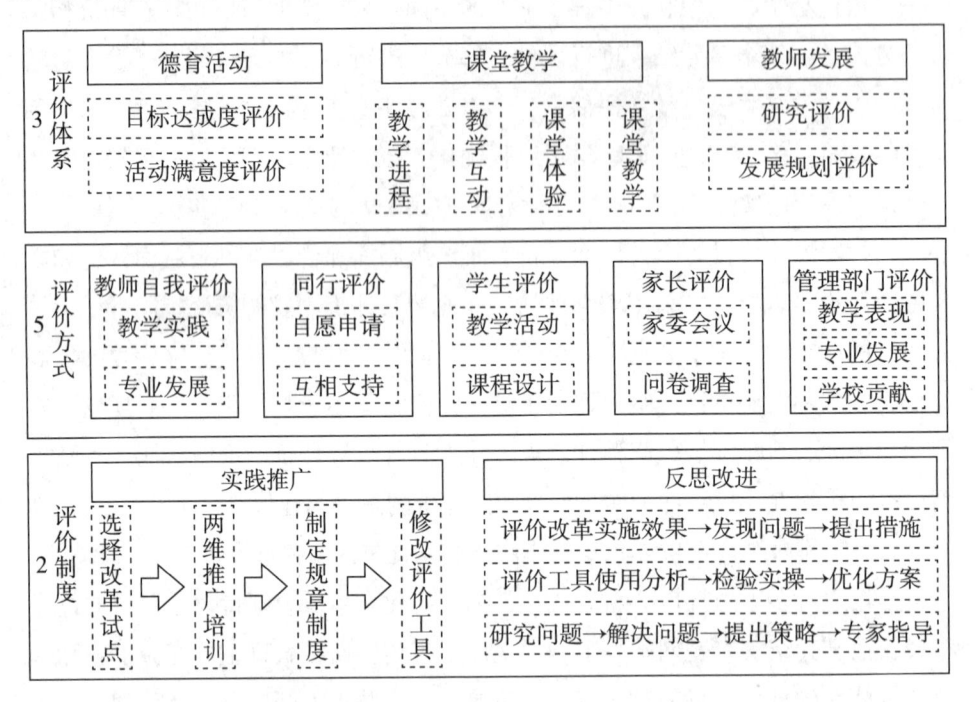

评价体系 3	德育活动	课堂教学	教师发展
	目标达成度评价	教学进程 / 教学互动 / 课堂体验 / 课堂教学	研究评价
	活动满意度评价		发展规划评价

评价方式 5	教师自我评价	同行评价	学生评价	家长评价	管理部门评价
	教学实践	自愿申请	教学活动	家委会议	教学表现 / 专业发展
	专业发展	互相支持	课程设计	问卷调查	学校贡献

评价制度 2	实践推广	反思改进
	选择改革试点 → 两维推广培训 → 制定规章制度 → 修改评价工具	评价改革实施效果→发现问题→提出措施
		评价工具使用分析→检验实操→优化方案
		研究问题→解决问题→提出策略→专家指导

图1 小初高一体化学校"3-5-2"综合评价模式

(一)"3"是建构德育活动、课堂教学、教师发展三维度相结合的评价体系

1.德育活动评价体系

德育活动评价属于过程性评价,主要考查德育活动的开展情况及其效果。

采用德育活动评价量表,设置德育活动的相关标准和量表,通过评价者对活动的评分,考查德育活动达标情况及存在的问题,为后续活动提供改进依据。德育目标达成度评价,在活动前设置德育目标,活动后评价目标的达成程度。这可以考查活动的整体效果及需要加强的环节。德育活动满意度评价,采用问卷调研的方式,了解参与活动的教师、学生及家长的满意度。这可以检验活动的实际效果。

德育活动评价由校级德育管理部门组织实施,德育教师作为评价的对象积极参与。评价结果及时反馈给德育教师,帮助其分析问题,提出改进措施。管理部门及时总结问题,不断优化德育活动方案。在具体操作上,选择与德育目标和活动相匹配的评价方法与工具。在活动结束后及时开展评价,反馈活动情况。同时兼顾量化评价与质性评价,形成全面的评价结果。持续开展对不同学段和年级的德育活动评价,促进德育工作的逐步改进。

2. 课堂教学评价体系

课堂教学评价,主要考查教师的课堂教学行为及其效果。采用教学进程评价,评价教师在整堂课的教学组织、板书设计、环节安排、语言表达等方面的表现,监测教师教学技能的运用情况。教学互动评价,评价教师与学生及学生与学生之间的互动交流情况。可以检验课堂的互动性与效果。学生课堂体验评价,采用问卷或访谈的方式了解学生在课堂中的进步、收获和困难等体验,可以考查教学的成果。课堂教学评价由评选出的专家教研组成员进行,评价要注重诊断性反馈,帮助教师发现教学问题和确定专业成长的方向。管理部门及时总结评价结果,组织教研活动以提高教学质量。教学评价同样选择了相匹配的评价方法和工具,避免过于主观,在教学前进行预测评价,教学后进行结果评价。定期开展评价,促使教师不断学习与提高,同时也兼顾对不同学科和年级的教学评价。

3. 教师发展评价体系

教师发展评价属于结果评价,主要考查教师专业发展的效果与水平。采用教学评价,综合分析教师的课堂教学评价结果,评价教师的教学能力与水平,检验教师专业发展的最终产出。研究评价,评价教师的专业研究成果,如论文发表、课题完成、著作出版等情况,考查教师的专业精进能力。发展规划评价,评价教师专业发展的短期计划与长期规划的科学性及执行情况，考查教师的发展意识与持续学习能力。教师发展评价由学校教研部门组织实施，采取专家评审的方式，评选相关专家对教师进行评价，与教师本人评价的结果进行比较，形成全面而公平的评价报告。教师发展评价注重对教师专业发展水平的评判，同时也指出存在的问题和需要改进的地方，为教师后续发展提供指引。学校根据评价结果采取相应措施，如调整津贴或工资，优化人员配置，制订发展激励计划等。在操作上，教师发展评价选择了系统的评价工具，同时听取相关方意见。评价频率可以每3—5年开展一次，保证评价的连贯性。建立与教学评价及其他评价的衔接机制，避免孤立进行。同时，加强评价者和教师本人的评价能力培训。

（二）"5"是建立教师、学生、家长、同行、管理部门多元主体的评价方式

1. 教师自我评价

要求教师对自己的教学实践与专业发展进行审视与评价。包括教学反思日志，教师记录自己的教学实践，对教学活动进行反思，分析存在的问题并提出改进方案，培养教师的反思意识与能力。专业发展计划评价，教师对自己制定的短期与长期发展规划进行评价，检验计划的科学性及落实情况，促进教师的持续发展。教师自我评价有明确的评价标准与量表以保证评价的客观性。评价结果用于修订教学计划与专业发展规划。学校对教师自我评价工作给予组织与支持。教师自我评价可以为其他评价主体提供第一手资料，有助于全面了解教师的实际状况。其他评价主体也需要参考自我评价结果，给予教师专业的评价反馈，共同推动教师的持续进步。

2. 同行评价

同行评价遵循自愿申请与互相支持的原则，申请教师需要提供相关教学资料以供评价者了解。评价注重教学的专业性，从教学方案、教学方法、教学语言与教学互动等方面展开，提出专业化的指导意见与改进建议。同行评价的结果通过面谈的方式反馈给申请教师，评价者与申请教师共同探讨评价意见，达成教学改进的共识。其他教师也可以选择参加评价面谈，实现评价经验的共享与交流学习。学校定期组织专家教研，总结同行评价的经验，指导教师不断提高评价的质量与水平。建立教师同行评价的培训机制，加强对评价方法与工具

的培训，指导教师开展高质量的同行评价。同行评价发挥教师之间的互相支撑作用。被评价教师可以得到专业的指导意见，有利于教学实践的提高。参与评价的教师也可以借鉴评价所得，进行教学创新与优化，教师之间建立互信互助的伙伴关系。

3.学生评价

学生评价主要由学生对教师教学活动与课程设计进行评价。采取问卷调查、访谈等方式。学生评价注重学生的实际学习体验，评价项目包括：教师教学态度、语言表达及师生互动等，检验教师的教学表现；课程内容的丰富性、趣味性及实用性等，检验课程的质量与设置；学习资源的便利性及学习体验的满意度等，检验学习环境与条件。学生评价结果及时向教师反馈，教师结合自身实际情况对评价结果进行分析研判，制定相应的改进措施。学校定期分析总体的评价结果，采取相应措施提高教学质量与水平。

4.家长评价

家长评价是学校教育评价不可或缺的组成部分，家长和学校加强互信与合作，切实发挥好家长评价的作用，共同促进学生全面发展与学校教育改革发展。我校的家长评价主要通过家委会会议、问卷调查等方式，收集家长对孩子发展变化及学校服务的评价意见。学校向家长提供评价的渠道与机会，听取家长的意见与建议。评价内容可以包括：孩子学习态度、学习习惯与学习成绩的变化，检验教育教学的实际效果；学校的学习环境、活动安排与服务质量等，检验学校的办学水平与存在的问题；家校沟通的顺畅性与家长参与的机会等，检验学校的家校合作与互动关系。将家长评价与学生评价、教师评价等其他评价方式相结合，形成立体的教育评价体系。在评价程序、评价结果应用等方面实现不同评价方式的衔接，发挥各自的优势，达到相互支撑的目的。

5.管理部门评价

管理部门评价主要由学校相关管理部门对教师的教学表现、专业发展进行系统的评价。基于日常管理的全面了解，对教师进行系统评判。采取专家评审与绩效考核相结合的方式，评价内容包括：教学效果，评价教师的教学质量与成效，如学生评价结果、教研观摩结果等。专业发展，评价教师专业知识的更新、技能的提高与研究的进展等。学校贡献，评价教师在校内外推动学校发展的贡献，如担任重要职责情况等。管理部门评价是少数专家对教师的表现进行评判，形成较为全面而专业的评价报告。结合绩效考核的结果，确定教师的职级晋升、津贴及工资调整等。学校根据评价报告采取相应措施，激励教师成长，提高办学水平。

（三）"2"是建立实践推广与反思改进相结合的评价制度

1. 实践推广

选择试点，选取部分学科、年级或学校开展评价改革试点，总结成功经验推广至更大范围。这可以控制风险，积累宝贵的实践经验。从理论和实操两个维度进行推广培训，对试点工作成果及成功案例进行宣传，使更多教师、学生与家长理解新的评价理念与内容。制定规章制度，总结评价改革试点的工作方法与机制，形成规范化的评价操作流程，作为学校评价的指导性文件。这有助于规范评价行为，保证工作质量。及时修改评价工具，根据评价改革需要，对原有评价工具如评价表、评价量表等进行修订完善，为广大教师和学生提供便捷易用的评价工具。

2. 反思改进

由学校组织相关管理人员对评价改革实施效果进行反思，发现存在的问题，提出针对性改进措施。重新审视评价的目标与要求，检验改革措施是否切实落实相关目标要求，发现工作的偏差与不足之处。开展教师、学生与家长评价经验座谈，听取各方对评价改革实施效果的真实反馈与意见，全面了解工作实际效果与影响。对评价工具的实际使用情况进行分析，检验工具在实践中的可操作性与实用性，提出工具的优化方案。就评价过程中的具体问题与困难进行研讨，提出可行的解决办法或改进措施，提供专家的指导与协助。重新审视相关的规章制度，发现制度设定与实际执行的差异，提出相应修订意见，更加科学与规范地指导实践。

四、成果取得的效果与反思

（一）取得的效果

1. 有效的德育评价促进了学生的全面发展

我校德育评价体系的建构与实施，有效地促进了学生道德素养的培养，更好地引导学生形成了正确的价值观、道德观，提升了他们的品德修养和社会责任感，提高了学生的行为规范和自律意识。评价结果对学生行为的反馈和激励，使他们更加注重自身行为的合理性和对社会规范的遵守，培养了他们自律的习惯和意识。此外，推动了学校和家庭的合作共育，评价结果的反馈让家长了解了学生在道德方面的表现，与学校共同关注学生的成长和发展，促进学校和家庭的密切配合，形成育人合力。自评价体系实施以来，学校学生共获得红领巾一星章372人，红领巾二星章29人，红领巾三星章6人，长春百星少先队员2人，长春市新时代好少年5人，长春市优秀学生10人，长春市优秀学生干部5人。

2. 全面的教学评价促进了学科的长远发展

我校教学评价体系的建构与实施，提高了学生学习的效果，通过对学生学习情况的评估，教师能够及时了解学生的学习进展和困难，采取相应的措施进行个性化指导和支持，有助于提高学生的学习动力和积极性，促进学生的全面发展。教学评价体系的建构也促进了教师的专业发展，帮助教师提高教学质量和能力，有助于教师不断更新教育理念和教学方法，促进个人专业成长。此外，教学评价也有助于识别优质教学模式，并向其他学校进行推广和借鉴。目前我校已形成"生本课堂理念下的教学模型""小初高思政一体化教学模型""核心概念统领下的单元整体教学模型"等多项研究成果，并在省（市）、区进行推广。每年在区级以上教师培训中做讲座50余次，培训教师达万余人。

3. 客观的教师评价促进了教师的专业成长

我校教师评价体系的建构与实施，有助于教师了解自己的优势和不足之处，并有针对性地进行改进。评价结果可以帮助教师识别并加强他们的教学技能和知识，从而提高他们的教学效果和学生学习成果。教师评价也激励了教师们积极地投入教育工作，知道他们的教学表现会受到评价，这种评价与奖励机制相结合，激发了教师的工作动力。通过对教师的评价，学校了解了教师的整体素质和表现，有针对性地为教师提供培训和支持。根据评价结果制订改进计划，优化师资配置，提升了学校的整体教育质量，实现教育的可持续发展。目前，我校共有省级学科带头人6人，省骨干26人，市级学科带头人6人，市骨干45人；学校现有省科研骨干校长1人，市科研型名校长2人，科研型名教师2人，科研骨干教师12人；近五年教师共发表论文437篇，承担课题研究338项，获得区级以上教学奖项509项；送课下乡教师78人次；开展各级各类讲座近百场。

（二）反思与展望

1. 研究反思

需要进一步丰富和深化评价理论，如结合一体化课程理论、生涯发展理论等丰富评价理念，深化过程评价和结果评价的关系等。评价内容需要随时代和实践要求进行优化，如增加一体化特征评价、素质评价等内容，删减或调整部分传统评价内容。需要遵循和运用现代教育评价理念，开发或选择更加科学和适宜的评价方法，如项目评价法、可迭代评价法等。探索线上线下评价有机结合的新方法。评价工具需要不断优化，以适应评价内容和方法的调整与创新，在继续使用现有工具的基础上开发新工具，如一体化特征评价工具等。各类评价之间需要建立协同机制，使之既有区分也有联系，形成协同推进的局面。如德育评价、课堂教学评价、教师评价等体系间的协同。需要进一步健全评价实施的各项措施，如加大宣传力度、扩大示范范围、加强评价者培训、建立长效机制等，切实保障评价体系的落实。需要开展系统和持续的评价效果检验，从满意度、实施成本和实施收益等角度分析评价效果，并持续跟踪和优化。需要建立评价质量提高机制，如听取相关方意见、开展专家评估、总结提高计划等，促进评价不断适应实践发展，实现由定性向定量、由粗放向精细的转化。

2. 研究展望

评价体系要进一步服务国家教育现代化建设的需要，如聚焦学生发展、教师发展与学校发展，推动一体化进程等。评价体系要面向人工智能时代的教育发展趋势，如评价个性化学习、线上学习与混合式学习效果等。评价要侧重培养学生的核心素养，如信息技术素养、创新精神与实践能力的评价等。评价要满足人的终身学习和多元发展的需要，形成支撑学习者生涯发展的评价体系。评价要广泛运用大数据、云评价与智慧评价手段，探索更加科学高效的评价方法和模式，评价体系要促进教育统筹发展，如学前教育与基础教育评价协同，普通教育与职业教育评价融合等。评价者特别是教师的评价能力迫切需要提高，要加大评价理论和方法的培训力度。

评价要在规范管理、保障质量、促进发展等方面发挥更加积极的作用，科学统计评价数据，翔实撰写分析报告等。建设符合要求和学校实际情况的家长参与的德育评价制度，有利于实现家校的有效沟通与合作。继续推进和完善整体的教育评价体系，如学校评价、教师评价和质量监测等子体系的衔接与协调发展。

[参考文献]

［1］中华人民共和国教育部. 义务教育课程方案（2022年版）［S］. 北京：北京师范大学出版社，2022：2-5.

［2］教育部. 教育部关于推进中小学教育质量综合评价改革的意见［J］. 基础教育参考，2013（13）：72-75.

［3］王芳. 浅谈素质评价标准——兼谈美国学生评价标准［J］. 教育发展研究，2011，31（04）：14-18.

［4］王芳. 领导力的早期发展——始于儿童的领导力培养［M］. 北京：北京师范大学出版社，2011：102-104.

［5］高燕定. 人生设计在童年 哈佛爸爸有话说［M］. 桂林：广西师范大学出版社，2005：15-18.

［6］李雁冰，王鹤，肖永辉. 大学生德育评价中家长参与的有效方式研究［J］. 吉林教育，2023：88-90.

主要成员：李秀季　李季　陈靖慧　侯天宝　金岚（长春博硕学校）
执 笔 人：侯天宝　金岚